叢書

21世紀の国際環境と日本

001

Anglo-American Relations over the Indochina Wars, 1945-1967

水本義彦 MIZUMOTO Yoshihiko

同盟の相剋

戦後インドシナ紛争をめぐる英米関係

千倉書房

同盟の相剋　戦後インドシナ紛争をめぐる英米関係

目次

あとがき 265
主要参考文献 269
主要事項索引 304
主要人名索引 307

凡例

・引用文中の［］内は、筆者によるものである。
・引用文中の「……」は、省略を意味する。
・一マス空けずに引用文が始まる場合は、原文段落途中からの引用を意味する。

序章　本書の目的と構成

戦後イギリスの歴代政府は、アメリカとの「特別な関係（special relationship）」の維持を対外政策の基軸に据え、ワシントンの最良の同盟国を自任してきた［★1］。

なるほど、イギリスのようにアメリカと自由民主主義の理念・価値を共有し、平時の政治協力にとどまらず、軍事的危機や紛争、戦争において同盟国の責務を実践してきた国家は他に多くない。

第二次世界大戦後から今日に至るまで、主要な事例に限っても、第一次ベルリン危機（一九四八－九年）、朝鮮戦争（一九五〇－三年）、イラン・モサデグ（Mohammed Mossadeg）政権の打倒（一九五三年）、冷戦終結後の湾岸戦争（一九九一年）、アフガニスタン戦争（二〇〇一年）、イラク戦争（二〇〇三年）でアメリカと行動を共にしてきた。さらに、こうした明示的な事例のほかに、両国は核技術、情報活動《インテリジェンス》、軍事基地の領域で継続的な協力関係を結び、他の二国間関係には見られない同盟の奥行きを感じさせる［★2］。

しかし、英米同盟とて不和や対立と無縁であったわけではない。軍事・安全保障分野でいえば、とくにスエズ戦争とベトナム戦争で両国に深刻な政策の不一致が生じ、その対立・緊張関係が世界に露呈された。

このうち、スエズ戦争（一九五六年）はイギリスの戦争である。スエズ戦争でのフランス、イスラエルとの共謀によるエジプトへの軍事進攻は、時のアイゼンハワー（Dwight D. Eisenhower）米政権の反感を買い、イギリスは国連で米ソ両国に非難されるという冷戦史上極めて稀な事態によってその威信を深く傷つけられた。これによってアンソニー・イーデン(Anthony Eden)内閣は瓦解し、英米同盟は戦後最悪の状態へと転落した[★3]。

他方、ベトナム戦争はどうか。アメリカにとってベトナム戦争は建国史上「最も長い戦争」であり[★4]、初めて敗北を喫した戦争である。ベトナムの泥沼にはまり込んでいくアメリカに、同盟国としてどう対応すべきか。これはイギリスに限らず、ほとんどすべての西側諸国を悩ませた問題であった。いわゆる、同盟における「巻き込まれの恐怖」にどう対応するかという問題である。

戦後イギリスの歴代政府は、旧仏領インドシナに自国の死活的国益は存在しないという共通の認識を抱いていた。しかし、重要な国益が存在しないからといって、インドシナ情勢に無関心でいられたわけではない。死活的国益が存在しないインドシナであっても、アメリカとの「特別な関係」を強調するイギリスにとってワシントンの軍事協力要請を拒絶するのは極めて困難なことであった。

英米同盟の実体は、日米同盟のような二国間協定に収斂しない。英米同盟は純粋な二国間の協力を超えて、北大西洋条約機構(NATO)や東南アジア条約機構(SEATO)という多国間条約の中軸を形成してきた。またその行動範囲は条約規定区域に限定されない世界的な広がりを持っている。この点は、近年のイラクへの英米共同介入が有志連合の形態をとり、特定の安全保障条約を発動したものではなかったことに顕著に現れているといえよう。

戦後イギリスの諸政府は、自国がアメリカに数ある同盟国のひとつとして軽く扱われることを嫌い、アメリカに真っ先に必要とされる同盟国でありつづけようと努めてきた。他の西側諸国と自らの差別化を図ってワシントンに対する影響力を確保し、併せて世界的な影響力を維持してきたのである。

しかしこうした特殊性は、イギリスに利点ばかりでなく難題ももたらした。端的にいえば、英米の「特別な関係」を逆手にとって、本来イギリスが関与に消極的な問題への協力を米政府が求めてくる可能性を覚悟しなければならなかったのである。同盟の精神的紐帯は一体かつ不可分のものであって、例えば、ヨーロッパでは協力するがアジアでは行動をともにしない、といった具合に都合よく割り切れるものではない。イギリスが戦後一貫してその形成・維持に努めてきたワシントンとの連帯は、歴代英政府にアメリカとの協調行動を強いる圧力としても作用してきたのである。アメリカと別の外交路線を歩もうとするなら、それにはアメリカに「見捨てられる」可能性と国際的影響力の減退を覚悟する必要があった。

ゆえに戦後のインドシナ紛争は、アメリカが同盟国イギリスの真意を試す重要なケースとなった。だが結局イギリスは、アメリカの「最も長い戦争」で軍事行動を共にしない方針を貫く。インドシナをめぐる英米の軋轢は深まり、一九六〇年代のベトナム戦争期には英米同盟の「漂流」が懸念されるまでになる。ベトナム戦争は戦後アメリカが戦った主要な戦争のなかで、ワシントンの要請にもかかわらずイギリスが軍事協力を拒否した唯一の戦争となったのである。

本書は、戦後直後からベトナム戦争にかけて、クレメント・アトリー（Clement Attlee）政権からハロルド・ウィルソン（Harold Wilson）政権に至る歴代英政府のインドシナ政策を主に対米同盟関係の枠組みにおいて分析する。戦後英米は、なぜインドシナをめぐって対立したのか。また、アメリカと軋轢を抱えながらも、一貫して英政府がアメリカへの軍事協力を拒否してインドシナ和平に奔走したのはなぜか。イギリスのインドシナ外交は何を目的とし、どのような役割を果たしたのか。またその限界とは何だったのか。

本書の分析アプローチは、従来の研究と比較して以下の三点に特徴がある。

第一に本書は、従来政権単位で別々に論じられてきた三つの軍事紛争、第一次インドシナ戦争、ラオス内戦、ベトナム戦争を一続きの現象として捉え、戦後インドシナへのイギリスの関与を体系的に論じる。

これまで各政権のインドシナ政策に関して個別の研究が蓄積されてきた。第二次大戦直後、北緯一六度以南の東南アジアの暫定統治にあたることになったアトリー政権については、近年スミス（T. O. Smith）やネヴィル（Peter Neville）によって本格的な研究が相次いで発表されている［★5］。また、第一次インドシナ戦争の激化に直面し、その休戦協定の締結に尽力したウィンストン・チャーチル(Winston S. Churchill)政権の政策については、イギリス外交の観点から論じたケーブル(James Cable)やウォーナー(Geoffrey Warner)の研究以外にも、アメリカ外交の見地から考察した研究でも詳細に論じられている[★6]。また、インドシナ情勢が再度緊迫した六〇年代のハロルド・マクミラン(Harold Macmillan)政権についてはアシュトン(Nigel Ashton)やブッシュ(Peter Busch)の研究があり[★7]、ベトナム戦争の本格化とともに政権の座に就いたウィルソン政権のインドシナ政策に関しては、エリス(Sylvia Ellis)やコルマン(Jonathan Colman)の研究が代表的である[★8]。

このように、戦後英政府のインドシナ政策に関して個別研究が蓄積されてきたものの、それらを中長期的文脈に位置づけてその連続性と変化を体系的に分析する視点がこれまで希薄であった。政府史料を駆使した個々の研究は各政権の政策立案の動機や決定要因を詳細に論じているが、それらが各政権期に特有な要因であったのか、政権を横断して見られる一般的特徴であったのかは、比較の視点を導入することによって初めて理解される。本書では、三つの紛争に対する各政権の対応を一連の流れのなかに位置づけ、英米指導者の人間関係など各政権期特有の要因とともに政権横断的に見られる共通点を明らかにしたい。近年の研究のなかには、ブッシュのようにマクミラン政権期のベトナム政策の特異性を指摘するものがあるが、本研究ではマクミラン政権期にも通じて見られるイギリスの対インドシナ政策の連続性が強調されることになろう。本書は、これまでの研究に部分的修正を試みつつも、個々の研究に逐一反論することを意図するものではなく、先行研究の蓄積によって可能となる体系的分析を目指すものである。

第二に、本書はベトナムのみならず、ラオス、カンボジアを含めた旧仏領インドシナ全体に対するイギリスの外交政策の展開を考察する。従来の研究では、各政権の対(南)ベトナム政策に焦点が当てられてきた。右に紹介した代表的な研究も、アシュトンの研究を例外として、すべて対(南)ベトナム政策を論じたものである。しかし、こうしたベトナム中心のアプローチではイギリスのインドシナ政策の実相は明らかにならない。従来の研究には、六〇年代半ばに本格化したベトナム戦争の起源、原因の究明という観点から戦後インドシナ情勢への関与を振り返る傾向があり、したがって、研究の関心が自ずと歴代政府の対(南)ベトナム政策に注がれてきたように思われる。

だが、これは研究上の問題関心であって、必ずしもイギリスの政策決定者のそれを反映したものでない。実際のところ、イギリスの政策決定者たちは、ベトナム、ラオス、カンボジア問題を相互に結びついた「パズル」と理解し、つねにその有機的結合を考慮してインドシナ政策を立案していた。確かに、ウィルソン政権(六四年一〇月成立)期に入ると、戦争の拡大によってベトナム問題への対応に没頭していくことになるが、それ以前のアレック・ダグラス・ヒューム(Alec Douglas Home)政権期までは、むしろ、東南アジア植民地防衛の観点からラオス、カンボジア情勢がより重要な問題と認識された時期もあり、また、対(南)ベトナム政策もこれら二国との関連において議論されていたのである。

ところが、ラオスやカンボジアに対する英政府の政策、また両国の問題と対(南)ベトナム政策との関連を政府史料に基づいて分析した研究は、いまだ少数に限られる。ラオス内戦への対応については、アシュトンの他には寺地功次の研究が発表されているのみである[★9]。本書は、これらの研究成果を踏まえつつ、両研究の考察対象となっていない、ジュネーヴ会議(六一年五月-六二年七月)でのイギリス外交の役割や、ラオスと南ベトナムの問題の関連などについて議論を深めたい。加えて本書では、従来本格的な研究の対象とされてこなかったカンボジア問題、とくにその中立化構想の意義についても論じることにする。ただし、この小著でインドシナ三国の動きをすべて詳述するのは困難なため、ここではイギリス外交の見地から重要と思われる三国での出来事に考察の対象を限定し、主にそれらの諸問題の関連に焦点を絞ることにしたい。

第三に、本書はイギリスのインドシナ政策をコモンウェルス諸国との関係にも位置づけて考察する。本書の考察対象となる戦後直後から一九六〇年代後半にかけての期間は、戦後国際政治における脱植民地化、非同盟運動の興隆期と符合する。世界最大の植民地帝国としてイギリスは、戦後冷戦の激化とともに、この脱植民地化、またそれに伴う帝国＝コモンウェルスの再編という課題を抱えていた。脱植民地化のうねりのなか、旧植民地諸国をコモンウェルスという、対等な主権国家から構成される緩やかな連合体に取り込むことでイギリスは自己の世界的影響力の維持に努めた。だが、アジア・アフリカの新興独立国が大多数を占めるコモンウェルスは、時にイギリスの対米政策立案に重大な影響を及ぼす圧力集団として作用した。とくに、地域紛争へのアメリカないしイギリスの軍事介入が問題となる場合、コモンウェルスのアジア・アフリカ諸国は声高に軍事介入への反対を唱えていくのである。先行研究ではイギリスのインドシナ政策立案におけるコモンウェルス要因の重要性が十分に理解されているとはいえない。とくに、イギリスのラオス内戦への対処におけるその重要性を指摘した研究は存在していない。本書では、インドシナをめぐるイギリスの対米政策上の拘束要因としてコモンウェルスとの関係にも適宜触れることにする。

以上の分析視角から、本書は以下の構成に沿って議論を進めていく。

第一章では太平洋戦争終結後の北緯一六度以南インドシナ暫定統治から、第一次インドシナ戦争、ジュネーヴ休戦協定、SEATO創設までのイギリスのインドシナ政策の展開、またそのマラヤ政策との関連を、主に先行研究に依拠して概観する。ここでは、東南アジアにおけるイギリスの三つの顔、すなわちジュネーヴ会議共同議長国、SEATO加盟国、マラヤ植民地宗主国という立場の交錯からインドシナ政策の立案を考察することになる。

第二章、第三章では、一九六〇年代初頭に発生したラオス内戦へのマクミラン政権の対応を検討する。第二章では、六〇年八月の軍事クーデターによって本格化したラオス内戦におけるマクミラン政権の調停活動を追う。ジョン・ケネディ（John F. Kennedy）米政権で軍事介入論が台頭するなか、マクミラン政権はどのように内戦の調停にあたっていったのか。ここでも、アメリカのみならず、コモンウェルス諸国に対する政治的配慮がマクミランの政策判断に大きな影響を及ぼしていたことを指摘する。

続く第三章では、ラオスの国際的中立化を実現したジュネーヴ会議を検討する。この会議の争点とは何だったのか。また、多くの障害にもかかわらず、ラオス中立化が可能となったのはなぜか。共同議長として会議の運営にあたったイギリスの政策との関連においてこれらの問題を分析する。

第四章では、マクミラン政権期の対南ベトナム政策を、ブッシュの研究に批判的考察を加えつつ分析する。ブッシュによれば、マクミラン政権はケネディ米政権とともに南ベトナム問題の「軍事的解決」を追求し、インドシナ和平に尽力した歴代英政府と一線を画したとされるが、本書はこれと見解を異にする。一見軍事協力のように見えるマクミラン政権の対米支援は、実際のところ、アメリカの軍事プレゼンス拡大の「抑制」を意図していたことを明らかにする。またここで、先行研究で十分検討されてこなかった南ベトナム問題とラオス問題の関連に注目してみたい。

第五章は、ヒューム政権の対インドシナ政策とマレーシア紛争の関連を分析する。従来、ヒューム政権のインドシナ政策には、ほとんど関心が払われてこなかった。それは主に、同政権が一年という短命政権に終わったことや、問題が山積するなか、具体的政策を立案できなかったことに起因している。しかし、ヒューム政権期に当たる一九六四年には、南ベトナム情勢の悪化とともに、ラオス中立の実質的破綻、ノロドム・シハヌーク(Norodom Sihanouk)によるカンボジア中立化構想など、インドシナ情勢は大きな転換点を迎える。同年ヒューム政権はさらに、六三年に独立したマレーシアとインドネシアの軍事対立(マレーシア紛争)が激化するに至って、マレーシア防衛に心血を注ぐことにもなる。すでにサブリツキー(John Subritzky)やジョーンズ(Matthew Jones)の研究で南ベトナム問題とマレーシア紛争の関連性、すなわち、両問題にまつわる英米の「取引」が指摘されている[★10]。その取引とは、マレーシアに対するリンドン・ジョンソン(Lyndon B. Johnson)米政権の支援の見返りに、ヒューム政権が南ベトナム政策においてアメリカの意向に配慮する旨の合意であるが、本章では、この取引がイギリスの対ラオス・カンボジア政策に及ぼした影響も分析する。これによって、元来ラオスとカンボジアによる「中立緩衝地帯」の形成に強い関心を示していた英政府が、なぜヒューム政権期になってその実現に消極的になり、また同政権のインドシナ政策が停滞したのかが明らかになろう。

第六章、第七章は、ウィルソン政権期のベトナム和平調停を扱う。第六章では、一九六五年におけるウィルソンの和平工作の展開を、アメリカ及びコモンウェルス諸国との関係を考慮して分析する。エリスや橋口豊の研究においてすでにコモンウェルス首脳会議（六五年六月開催）の意義が指摘されているが［★11］、本章では、ウィルソンのベトナム和平調停におけるコモンウェルスの重要性をさらに掘り下げて議論する。また、ウィルソンのベトナム和平工作を挫折させた要因として中国の動きにも言及したい。

第七章では、六六年から六七年にかけてのウィルソンの継続的な調停活動を、彼の対米ソ首脳外交に焦点をあてて跡づける。ジョンソンとの不和を抱えながら、なぜウィルソンはベトナム和平に奔走し続けたのか、という問題を中心に議論を進めていく。

終章では、本書の議論を総括するとともに、戦後英米同盟関係におけるイギリスのインドシナ外交の意義を考えることにしたい。

註

★1——英米同盟関係の概説的研究として、以下のものが有益である。D. C. Watt, *Succeeding John Bull: America in Britain's Place 1900-1977* (Cambridge: Cambridge University Press, 1984); W. R. Louis and H. Bull, *The Special Relationship: Anglo-American Relations since 1945* (Oxford: Clarendon Press, 1986); David Dimbleby and David Reynolds, *An Ocean Apart: The Relationship between Britain and America in the Twentieth Century* (New York: Random House, 1988); John

Dickie, *'Special' No More: Anglo-American Relations: Rhetoric and Reality* (London: Weidenfeld & Nicolson, 1994); Alan P. Dobson, *Anglo-American Relations in the Twentieth Century: Of Friendship, Conflict and the Rise and Decline of Superpowers* (London: Routledge, 1995); Ritchie Ovendale, *Anglo-American Relations in the Twentieth Century* (Basingstoke: Macmillan, 1998); Sean Greenwood, *Britain and the Cold War, 1945-91* (Basingstoke: Macmillan, 2000); Jonathan Hollowell (ed.), *Twentieth Century Anglo-American Relations* (Basingstoke: Palgrave, 2001); John Dumbrell, *A Special Relationship: Anglo-American Relations from the Cold War to Iraq*, second edition (Basingstoke: Palgrave Macmillan, 2006); 細谷雄一「アンビバレントな関係——英米関係の百年と歴史の教訓」『アステイオン』第五九号（特集アメリカを世界はこうみる）（二〇〇三年）、及び『アステイオン』第六八号（特集「英語国民」は世界を動かすか）（二〇〇八年）。

★2——John Baylis, *Anglo-American Defence Relations, 1939-1984* (London: Macmillan, 1984); Callum Macdonald, *Britain and the Korean War* (London: Basil Blackwell, 1990); Richard J. Aldrich, *The Hidden Hand: Britain, America and Cold War Secret Intelligence* (Woodstock: The Overlook Press, 2002). 細谷雄一「トニー・ブレアとイラク戦争——国際政治における力と正義」『創文』第四五五号（二〇〇三年七月）、梅川正美・阪野智一編『ブレアのイラク戦争——イギリスの世界戦略』朝日新聞社、二〇〇四年、小川浩之「ブレア政権の対応外交」櫻田大造・伊藤剛編『比較外交政策——イラク戦争への対応外交』明石書店、二〇〇四年、山本浩『決断の代償——ブレアのイラク戦争』講談社、二〇〇四年、木畑洋一「ディエゴガルシア——インド洋における脱植民地化と英米の覇権交代」『学術の動向』（二〇〇七年三月）。

★3——スエズ戦争に関しては、佐々木雄太『イギリス帝国とスエズ戦争——植民地主義・ナショナリズム・冷戦』名古屋大学出版会、一九九七年、半澤朝彦「国際政治における国連の『見えざる役割』——一九五六年スエズ危機の事例」『北大法学論集』第五四巻第二号（二〇〇三年五月）。

★4——「アメリカの最も長い戦争」という表現は、次の研究のタイトルである。George C. Herring, *America's Longest War: The United States and Vietnam, 1950-1975* second edition (New York: Knopf, 1986).

★5——Peter Neville, *Britain in Vietnam: Prelude to Disaster, 1945-6* (London: Routledge, 2007); T. O. Smith, *Britain and the Origins of the Vietnam War: UK Policy in Indo-China, 1943-50* (Basingstoke: Palgrave Macmillan, 2007).

★6——James Cable, *The Geneva Conference of 1954 on Indochina* (Basingstoke: Macmillan, 1986); Geoffrey Warner, 'The

Settlement of the Indochina War' in John W. Young (ed.), *The Foreign Policy of Churchill's Peacetime Administration 1951-1955* (Leicester: Leicester University Press, 1988); Geoffrey Warner, 'Britain and the Crisis over Dien Bien Phu, April 1954: The Failure of United Action' in Lawrence S. Kaplan, Denise Artaud and Mark R. Rubin (eds.), *Dien Bien Phu and the Crisis of Franco-American Relations, 1954-1955* (Washington: SR Books, 1990); Geoffrey Warner, 'From Geneva to Manila: British Policy toward Indochina and SEATO, May-September 1954' in Kaplan, Artaud and Rubin (eds.), *Dien Bien Phu*. 第一次インドシナ戦争におけるイギリスの役割は、アメリカ外交などの見地から論じた他の研究でも言及されている。それらの先行研究については、第一章の注釈を参照いただきたい。

★7――Nigel Ashton, *Kennedy, Macmillan and the Cold War: The Irony of Interdependence* (Basingstoke: Palgrave Macmillan, 2002), chapter2; Peter Busch, *All the Way with JFK?: Britain, the US, and the Vietnam War* (Oxford: Oxford University Press, 2003).

★8――Sylvia Ellis, *Britain, America, and the Vietnam War* (Westport: Praeger, 2004); Jonathan Colman, *A 'Special Relationship'?: Harold Wilson, Lyndon B. Johnson and Anglo-American Relations 'at the Summit', 1964-68* (Manchester: Manchester University Press, 2004).

★9――寺地功次「ラオス危機と米英のＳＥＡＴＯ軍事介入計画」『国際政治』第一三〇号（二〇〇二年五月）。寺地の研究はケネディ米政権の政策展開に議論の焦点が置かれているが、英政府の外交文書を用いてマクミラン政権の対応についても要点を簡潔にまとめている。

★10――John Subritzky, *Confronting Sukarno: British, American, Australian and New Zealand Diplomacy in the Malaysian-Indonesian Confrontation, 1961-5* (Basingstoke: Macmillan, 2000), chapter 5; Matthew Jones, *Conflict and Confrontation in South East Asia, 1961-1965: Britain, the United States and the Creation of Malaysia* (Cambridge: Cambridge University Press, 2002), chapter 9.

★11――橋口豊「ベトナム戦争とコモンウェルス・ミッション構想――一九六五年のウィルソン政権の和平外交」佐々木雄太編『世界戦争の時代とイギリス帝国』ミネルヴァ書房、二〇〇六年。

第一章 戦後インドシナ関与の原点

1 太平洋戦争の終結とイギリスのインドシナ関与

戦後仏領インドシナ（ベトナム三地域のトンキン・アンナン・コーチシナと、ラオス、カンボジア）へのイギリスの関与は、太平洋戦争での日本の敗戦とともに始まった。ポツダム会談（一九四五年七－八月）の決定に従い、北緯一六度以北のインドシナの治安維持を中国国民党軍が、以南を英軍が担当することになった。

太平洋戦争終結時、フランスのインドシナ支配は揺らいでいた。四五年三月、日本軍が決行したクーデター（明号作戦）によってフランスの植民地軍は武装解除された。日本が敗北すると、権力の空白をとらえて共産主義系組織ベトナム独立同盟（ベトミン）指導者のホー・チ・ミン（Ho Chi Minh）がハノイに臨時革命政府を樹立し、九月二日、ベトナム民主共和国（ベトミン政府）の独立を宣言した。

こうしたなか、七月に誕生したアトリー英労働党政権はフランスのインドシナ復帰を支援していく［★1］。九月中旬、イギリス人司令官ダグラス・グレーシー（Douglas Gracey）率いる英印軍が空路サイゴンに到着した。英印軍は、日本軍の武装解除、連合国軍捕虜・収容者の救出、治安維持に加えて、インドシナへの兵士移送や現地植民地軍の再武装などを通じてフランスのインドシナ復帰を後押しした。さらに、サイゴンに戒厳令を発布してベトミンの活動を規制し、その平定や物資輸送に武装解除を中断して日本兵を徴用することもあった［★2］。

アトリー政権がフランスのインドシナ復帰を支援したのには、次のような理由があった。まず、フランスのインドシナ支配の崩壊がマラヤ、シンガポール、北部ボルネオでの自国の帝国維持に悪影響を及ぼし、反植民地主義を標榜する米政府の批判が自分に集中するのを懸念していた。加えて、大国としてのフランスの影響力回復は戦後ヨーロッパ国際秩序の再構築において不可欠であり、インドシナ支配の再確立はそのための重要な要件だったのである［★3］。

しかし、フランスへの加担は国内外の批判を招いた。アトリー政権は対仏支援に反対する左派グループを党内に抱えていただけでなく、インドシナに兵を拠出していたインドからの批判にも直面する。インドはイギリス帝国からの独立を模索しているなかで、インドシナで独立運動弾圧の片棒を担がされていることに憤慨した。こうした内外の批判を考慮し、アトリー政権は四六年四月末までにインドシナからの撤退を完了した［★4］。

重慶協定の締結（四六年二月）によって中国軍の撤退も取りつけたフランスは、その後北部インドシナへの進軍を本格化させると同時に、ホー・チ・ミン政権との一連の交渉に乗り出した。三月六日、フランス本国政府とホーはベトナム民主共和国を「インドシナ連邦およびフランス連合の一部として、その政府、議会、軍隊、財政をもつ自由な国家」として承認することで合意した。

しかし、この予備協定では二つの重大な問題が未解決のままであった。第一に、ホー側が要求したベトナム三地域統一への言及がなく、フランスはホー・チ・ミン政権をトンキンの一地方政権に押しとどめ、アンナン、コーチシナへの影響を封じ込めようとした。ベトナム全土への支配拡大を目論むホー政権は、当然これを不服としたのである。

第二に、インドシナ連邦におけるベトナム民主共和国の位置づけが曖昧であり、また同政権に外交権限が付与されていなかった。フランスは、自国の高等弁務官が管理するインドシナ連邦に強大な権限を与え、その下位に位置するベトナム三地域とラオス、カンボジアの五つの「自由国」には制限付きの内部自治権のみを与える意向だった。完全な独立国として国際連合への加盟も目指していたホー政権が、外交権を奪われたインドシナ連邦下での自治国の地位に甘んじるはずがなかった。この二つの問題を中心に、フランスとホー政権は、ベトナムのダラットやフランスのフォンテーヌブローで協議を続けた。だが、交渉は難航して結局決裂する。四六年一二月、仏軍とベトミン軍は全面対決に突入し、ここに第一次インドシナ戦争が始まった［★5］。

アトリー政権のインドシナに対する関心は、四八年六月の植民地マラヤでの「非常事態」宣言発令後高まった。同年夏以降、中国系住民を中核とするマラヤ共産党の武装蜂起が活発化し、ゲリラ部隊によるゴム農園・スズ鉱山への襲撃、鉄道路線・輸送路の妨害・爆破などが多発するに及んで、エドワード・ゲント(Edward Gent)英高等弁務官がマラヤ全土に非常事態を宣言する。共産党とその関係団体は非合法化され、多くの指導者が逮捕・投獄された。英労働党政権は、四九年初めまでに一五個大隊の軍を投入したほか、共産ゲリラとの接触を遮断する目的で、「新しい村」と呼ばれる一般住民の再定住化政策を推し進めた。五〇年から五二年の三年間に五七万人が四八〇カ所の新しい居住区に移住させられたという［★6］。

木畑洋一が指摘するように、イギリスのマラヤ植民地支配の継続には大きな意味があった。戦後経済的苦境に立つイギリスにとって、世界一の産出量を誇るマラヤのゴムとスズは対外輸出、なかんずく対米輸出を増大しドル不足を解消するために重要だった。また政治的にも、インド、パキスタンの帝国からの独立(四七年八月)によってインド亜大陸からの政治的・軍事的後退を強いられたイギリスは、その世界的影響力の減退を食い止めるうえで、マラヤとシンガポールをアジア太平洋地域におけるイギリス帝国の「政治的重心」として重視するようになった［★7］。

こうしてアトリー政権内では次第に、インドシナとマラヤが連動する問題として認識されるようになった。インドシナでのベトミンの勝利は、東南アジア全域への共産主義の拡大をもたらし、その危険がタイに及ぶと、地続きのマラヤで共産ゲリラ活動がさらに激化する恐れがあった［★8］。したがって、アトリー政権内ではインドシナ戦争は「アジアにおける冷戦の最前線」と認識され、マラヤの防衛線は仏領インドシナとタイの境界を成すメコン河に位置すると考えられるようになる［★9］。

では、どのようにインドシナの共産化を防止するのか。折しも、四九年一〇月、国民党との内戦に勝利した毛沢東が中国で共産主義政権の樹立を宣言するに及んで、アジアにおける共産主義革命の脅威は最高潮に達しつつあった。

中国共産化に衝撃を受けながらも、アトリー政権は五〇年一月に毛沢東政権を外交承認する［★10］。またアトリー内閣は、たとえ中国軍がインドシナに介入してもフランス支援を目的とした軍事介入は行わないことを決定した。インドシナへのアジア共産主義拡大の伝播を防止するには、むしろフランスを説得して一刻も早くインドシナ諸国に独立を与えさせ、幅広い国民の支持を得た安定政府を樹立するのが先決であると考えたのである［★11］。

他方、フランスは当時、ホー・チ・ミンへの対抗政権を樹立すべく阮《グエン》朝最後の皇帝バオ・ダイ（Bao Dai）の復位を目論んでいた。四九年三月、仏政府はベトナムの統一や特定諸国への外交官の派遣、独自軍隊の創設などの権限をバオ・ダイに付与するエリゼ協定を締結した［★12］。これを受け、同年六月、バオ・ダイを元首とするベトナム国が正式に発足し、ここに二つのベトナム国家が誕生するに至る。

マラヤ問題の対処に忙殺される英政府のバオ・ダイ支援は政治的支援に限られた。その一環としてアトリー政権はベトナム国の外交承認を検討したが、バオ・ダイをフランスの傀儡《かいらい》政権と非難するインドなどのアジア諸国の強い反発にあった。傀儡批判をかわすには、インド、パキスタン、セイロンや他のアジア諸国がイギリス、アメリカに先行してバオ・ダイを承認するのが望ましく、その説得には最低でもフランスの国民議会によるエリゼ協定の批准が必要だった。そのため、アーネスト・ベヴィン(Ernest Bevin)英外相は五〇年一月に開催されたコモンウェルス諸国会議でバオ・ダイ政権の承認を各国に訴えかけたが、インドはここでもフランス帝国主義批判を繰り返して承認に異議を唱えた[★13]。

一月二九日、仏国民議会がエリゼ協定をようやく批准する。だが、それに先立つ一八日に中国がホー政権を承認し、三一日にソ連政府がこれに続いた。英米も慌ててバオ・ダイ政権を二月七日に承認し、エリゼ協定と同種の協定をフランスと結んでいたラオス、カンボジアの両政府にも外交承認を与えた。その後、英米にならってオーストラリア、ニュージーランド、タイ、韓国がバオ・ダイを承認したものの、インドとセイロンは、ホー政権を承認しない代わりにバオ・ダイに対しても不承認の姿勢を貫いた[★14]。

こうして、五〇年代に入るとインドシナ戦争の「国際化」が進むことになる。中国がホー政権への軍事支援を五〇年春に決定すると[★15]、アメリカも同時に対仏支援を強化した。これまでイギリスの伝統的な責任圏として東南アジアへの介入を控えてきたトルーマン(Harry S. Truman)米政権は、中国の共産化を転機に朝鮮戦争の勃発(五〇年六月)以降、フランスの戦費の大部分を肩代わりしてインドシナへの介入の度を深めていく。五〇年二月作成の「インドシナに対する合衆国の立場」(NSC六四)ですでに、トルーマン政権はインドシナでの共産主義陣営の活動を東南アジア全域の奪取を目論む計画の第一段階とみなし、あらゆる可能な措置を講じてインドシナの安全を防衛していくことを最優先課題に掲げていた[★16]。やがてベトナム戦争へとつながっていくアメリカのインドシナ関与がここに始まったのである。

2　インドシナ軍事介入をめぐる論議

朝鮮戦争の勃発による共産主義脅威の高まりは、アメリカの東南アジア関与の拡大をもたらした。五〇年代初頭から東南アジア防衛へのアメリカの取り込みを企図していたイギリスにとって、アメリカが東南アジアでの西側防衛に主導権を発揮するのは歓迎すべきことであった。

朝鮮半島で戦闘が続くなか、マラヤでの武装蜂起も五一－五二年に最高潮に達する[★17]。五一年一〇月に誕生したチャーチル保守党政権も前政権同様直接介入を避け、フランスがアメリカの支援を得てインドシナで持ちこたえることを望んだ。五〇年代初頭の時点では、チャーチル政権はインドシナでのフランスの勝利を期待しており、インドシナ戦争の外交的解決を提唱していたわけではなかった[★18]。

しかしながら、五四年に入る頃からチャーチル政権は次第に交渉による休戦を模索するようになる。これは、ソ連最高指導者スターリン(Joseph Stalin)の死去(五三年三月)以後の冷戦の雪解けや、後に見るアメリカの軍事介入計画への警戒心によってもたらされたものであった。

チャーチル政権の政策転換の兆しは、一月から二月にかけて開催されたイギリス、アメリカ、フランス、ソ連によるベルリン外相会議に見られた。会議本来の目的であったドイツ問題に関しては何ら成果を生み出さなかったものの、その副産物として朝鮮半島とインドシナの問題を討議するジュネーヴ会議の開催が合意された[★19]。

三月中旬、ベトナム北西部のラオス国境に近い仏軍要衝地ディエンビエンフーへのベトミンの総攻撃が始まった。ディエンビエンフーが陥落しても、それは即座にインドシナ戦争でのフランスの敗北を意味しなかった。しかしながら、敗北によって兵士の士気が挫かれ、フランス国民のあいだに厭戦気分が高まると、ジョゼフ・ラニエル（Joseph Laniel）内閣の存続が危うくなる恐れがあった。

ディエンビエンフーの陥落を阻止すべく、アイゼンハワー米政権は積極策に打って出る。三月二九日、ジョン・ダレス（John Foster Dulles）国務長官が海外記者クラブで「赤いアジアの脅威」と題するスピーチを行い、ソ連と中国の東南アジア支配に対抗する西側諸国の「統一行動（united action）」を呼びかけた。ダレスはこの統一行動に深刻な危険がともなうことを認めつつも、共産主義者の挑戦に断固立ち向かうことが急務だと訴えた［★20］。

さらに、アイゼンハワーは四月七日の記者会見で「自由世界にとってのインドシナの戦略的重要性」を問われると、次のように答えた。「アジアではすでに約四億五〇〇〇万人が共産主義者の独裁」下に置かれ、「これ以上の喪失」は許容できない。インドシナの喪失は、ビルマ、タイ、インドネシアを含む東南アジア全域の共産化を引き起こし、さらに日本が貿易相手を求めて共産主義陣営に接近を図っていく可能性もある。大統領はインドシナを連続する「ドミノ」の最初の一駒になぞらえて、アジア冷戦におけるインドシナ防衛の死活的重要性を強調した［★21］。

この記者会見の三日前、チャーチルに宛てた書簡でもアイゼンハワーはドミノ理論を用いて共産化された「アジアのマンパワー、天然資源」と「日本の潜在的工業力」の結合に注意を喚起していた。大統領はダレスが発表した統一行動への支持を求めるとともに、「共産主義の拡大阻止に重大な関心を持つ諸国家から成る新たな特別な集団、もしくは連合体の設立」を呼びかけた。そして、彼は以下の警句を発して英首相への書簡を締めくくった。「もし……歴史を参考にするなら、われわれは適切な時期に団結して行動できなかったがゆえに、ヒロヒトやムッソリーニ（Benito Mussolini）、ヒトラー（Adolf Hitler）を食い止めることに失敗したのです。それが、その後何年も続くことになる完全なる悲劇と絶望的危機の始まりとなりました。われわれ両国はこの教訓から何か学んでいたのではなかったのでしょうか」［★22］。

駐米英大使ロジャー・メイキンズ(Roger Makins)は、四日付の本省宛電文で以下のように対米支援の必要性を訴えた。「[アイゼンハワー]政権と提携することで、彼らに持続的な影響を及ぼすことができるようになるでしょう。……アメリカ人は間違いなく協力を切望しており、われわれの資源的貢献は小規模であっても、彼らは他の場所でわれわれを支援し、またその意見に耳を傾けると私は信じております」[★23]。すなわち、「アメリカ人はいったんわれわれが彼らとともにあることを実感すると、助言や影響をずっと受け入れやすくなる」というのである[★24]。

アメリカの呼びかけに対して、チャーチル政権は次のように対応した。まず、米政府が示唆した東南アジア集団防衛体制の構築に賛成の意を示した。来るジュネーヴ会議でインドシナ休戦を成立させた後、共産主義の拡大を防止する集団防衛機構の設立は不可欠だった。また、こうした集団防衛機構の設立には、東南アジアでの帝国防衛にアメリカを引き込みつつ、同時にアメリカの危険な単独行動を「封じ込め」られるという利点があった[★25]。

チャーチル政権は発足当初からアメリカ、オーストラリア、ニュージーランドによるアンザス条約(一九五一年九月調印)から自国が除外されていることを不満に思い[★26]、イギリスが加わる新たな集団防衛機構を設立して、香港、マラヤなどの防衛にアメリカの力を利用することを望んでいた。しかしその設立の検討は、あくまでジュネーヴ会議の閉幕後でなければならなかった[★27]。アメリカの要求通り設立の検討をすぐに開始すると、それに反発した共産主義陣営がジュネーヴ会議を妨害する可能性があったからである。

他方、統一行動計画に暗示されるインドシナへの軍事介入には、チャーチル内閣は断固反対した[★28]。アメリカの狙いは、軍事介入の脅しをかけて中国のベトミン支援をやめさせることにあった。ダレスによれば、強硬な圧力を行使することによって、軍事介入はむしろ不要になる。しかし、アンソニー・イーデン外相をはじめとする外交指導者たちは、統一行動による脅迫の抑止効果に疑問を投げかけた。中国が圧力に屈する保証はなく、逆にインドシナへの介入を拡大した場合、朝鮮戦争のようにアメリカと中国が再び直接対決を迎えるようになるかもしれない。中国が中ソ友好同盟相互援助条約(一九五〇年二月調印)を発動してソ連が参戦する可能性も排除できないばかりか、インドシナの混乱に乗じて韓国の李承晩が北朝鮮との対決を再開したり、台湾の蔣介石が大陸反攻に打って出たりすれば、東アジア全体を巻き込んだ戦争や第三次世界大戦へと発展していく危険性すらあった[★29]。

チャーチルは、状況如何でアメリカが核兵器の使用に踏み切る可能性があると考えていた。チャーチルは、前年一二月のバミューダ会談でアイゼンハワーが核兵器を抑止力ではなく使用可能な「最新の通常兵器」と位置づけているのを知って以来この懸念を強めていたが[★30]、五四年三月のビキニ環礁でのアメリカの水爆実験の報にふれ、破滅的な核戦争の恐怖を痛感した。イギリスの軍指導部は、米ソのうち「核の使用に訴えやすい」のはアメリカの方だと考え[★31]、とりわけ中国との対決において核使用に踏み切る可能性が高いと想定していた[★32]。いったん軍事介入が始まるとそのエスカレーションを抑えるのは容易でないため、核戦争の危険を回避するには初めからアメリカをインドシナに介入させないようにしなければならなかったのである。

チャーチル政権が軍事介入に反対したもう一つの理由として、コモンウェルス諸国との関係に注目する必要がある。アイゼンハワー政権が構想する統一行動計画と集団防衛機構の両方においてオーストラリアとニュージーランドは主要メンバーに数えられていた。しかし、ワシントンとの良好な関係の維持に努めつつも、最終的に両国はワシントンの軍事介入に協力しない方針を固めた[★33]。

オーストラリア、ニュージーランドの意向以上に英外務省が気を配っていたのが、アジアのコモンウェルス諸国、とりわけインドの動向だった[★34]。イーデンの秘書官イヴリン・シャックバラ(Evelyn Shuckburgh)は、当時チャーチル政権が抱えていたジレンマを四月二四日の日記に次のように記している。「われわれがアメリカの計画へ協力を拒否すれば、同盟は傷つくことになる。[だが、]もしダレスが求めるままに行動すれば、われわれは確実にインドやおそらく他のすべてのアジア諸国の最も激しい敵意を惹起《じゃっき》し、コモンウェルスを破壊することになる」[★35]。

四月二五日、インド議会でジャワーハルラール・ネルー(Jawaharlal Nehru)首相は「アメリカの態度は戦争の国際化をもって恐喝するもの」と統一行動を批判した上で、ジュネーヴ会議でのフランスとホー政権の直接交渉や、インドシナへの域外諸国の干渉を排する協定の締結など六項目提案を発表した[★36]。

さらにこの提案を携えネルーは、同月末のコロンボ諸国(インド、パキスタン、セイロン、ビルマ、インドネシア)会議に参加し、他のアジア諸国の支持を求めた。会議を主催したジョン・コテラワラ(John Kotelawala)セイロン首相が語るように、コロンボ会議は、アジアの平和は「アジア人にとって何が良いことなのか」を知っている彼ら自身によって形成されなければならないことを世界に知らしめるための場であった[★37]。コロンボ諸国指導者は、アジアの意見を無視した欧米諸国の力によるインドシナ支配に異議を唱えたのである。イーデンはこの点に留意し、インドシナ戦争を「軍事的闘争ではなく、思想(ideas)の闘争」と捉え、「アジア諸国の意見を味方につける」重要性を説いた[★38]。とりわけ、非同盟運動の指導的立場にあって、新興独立国のあいだで多大な道義的権威と政治的影響力を持つネルーを疎遠にする行動を西側諸国はとってはならなかった。

イーデンはさらに、インドの中国に対する影響力にも注目していた。五四年に入ると中印両国は関係改善に乗り出し、四月二九日の「中国チベット地方=インド間の通商交通に関する協定」調印の際に、①領土的統一と主権の相互尊重、②相互不可侵、③相互内政不干渉、④平等互恵、⑤平和共存、から成る「平和五原則」を提唱した。そして、続く六月二八日の首脳会談で、ネルーと周恩来中国首相はこの五原則がインドシナ戦争の解決にも適用可能であることを確認した[★39]。

こうしたインドとの関係を考慮すると、中国はインドシナでインドなどのアジア諸国の反発を買う行動に出られないだろう。コロンボ諸国が主張するインドシナの中立化を尊重せざるを得ないのではないか。もし、こうした予想に反して北京がインドシナに対して膨張政策を採れば、アジア諸国は中国に不信感を抱いて西側に接近するようになるだろう。このようにイーデンはインドの支持獲得がインドシナ戦争の休戦や集団防衛機構創設の鍵になると考え[★40]、ジュネーヴ会議の進捗状況をインド、セイロン、パキスタンに逐一報告して彼らに疎外感を抱かせないよう腐心したのである。

他方、ダレスはインドの存在を疎ましく思っていた。英外務省がインドの影響力を通じた中国の抑制を期待したのに対し、ダレスはその逆の状況を警戒していた。すなわち、イギリスは必死にインドを味方につけようとしているが、それはインドに「拒否権」を与えることになるばかりでなく、インドが北京への接近を試みるあまり、中国にも「拒否権」を与えることになってしまうというのである。ダレスは拒否権の「連鎖」反応、つまりインドを介して中国が西側の政策を妨害することが可能になるのを懸念していた[★41]。

四月、ダレスはロンドンとパリで数度にわたってイーデンの説得に努めた。一一日訪英したダレスは、西側の確固たる対抗の意志が中国の侵略を抑止し、ディエンビエンフーで苦境に立つ仏軍の士気を高め、ジュネーヴ会議でのフランスの交渉力を増大させると力説した。適切な時期に毅然とした態度を示せれば、軍事介入を不要にすることも可能なのである。ダレスは二三日、パリでのNATO閣僚会議の際にも同様の主張を繰り返し、英政府の承認を得られれば、大統領はすぐにでも議会に赴いて戦争権限の付与を求める意向だとイーデンに詰め寄った。さらに国務長官は具体的貢献として、イギリスに香港もしくはマラヤから二個ないし三個航空隊のインドシナへの派遣を要求した[★42]。

イーデンは先述の軍事介入の危険性を改めて指摘し、統一行動に支持を与えなかった。二五日、チャーチルは臨時閣僚会議で八項目から成るインドシナ政策を決定し、アメリカの要求に対する最終的な拒絶を示した。八項目の要点とは、ジュネーヴ会議でフランスに外交支援を与えることを最優先課題とし、会議終了以前には、いかなる軍事行動にも関与しないというものであった。また会議が不一致に終わった場合は、その時点で採るべき対応策を同盟諸国と検討することにした［★43］。つまり、会議が破綻した際の対処法の検討を約して将来的な統一行動への参加に含みを残しつつも、いかなる時点の軍事介入にも明確な事前のコミットメントを与えなかったのである。

翌日付の日記に住宅・地方行政相ハロルド・マクミランは、アメリカの「未熟な計画」に対する批判を次のように記している。「昨日の協議やこのおかしな話の全体をよく考えてみると、良き助言を持たないアメリカ人というものがいかに危険であるかに気づかされて恐ろしくなる。……われわれはよく考え、注意深く仕上げた計画をもって適切な時に適切な場で対抗しなければならない（強調原文）」［★44］。次章で見るように、こうした対米認識を持ったマクミランが首相となってラオス内戦に対処していくことになるのである。

二六日、最後の説得を試みてロンドンを訪問したアーサー・ラドフォード（Arthur W. Radford）米統合参謀本部議長との会談でチャーチルは米大統領のドミノ理論を退け、万一インドシナが共産主義支配に陥ってもイギリスは独力でマラヤを防衛できると語った。チャーチルがこのような自信を示すことができたのは、マラヤでの武装蜂起が五一年をピークに沈静化に向かっていたからである［★45］。彼の政権にとって仏領インドシナの重要性はマラヤとの関連において認識されるものであった。マラヤ情勢が深刻なときには、アメリカのドミノ理論は説得力を持ちえた。ところが、マラヤでの武装蜂起が沈静化するにつれ、インドシナの戦略的重要性は低下していったのである。

チャーチルはラドフォードに、インドが帝国から独立した時点でイギリスにとってのインドシナの重要性はすでに失われていたのであり、いまさらイギリスの軍隊を介入させてフランス帝国を守らなければならない理由など存在しないのだと歯に衣を着せずに語った。インドシナを失うことでフランスが世界大国の地位から転落しても、それはイギリスには「関係のないこと」だというのである。イギリスが自力でマラヤ情勢を好転させたように、フランスも「二年の兵役」を設定するなどして自力で問題解決に当たるべきだと、この老宰相は突き放した[★46]。

ラドフォードやウィンスロップ・オードリッチ（Winthrop Aldrich）駐英米大使は、インドシナ戦争がもたらすアジア同盟諸国への心理的影響など、英首相の発想には自国の権益を超越した広範な地域的視点が欠如していると批判した[★47]。五月になっても米政権内部では軍事介入の検討が続けられたが、アイゼンハワーは回顧録で、この四月末のロンドンの決定によって同盟国との介入を模索するアメリカの試みに終止符が打たれたと記している[★48]。

このように、チャーチル政権の反対がアメリカの統一行動計画を挫折させた主要因のひとつであることは間違いない。チャーチル政権の言動が一定の影響力を持ちえたのは、米議会指導者が同盟国、とりわけイギリスの参加をインドシナ介入の必須条件のひとつに掲げたからでもある[★49]。四月三日、議会上下両院の有力議員と会談したダレスは、議会の説得にチャーチル政権の支援が「決定的な重要性」を持つことを悟って[★50]、ロンドンやパリで懸命にイーデンの説得にあたったのである。しかしチャーチルは、統一行動への参加は米議会を「誤った方向に誘導し、非効率で世界を大戦争の淵に引き込む軍事作戦」を助長することになると考えて反対したのだった[★51]。

もっとも、アイゼンハワー政権が軍事介入を断念したのには、他にいくつも理由があった。例えば、米軍部のなかにはラドフォード提督が唱える海空軍主体の限定的作戦に疑問を呈する者が数多く存在していた[★52]。一方、陸軍地上部隊も投入する全面介入路線を採用するには、第二の朝鮮戦争を戦う覚悟を決めなければならなかった。しかしこれは、「負担可能な費用で最大限の抑止」を目指すアイゼンハワー政権の「ニュールック」戦略を破綻させ、朝鮮戦争時のように巨額の財政赤字を生み出す危険を秘めていたのである[★53]。それに、どのような論理をもってしても、ジュネーヴ会議の開催がすでに決定されている段階での軍事介入を国内外の世論や諸外国政府に納得させられなかっただろう。

おそらく、アメリカに介入を断念させた最も重要な要因は、フランスの態度であった。そもそもインドシナ戦争はフランスの戦争である。パリの指導者やフランス国民に自ら戦い抜く決意がないなら、アイゼンハワー政権が議会や世論、同盟国に介入の妥当性を理解させるのは困難だった。実際フランスのラニエル政権はインドシナの戦況悪化とともにジュネーヴでの交渉による妥結に傾き、最後までベトミンと戦い抜く決意が仏軍にあるのか、アイゼンハワーとダレスは確信が持てなくなっていった[★54]。このフランスの交渉路線への転換は、六月半ばにラニエル内閣が倒れ、ピエール・マンデス・フランス(Pierre Mendes-France)政権が誕生したことによって確固たるものになった。マデンス・フランスは七月二〇日までの休戦協定の締結を公約に掲げて政権の座に就いた。アメリカにとってイギリス抜きでの軍事介入はまったく不可能ではなかったが、当事者のフランスが断念した戦いを肩代わりすることはできなかった。

3　ジュネーヴ会議

四月二六日に始まったジュネーヴ会議は、予想通り朝鮮半島問題では成果を得られず、世界の関心は五月八日からのインドシナ休戦問題の討議に注がれた。前日の七日、ディエンビエンフーが遂にベトミンの手に落ち、フランスは脆弱な立場からの交渉を強いられることになった。

インドシナ問題の討議には、共同議長国イギリスとソ連の他に、紛争当事国のフランスとベトナム民主共和国及びインドシナ三国(ベトナム国、ラオス、カンボジア)、アメリカ、中国の九カ国代表が参加した。ジュネーヴ会議は開幕当初から、ラオスとカンボジアの国内抵抗勢力パテト・ラオ、クメール・イサラクの代表権問題や、政治問題と軍事問題の討議の優先順位などをめぐって難航した。

ジュネーヴ会議の様子をイーデンは次のように述懐している。

アメリカ人もフランス人も共産主義陣営の代表たちと接触を確立しようとしなかったので、私は西側諸国と共産主義者とのあいだで仲介の役割を担わなければならなかった。この点において、私の活動はあらゆる誤解にさらされることになった。私はそれが英米関係に及ぼす影響を心配していた。他方で私は、会議全体を通してわれわれとネルー氏のようなジュネーヴ会議に参加していない他のコモンウェルスのメンバー諸国との間で緊密な協調が維持されたことに励まされた。……当事国同士が直接接触を図ろうとせず、われわれは常に参加者が退室してしまう危険のなかにいた［★55］。

共同議長として何度も発生した交渉決裂の危機をモロトフ（Vyacheslav Molotov）ソ連外相とともにイーデンは巧みな舵取りで乗り切った。インドシナ休戦協定の成立過程において、イーデンとモロトフが果たした役割は相当なものである。両共同議長の緊密な連携なくしてジュネーヴ会議の妥結はあり得なかったといっても過言ではない。

両者の関係は、前述のベルリン外相会議のときから緊密化し始めた［★56］。もともとドイツ問題の解決は困難であることを承知していたイーデンは、ベルリン会議の主目的を「凍りついた」モスクワとの関係打開に置いていた［★57］。イーデンはベルリンでモロトフと個人会談を重ねるごとに、ソ連外相が「われわれの立場に歩み寄り」を見せ、「有益な交渉」を行おうとしていることに喜んだ［★58］。共産主義者との交渉を否定するダレスと英仏の見解の不一致によって交渉が停滞すると、イーデンはモロトフに「申し訳ない」とさえ感じていた［★59］。シャックバラによれば、約一カ月に及ぶベルリンでの頻繁な協議を通じて英ソ代表団のあいだには「ある種の仲間意識」が芽生えていたという［★60］。

この英ソの連携があってこそ、ダレスの反対にもかかわらずジュネーヴ会議が開催されることになったのである。イーデンがアメリカ、フランスを説得し、モロトフが中国とインドシナ共産主義勢力を統制することでインドシナに和平をもたらそうとする英ソの協調行動は、二極分裂を特徴とする冷戦時代においても、交渉による東西間の問題解決が皆無ではないことを世界に知らしめたのだった。

対照的に、英米関係はイーデンとダレスの個人的不和も手伝ってジュネーヴ会議開幕時には冷え切っていた。再びシャックバラの四月末の日記によれば、ダレスはイーデンに「ほぼ病的といえる怒り」を抱き、英代表団が周恩来のアメリカ批判に対抗しないことに失望して「同盟は終焉間近だ(nearly at an end)」と語っていた［★61］。

五月三日、ダレスは帰国し、代わりにウォルター・ベデル・スミス(Walter Bedell Smith)国務次官が米代表団を率いることになった。これは事実上、ジュネーヴ会議からの米政府の撤退を意味していた。アイゼンハワーは一二日のベデル・スミス宛の訓令で、ジュネーヴ会議がアメリカの「政策と矛盾する結果」をもたらすなら、「直ちに本国政府に通告し、脱退あるいはアメリカの役割をオブザーバーに制限することを勧告」するよう指示した［★62］。以後、米代表団は協議と距離を置き、参加者ともオブザーバーともつかない中途半端な立場で会議の進展を見守ることになる［★63］。

イーデンはアメリカとの対立が深まるにつれて、自らの調停外交が英米同盟の結束を乱しているのではないかと懸念を抱いた。不安にかられる外相をチャーチルは鼓舞した。チャーチルは政権発足当初から米ソとの首脳会議外交による冷戦の緊張緩和を提唱してきたが［★64］、彼にとってジュネーヴ会議の成功はその実現に向けての重要な一歩であった。チャーチルは六月五日、一時帰国したイーデンに対し閣議で、共産主義諸国との接触に反対するアメリカの「不合理」な態度によって世界平和の機会が失われてはならないとし、「誤解を恐れず」これまで通り会議の成功に尽力すべきだと激励した[★65]。ベデル・スミス率いる米代表団が交渉から一歩身を引くなか、イーデンは共産主義陣営の代表者たちと公式・非公式の対話を重ねながら妥協点を探っていった。

ソ連と中国もそれぞれの思惑から、インドシナ戦争の終結を望んでいた[★66]。ソ連は、西側との戦争のリスクを冒してまで守らなければならない戦略的・経済的利益をインドシナに保持していなかった。クレムリンにとっては、ベトミンの勝利によるインドシナの共産化よりも、アメリカとの対決につながる紛争の回避が重要だったのである。さらに、インドシナの休戦によって、西欧諸国が進める欧州防衛共同体構想を破綻に追い込みたいとの狙いもあった。欧州防衛共同体への参加を通した西ドイツの再軍備を警戒するソ連は、インドシナ休戦で協力する見返りに、フランスにこの構想を放棄させようと画策していたのである[★67]。

アメリカのインドシナ介入の脅威は、朝鮮半島で直接戦火を交えた中国にとってより切実なものであった。国民党との長期の内戦に続いて朝鮮戦争に介入した中国は、西側との新たな対立を回避して国内開発・経済発展に注力しなければならなかった。折しも、前年の一九五三年から第一次五カ年計画が導入され、国内開発の停滞を招くインドシナ戦争への参戦を避ける必要があったのである[★68]。

さて、ジュネーヴ会議で英代表団が追求した目的とは何だったのか。イーデンの「主たる関心はマラヤ」にあった。マラヤへの共産主義の伝播を防止するため、イーデンはインドシナを中立化して「できるだけ北方に効果的な防壁」を構築する計画だった[★69]。それには、ベトナムを南北に分割して南部地域を保持すると同時に、ラオスとカンボジアに侵攻したベトミン軍を撤退させて両国を共産主義陣営から隔絶することが必要であった[★70]。先行研究では、ジュネーヴ会議の最大の争点としてベトナムの南北分割に注目が集まりがちだが、イギリスの帝国防衛の観点からすれば、マラヤと隣接するタイの安全を確保するために、ラオスとカンボジアを共産圏から隔絶することの方がベトナム問題よりも重要な課題であったといえよう[★71]。イーデンの関心はラオス、カンボジアを西側陣営に取り込むことではなく、緩衝地帯として中立化させることにあった。

会議当初、共産主義陣営はベトナム、ラオス、カンボジア問題の一体的解決を求め、三国それぞれについて個別の休戦協定を求める西側諸国と対立した。ベトナム全土の四分の三を支配する軍事的優勢を利用して、ホー政権はラオス、カンボジア問題についても自己に有利な条件での妥結を試みた。

他方、西側諸国にとってベトナム問題とラオス、カンボジア問題は異質であった。すなわち、ラオス、カンボジアの問題とは、独立国である両国へベトミンが軍事侵攻し、両国内の抵抗勢力と結託して、この二つの王国政府の打倒を画策していることであった。したがって、西側諸国の目的は、ベトミン軍を撤退させ、国内の抵抗勢力を武装解除した後、両国の国民統合を推し進めることにあったのである。しかし、ホー・チ・ミン政権は、ラオス、カンボジアでのベトミン軍の存在すら認めていなかった。

このベトナム問題とラオス、カンボジア問題の切り離しと、ラオス、カンボジアからベトミン軍を撤退させる上で決定的な役割を果たしたのが中国代表団長の周恩来であった。六月一六日、イーデンと周の会談が後者の呼びかけで行われた。周は「非常に真剣な」面持ちで、ラオス、カンボジアがベトナムと異質の問題であることを認めた。そのうえで、ラオスとカンボジアについては両国が「インドやビルマ、インドネシアのように自由で独立した生活」を送ることを希望するとし、アメリカがこの二国に軍事基地を設置しないことを誓約するのであれば、両国から撤退するようホー・チ・ミンを説得する用意があることを示唆した。イーデンは周の見解に賛同し、アメリカに軍事基地建設の考えがないことを「保証」した[★72]。

なおイーデンは、インドシナ戦争の解決における中国の重要性を、中印首脳会談の場でネルーにも語らせている[★73]。先に述べたように、このネルーと周による中印会談は平和五原則がインドシナ問題にも適用可能であることを確認し、共同声明でインドシナ諸国の中立的地位の確立を訴えた。南アジア、東南アジアでの非同盟・平和中立地帯の拡大を求めるインドと、インドシナからアメリカの軍事プレゼンスを排除したい中国との思惑の一致が、この中印合意となって結実したのである［★74］。

周恩来は七月三日から五日まで中国・柳州会談でホー・チ・ミンの説得にあたった。周は、アメリカの軍事介入の危険を冒してフランスと戦い続けるよりも、ジュネーヴで休戦を締結し、政治的手段を通じて中長期的な影響力の拡大を狙う方が賢明であると説いた。インドシナ問題はビルマ、タイ、マラヤ、インドネシア、パキスタン、インド、オーストラリア、ニュージーランド、セイロン、フィリピン、すなわち「六億の人口を抱える一〇カ国」に影響を及ぼす問題であった。ラオス、カンボジアから撤退して両国と良好な関係を結べば、インド、ビルマ、インドネシアなどは、ベトミンによるベトナム全土の支配に反対せず、選挙を通じた国家統一がやがて可能になるというのである。周はさらに、戦争の継続よりも和平の討議が西側世界を分裂させアメリカを孤立させるのに有効な戦術だと主張した［★75］。

中国の説得を受け入れ、ホー政権はラオス、カンボジアからの軍事撤退に応じた。さらに、ベトナムに関しても北緯一六度線を軍事境界線とする暫定分割に同意した。その後、北緯一八度線での分割を主張するフランスとのあいだで協議が難航したが、七月二〇日、モロトフの仲裁により両者の中間をとって一七度線での分割で妥協が図られた。同日、ラオスでの休戦が、また翌日カンボジアでの休戦が合意され、ここに八年に及んだ第一次インドシナ戦争が終結した。

ジュネーヴ協定はその英語表記(The Geneva Accords)が示すように、単一協定ではなく、ベトナム、ラオス、カンボジアに関する三つの休戦協定と、ベトナム国、ラオス、カンボジア、フランス、アメリカの各国が発した九つの単独宣言、それに会議の「最終宣言」を併せた合計一三文書の総称である。三つの休戦協定は、ベトナム、ラオス、カンボジアの軍事同盟への不参加、三国での外国軍事基地の設置禁止［★76］、武装解除や休戦監視などを規定した。しかし、右に記した五カ国が自国の国益と抵触する諸点について、それぞれの単独宣言のなかに留保条件を盛り込んだため、ジュネーヴ協定の拘束力は確実に弱まった。まさに、抜け穴だらけとの批判を免れない。とくに、アメリカがベトナム、ラオス、カンボジアでの選挙(ラオス、カンボジアは一九五五年実施予定、ベトナムは一九五六年に実施予定)に言及した最終宣言への参加を拒否して「留意する」にとどまったことは、ジュネーヴ協定の存立に暗い影を落とした。

さらに、英外交指導者たちにはもう一つ懸念があった。インドシナでの休戦・選挙監視のためにインド、カナダ、ポーランドによって構成される国際監視委員会(ICC)がベトナム、ラオス、カンボジアそれぞれに設立されることになり、その議長国にインドが選出されたことをイーデンは喜んでいた。ところが、アメリカが発した単独宣言はICCの権限を認めず、国際連合の監視下で南北ベトナム統一選挙を実施していくべきだと主張していたのである[★77]。これは、ポーランドを通じた共産主義諸国、とくに中国の干渉を排除するねらいで北京政府が加盟していない国連に監視させるためであった。

こうした問題にもかかわらず、イーデンはジュネーヴ協定の意義を七月二三日の閣議で次のように同僚に語っている。

[ベトナムで]選挙が実施された場合、大多数のベトナム人はホー・チ・ミンのリーダーシップに将来の希望を託すことになると想定しておかなければなりません。しかし、ラオスとカンボジアでは、現政権がより強固になりました。……

この解決の本質は、ラオスとカンボジアが中国とシャム[タイ]の間で独立した中立緩衝地帯としてとどまることにありました。したがって、アメリカがこの二国でいかなる軍事的影響力の確立も求めないことが不可欠でした。そのような試みはどんなものであっても中国の対抗措置を引き起こすことになったでしょう[★78]。

翌日内閣に提出した覚書でも、イーデンはジュネーヴ会議の「最も重要」な成果をベトナム、ラオス、カンボジアで外国軍事基地の設置が禁止され、インドシナ三国が軍事同盟への不参加を誓約したことだと述べた[★79]。

イーデンの対米不信はジュネーヴ会議のあいだにいっそう高まり、アメリカを東南アジア和平の障害とみなすまでになっていた。ジュネーヴ会議で中国が果たした重要な役割を称え、その大国としての存在を認める一方で、イーデンは「最も重要な国際問題」の討議から中国を排除しようとしたアメリカの「攻撃的な」姿勢は「平和の強化という利益」と真っ向から対立すると厳しく批判した[★80]。東南アジアへの中国の影響力拡大を封じ込めようとするアメリカと異なって、英外務省は中国を利害関係国として東南アジア秩序の構築に関与させようとしていたのである[★81]。

4　東南アジア条約機構の創設

インドシナ戦争の終結に安堵しながらも、チャーチル政権はまだ対処しなければならない課題を抱えていた。東南アジア集団防衛機構の創設である。英米両政府は、この問題をめぐっても四月から鋭く対立していた。イーデンが集団防衛機構の検討をジュネーヴ会議の終了後に始めるべきだと主張する一方で、ダレスは即座の検討開始を要求していた。

英米がこの検討を本格的に開始したのは、六月末の首脳会談で共同研究グループの設置を決定してからのことである［★82］。チャーチルはインドシナをめぐって悪化したアメリカとの関係改善を求めて、ジュネーヴ交渉がまだ続くなか、二国間協議の開始に踏み切った。

七月前半、合同研究グループは六回の会合を重ねて最終報告を作成した。この報告を土台に八月後半に加盟予定諸国との調整が行われた。そして、九月一日から四日にかけてのフィリピンでの事務レベル協議を経て、八日に外相級会談で東南アジア条約機構（SEATO）の創設を謳ったマニラ条約が調印された。加盟国に名を連ねたのは、アメリカ、イギリス、フランス、オーストラリア、ニュージーランド、タイ、フィリピン、パキスタンの八カ国であった。

合同研究の時点から、英米間には主に三つの問題をめぐる見解の相違があった。

第一は、加盟国の選定問題である。既述のように、イーデンはジュネーヴ会議に参加していなかったインド、パキスタン、セイロンを東南アジアの地域防衛機構に関与させようとしていた［★83］。アジア諸国が参加しない組織では、SEATOが欧米帝国主義による軍事的再支配の試みだと誤解される恐れがあったからである。イーデンがSEATO創設の検討を極力遅らせようとしたのも、その間にアジア諸国の支持と参加を取りつけるためであった。五月二四日の閣議でイーデンは次のように語った。

インドシナ問題同様、これ［集団防衛体制の問題］でも、西側諸国がアジア主導国の好意的な態度を維持し続けることが最も重要であります。東南アジア集団防衛体制の確立に向けての早計な行動は、間違いなくインドを疎遠にさせていたでしょう。そしてインドが好意的でなければ、それに進んで参加しようとする東南アジア諸国はほとんどないでしょう。これらの国々の参加は、集団防衛体制の成功にとって不可欠であり、時間をかけて忍耐強くあたれば、彼らにその利点を理解させられるかもしれません［★84］。

アジア諸国の参加を可能な限り多く得ることは、長期的視点からも重要だった。東南アジアでのイギリスの影響力の衰退は長期的に見て不可避であり、集団防衛体制の設立によって「最終的にわれわれから東南アジア防衛の主要な負担を取り除いてくれる、真にアジアの防衛機構（強調原文）」となる組織の「中軸」を確立したかったのである［★85］。

ダレスはインドなどを参加させるのであれば、日本や台湾も除外できないと対抗した。しかし、イーデンは七月三〇日、インド、パキスタン、セイロンに書簡を送付して集団防衛機構への参加を求める。大方の予想通り、インド、セイロンは不参加を表明し、マニラ会議への参加を表明したのはパキスタンだけだった。カシミール地方の帰属問題をめぐって軍事的対立を抱えるインドとパキスタンのうち、パキスタンのみの加入は歓迎されていなかった。パキスタンの単独加盟は、印パの反目をいっそう強め、コモンウェルスの連帯を阻害することになるからである［★86］。とくに、パキスタンがインドとの軍事対立をＳＥＡＴＯに提訴した場合、イギリスはインドと大きな軋轢を抱えることになるのであった。実際、次章で見るように、インドとパキスタンの対立はマクミラン政権にＳＥＡＴＯのラオス介入を躊躇させる主要因のひとつとなる。

第二は、ＳＥＡＴＯに南ベトナム、ラオス、カンボジアをどう位置づけるかという問題であった。そもそもアメリカにとってＳＥＡＴＯは、これら三国への共産主義の伝播を防止するためのものであり、当然、三国は保護対象として条約区域に指定されなければならなかった。米国務省は、三国を保護対象国として条約本文に明記する意向であった。

他方、英代表団はジュネーヴ協定との抵触を恐れてフランス、フィリピン、パキスタンなどとともに、三国を保護対象として明記することに反対した。イーデンの脳裏には、周恩来との約束があった［★87］。イーデンは七月に数度行った周との直接会談で、ベデル・スミスの同意を得た言として、アイゼンハワー米政権は軍事同盟への参加をインドシナ三国に強要しないと中国代表団に伝えていた［★88］。その結果、イーデンと周は、インドシナを東西「双方にとって利点のある緩衝地帯」にすることで合意していたのである［★89］。それに、イギリスにとってジュネーヴ協定の核心がラオスとカンボジアの中立化にあったこともすでに見たとおりである。

最終的に、三国の保護規定はマニラ条約の本文ではなく、議定書に付記することで妥協が図られた。さらに英代表団は、イーデンの代理でマニラ外相会議に出席した外務担当閣外相レディング卿(Lord Reading)が「［マニラ］条約に対するわれわれの最も重要な貢献」と自賛した第四条三項の追加にも成功した［★90］。「侵略に対する行動及び協議」を規定した第四条はマニラ条約の根幹部分である。その一項は、締約国および条約区域に対する「武力攻撃による侵略」が発生した場合、各締約国は「その憲法上の手続きにしたがって共通の危険に対処するために行動する」ことを規定している。それに対し二項は、締約国や条約区域内での転覆工作などの「武力攻撃以外の方法」で領土の保全や政治的独立が脅かされる場合を想定し、その際、締約国は「共同防衛のために採るべき措置について合意するために直ちに協議」することを想定していた。

しかし問題は、締約国の行動を求める一項の想定する事態が条約締約国でないインドシナ三国で発生した場合、どうやって集団行動の発動を決定するかである。締約国の独断で発動できるとすれば、それは西側諸国にインドシナ介入の道をひらき、外国の干渉排除を目的としたジュネーヴ協定に背馳《はいち》するものとして共産主義陣営や非同盟諸国からの非難にさらされることになる。そこで英代表団は三項を追加して、インドシナ諸国に対しては「当該政府の招請または同意がない限り、いかなる行動もとってはならない」と規定したのである。

こうして、インドシナへの軍事介入に一定の歯止めがかかった。とはいえ、インドシナが保護対象に指定されたことで、ジュネーヴ会議の成果が部分的に損なわれたことは否めない。三国の保護指定は、北ベトナムや中国の敵愾心を強めただけでなく、コロンボ諸国のＳＥＡＴＯに対する不信感をも強めた。また、三国政府の要請が条件とはいえ、インドシナ介入の方途が残ったことで、ラオス、カンボジアの中立化という、イギリスにとってのジュネーヴ協定の核心部分も損傷を受けたのである[★91]。しかしこれらは、四月以降見解の溝が深まる一方だったアメリカとの関係を改善しつつインドシナ戦争を終結に導くためにチャーチル政権が払わなければならない代償であった。

第三の問題は、最も難航した脅威の定義の問題である。アメリカはSEATOの目的を「共産主義者の侵略」への対処に限定することを望んだ。「共産主義者の侵略」という文言をマニラ条約に明記することで反共組織としてのSEATOの目的を明確にして中国、北ベトナムに対する抑止力を高めると同時に、目的の特定化による東南アジアへのコミットメントの制限を意図していた。具体的には、SEATOを通じてアジア諸国が経済・軍事援助を引き出そうとするのを封じるとともに、非共産主義諸国間の紛争、例えば、印パ紛争や、インドシナ諸国同士の対立に巻き込まれるのを回避しようとしたのである[★92]。

英外務省は、この「不必要に挑発的」なアメリカの提案は中国の反発を惹起するばかりか、インド、ビルマなどの反感を買って非同盟諸国の将来的なSEATO加盟の芽を摘むものだと反対した[★93]。この問題は、アメリカの譲歩によってマニラ会議の土壇場で妥結した。すなわち、「共産主義者の侵略」という文言はマニラ条約本文に記載しないかわりに、「アメリカ合衆国の了解」という文書を作成して、アメリカは自己の行動が「共産主義者の侵略に対してのみ適用される」ことを宣言したのである。

やがて訪れるベトナム戦争は、先に見たジュネーヴ協定が機能せず、インドシナが再び東西冷戦の対決の場と化していくプロセスの帰着点である。次章以降、その過程をイギリス外交の見地から振り返ることにする。次章ではまず、インドシナ中立化の実現を困難にしたラオス内戦の問題を見ることにしよう。

★1――Neville, *Britain in Vietnam*; Smith, *Britain and the Origins of the Vietnam War*; 木畑洋一『イギリス帝国と帝国主義――比較と関係の視座』有志舎、二〇〇八年、一八一‐一八二頁。

★2――白石昌也「第一次インドシナ戦争とジュネーブ会議」山極晃編『東アジアと冷戦』三嶺書房、一九九四年、二八八‐二九二頁、John Saville, *The Politics of Continuity: British Foreign Policy and the Labour Government, 1945-46* (London: Verso, 1993), pp.196-200; Peter Weiler, *Ernest Bevin* (Manchester: Manchester University Press, 1993), p.151.

★3――Mark Atwood Lawrence, 'Forging the "Great Combination": Britain and the Indochina Problem, 1945-1950' in Mark Atwood Lawrence and Fredrik Logevall (eds.), *The First Vietnam War: Colonial Conflict and Cold War Crisis* (Cambridge: Harvard University Press, 2007), pp.108-109.

★4――Lawrence, 'Forging the "Great Combination"', pp.113-117; Karl Hack, *Defence and Decolonisation in Southeast Asia: Britain, Malaya and Singapore 1941-1968* (Richmond: Curzon Press, 2001), pp. 60-61.

★5――白石「第一次インドシナ戦争とジュネーブ会議」、二九五‐三〇〇頁。

★6――池端雪浦編『東南アジア史Ⅱ島嶼部』山川出版社、一九九九年、三八六頁。

★7――木畑洋一『帝国のたそがれ――冷戦下のイギリスとアジア』東京大学出版会、一九九六年、一五三‐一五八頁、及び同「イギリス帝国の崩壊とアメリカ――一九六〇年代アジア太平洋における国際秩序の変容」渡辺昭一編『帝国の終焉とアメリカ――アジア国際秩序の変容』山川出版社、二〇〇六年、二八四頁。

★8――木之内秀彦「冷戦と東南アジア」矢野暢編『東南アジア学第九巻　東南アジアの国際関係』弘文堂、一九九一年、一八七頁、同「冷戦体制と東南アジア」後藤乾一編『東南アジア史八　国民国家形成の時代』岩波書店、二〇〇二年、二三三頁。

★9――永野隆行「一九五〇年代前半における東南アジア国際関係とイギリスの関与」『外交時報』第一三四二号（一九九七年一〇月）、七三頁、Lawrence, 'Forging the "Great Combination"', p.122.

★10――英政府の中国承認問題については、林大輔「イギリスの中華人民共和国政府承認問題、一九四八年‐一九五〇年――戦後アジア・太平洋国際秩序形成をめぐる英米関係」『法学政治学論究』第七六号（二〇〇八年三月）。

★11――Ritchie Ovendale, 'Britain and the Cold War in Asia' in Ritchie Ovendale (ed.), *The Foreign Policy of the British Labour*

Governments, 1945-1951 (Leicester: Leicester University Press, 1984), p.127; Warner, 'Britain and the Crisis over Dien Bien Phu', p.56; Smith, *Britain and the Origins of the Vietnam War*, p.129.

★12——白石「第一次インドシナ戦争とジュネーブ会議」、三〇三頁。

★13——矢野暢『冷戦と東南アジア』中央公論社、一九八六年、一三〇－一三八頁、C. Mary Turnbull, 'Britain and Vietnam, 1948-1955', *War & Society*, 6:2 (September 1988), pp.110-112; Nicholas Tarling, *Britain, Southeast Asia and the Onset of the Cold War, 1945-1950* (Cambridge: Cambridge University Press, 2006), pp.373-397; Lawrence, 'Forging the "Great Combination"', p.123; Smith, *Britain and the Origins of the Vietnam War*, p.115, 137.

★14——矢野『冷戦と東南アジア』、一三七－一三八頁、Tarling, *Britain, Southeast Asia and the Onset of the Cold War*, pp.395-396.

★15——中国の支援については、朱建栄『毛沢東の朝鮮戦争——中国が鴨緑江を渡るまで』岩波書店、一九九九年、第四章第一節、服部隆行『朝鮮戦争と中国——建国初期中国の軍事戦略と安全保障問題の研究』溪水社、二〇〇七年、第三、八章、Qiang Zhai, *China and the Vietnam Wars, 1950-1975* (Chapel Hill: The University of North Carolina Press, 2000), chapter 1.

★16——木之内「冷戦と東南アジア」、二〇八－二〇九頁。

★17——木畑『帝国のたそがれ』、第二部第二章第二節参照。

★18——Warner, 'Britain and the Crisis over Dien Bien Phu', p.58; Kevin Ruane, 'Refusing to Pay the Price: British Foreign Policy and the Pursuit of Victory in Vietnam, 1952-4', *English Historical Review*,110 (1995); Smith, *Britain and the Origins of the Vietnam War*, p.157. 英軍部は、インドシナ戦争がタイに波及する事態を想定して、「アイロニー(Irony)」と「リングレット(Ringlet)」という軍事作戦を策定し、クラ半島のタイ・ソンハラ地方の軍事占領をも計画していた。Hack, *Defence and Decolonisation*, pp.83-92.

★19——以下の研究によれば、イーデンがベルリン会議でジュネーヴ会議の開催に同意したのは、インドシナ紛争自体への関心ではなく、インドシナ問題の解決を望むフランスを支援することによって当時フランスを含む西欧諸国が取り組んでいた欧州防衛共同体構想を推進するためであったという。ただし、イーデンもベルリン会議後のインドシナ情勢の悪化やアメリカの軍事介入の可能性を考慮して、インドシナ戦争の外交的解決に本格的に取り組むようになったと論じている。Kevin Ruane, 'Anthony Eden, British Diplomacy and the Origins of the Geneva Conference of

1954', *The Historical Journal*, 37:1 (1994)を参照のこと。

★20——Richard H. Immerman, *John Foster Dulles: Piety, Pragmatism, and Power in U.S. Foreign Policy* (Wilmington: SR Books, 1999), p.91.

★21——この記者会見でのアイゼンハワーの発言は、以下のウェブサイトで見られる。'The President's News Conference of April 7, 1954', *The American Presidency Project* [http://www.presidency.ucsb.edu/ws/index.php?pid=10202&st=&st1=].(二〇〇八年一〇月二〇日アクセス)

★22——Peter G. Boyle (ed.), *The Churchill-Eisenhower Correspondence, 1953-1955* (Chapel Hill: The University of North Carolina Press, 1990), pp.136-138.

★23——Warner, 'The Settlement of the Indochina War', pp.242-243.

★24——Lord Avon [Anthony Eden] Papers, AP20/17/223, Makins to Eden, 16 December 1954, Birmingham University Library, Birmingham, U.K.

★25——The National Archives [hereafter, TNA] Kew, U.K., FO371/111883, 'S.E.A.T.O.', 20 August 1954.「アメリカ封じ込め」については、Kevin Ruane, '"Containing America": Aspects of British Foreign Policy and the Cold War in South-East Asia, 1951-54', *Diplomacy and Statecraft*, 7:1 (1996).

★26——John Williams, 'ANZUS: A Blow to Britain's Self-Esteem', *Review of International Studies*, 13:4 (1987); 木畑『帝国のたそがれ』、一一八－一二一頁、梅津弘幸「英連邦戦略予備軍創設の背景——イギリスのANZAM協定再活動化提案とオーストラリアによるマラヤへの防衛コミットメントの増強」『国際政治』第一三六号(二〇〇四年三月)、一〇一－一〇四頁。

★27——TNA, CAB128/27, CC (54) 26th conclusions, 7 April 1954; TNA, CAB128/27, CC (54) 28th conclusions, 13 April 1954; TNA, CAB129/67, C (54) 134, 'Indo-china', 7 April 1954.

★28——TNA, CAB128/27, CC (54) 26th conclusions, 7 April 1954; TNA, CAB128/27, CC (54) 30th conclusions, 28 April 1954; TNA, CAB128/27, CC (54) 31st conclusions, 3 May 1954.

★29——Warner, 'The Settlement of the Indochina War', pp.243-244; Warner, 'Britain and the Crisis over Dien Bien Phu', p.64.

★30——John Colville, *The Fringes of Power: Downing Street Diaries 1939-1955* (London: Hodder and Stoughton, 1985), p.685; Evelyn Shuckburgh, *Descent to Suez: Foreign Office Diaries 1951-1956* (New York: W. W. Norton, 1986), p.114.

★31──TNA, DEFE4/70, COS (54) 53, 10 May 1954.

★32──TNA, CAB129/72, C (54) 390, 'Notes on Tube Alloys, 1954', 14 December 1954.

★33──この点については、以下の文献を参照せよ。Russell Trood, 'Alliance Diplomacy: Australia, the United States and the 1954 Indochina Crisis', *Australian Journal of Politics and History*, 38:3 (1992); 梅津弘幸「一九五四年のインドシナ危機をめぐる大国外交とオーストラリア」『法学政治学論究』第五九号(二〇〇三年一二月)。

★34──この点に関しては、以下の研究を参照せよ。D. R. SarDesai, *Indian Foreign Policy in Cambodia, Laos, and Vietnam 1947-1964* (Berkeley: University of California Press, 1968), chapter 2; Anita Inder Singh, *The Limits of British Influence: South Asia and the Anglo-American Relationship, 1947-56* (London: Pinter Publishers, 1993), chapter 5.

★35──Shuckburgh, *Descent to Suez*, p.172.

★36──浦野起央『ジュネーヴ協定の成立』巖南堂書店、一九七〇年、六九頁。

★37──Sir John Kotelawala, *An Asian Prime Minister's Story* (London: George G. Harrap, 1956), p.119.

★38──Shuckburgh, *Descent to Suez*, p.194.

★39──浦野『ジュネーヴ協定の成立』、七一頁。

★40──Anthony Eden, *The Memoirs of the Rt. Hon Sir Anthony Eden: Full Circle* (London Cassell, 1960), p.94; Leszek Buszynski, *S.E.A.T.O.: The Failure of an Alliance Strategy* (Singapore: Singapore University Press, 1983), p.22; Phillip Hughes, 'Division and Discord: British Policy, Indochina, and the Origins of the Vietnam War, 1954-56', *Journal of Imperial and Commonwealth History*, 28:3 (2000), p.97.

★41──Singh, *The Limits*, p.172; Anita Inder Singh, 'Britain, India and the Asian Cold War: 1949-54' in Anne Deighton (ed.), *Britain and the First Cold War* (Basingstoke: Macmillan, 1990), p.220; Kevin Ruane, 'SEATO, MEDO, and the Baghdad Pact: Anthony Eden, British Foreign Policy and the Collective Defense of Southeast Asia and the Middle East,1952-1955', *Diplomacy and Statecraft*, 16:1 (2005), p.178.

★42──松岡完『ダレス外交とインドシナ』同文舘、一九八八年、六七－六八、七六－七七頁、赤木完爾『ヴェトナム戦争の起源──アイゼンハワー政権と第一次インドシナ戦争』慶應通信、一九九一年、一九四－二〇二頁。

★43──八項目については、TNA, CAB129/68, C (54) 155, 'Indo-China', 27 April 1954.

★44──Peter Catterall (ed.), *The Macmillan Diaries: The Cabinet Years 1950-1957* (London: Pan Books, 2004), pp.309-310.

★45―田中孝彦「インドシナ介入をめぐる米英政策対立――冷戦政策の比較研究試論」『一橋論叢』第一一四巻第一号（一九九五年七月）、七三頁。

★46―*Foreign Relations of the United States* [*hereafter, FRUS*], 1952-1954, 6:1, Western Europe and Canada (Washington: United Sates Government Printing Office, 1986), Radford to the Consulate at Geneva, 27 April 1954, p.1031; TNA, CAB129/68, C(54)155, 'Indo-China', 27 April 1954; Lord Avon Papers, AP20/17/15A, 21 May 1954; Selwyn Lloyd Papers, SELO5/17, Eden to Lloyd, 21 May 1954, Churchill Archives Centre, Cambridge; Lord Moran, *Winston Churchill: The Struggle for Survival 1940-1965* (London: Constable, 1966), p.543; 赤木『ヴェトナム戦争の起源』、二〇一―二〇三頁。

★47―*FRUS*, 1952-1954, 8:2, Indochina (Washington: United Sates Government Printing Office,1982), Aldrich to the Department of State, 26 April 1954, p.1416.

★48―Dwight D. Eisenhower, *The White House Years: Mandate for Change, 1953-1956* (New York: Doubleday & Company, 1963), p.351.

★49―Eisenhower, *The White House Years*, p. 347; 松岡『ダレス外交とインドシナ』、六五頁、赤木『ヴェトナム戦争の起源』、一八七―一八九頁、田中「インドシナ介入をめぐる米英政策対立」、六九―七〇頁。

★50―Victor S. Kaufman, *Confronting Communism: U.S. and British Policies toward China* (Columbia: University of Missouri Press, 2001), p.67.

★51―Warner, 'Britain and the Crisis over Dien Bien Phu', p.73; TNA, CAB129/68, C(54)155, 'Indo-China', 27 April 1954.

★52―松岡『ダレス外交とインドシナ』、四七―五〇頁、赤木『ヴェトナム戦争の起源』、一七九―一八五頁。

★53―アイゼンハワー政権期の外交・安全保障政策に関しては、以下の研究を参照せよ。石井修「『政治経済戦争』としての米国対外経済政策――アイゼンハワー期」『国際政治』第七〇号（一九八二年五月）、五十嵐武士「アイゼンハワー政権の対外政策の解剖――その構造的条件と主要な要因に関連させて」『国際政治』第一〇五号（一九九四年一月）、松岡完「一九五〇年代アメリカの同盟再編戦略――統合の模索」『国際政治』第一〇五号（一九九四年一月）、李鍾元『東アジア冷戦と韓米日関係』東京大学出版会、一九九六年、泉淳『アイゼンハワー政権の中東政策』国際書院、二〇〇一年、佐々木卓也『アイゼンハワー政権の封じ込め政策――ソ連の脅威、ミサイル・ギャップ論争と東西交流』有斐閣、二〇〇八年、倉科一希『アイゼンハワー政権と西ドイツ――同盟政策としての東西軍備管理交渉』ミネルヴァ書房、二〇〇八年。

★54—松岡『ダレス外交とインドシナ』、七三–七四頁、赤木『ヴェトナム戦争の起源』、二〇七–二〇九頁。

★55—Eden, *The Memoirs*, p.128. イーデンの同様の見解は、以下の文書にも見られる。TNA, CAB128/27, CC(54)39th conclusions, 5 June 1954.

★56—ベルリン会談でのイーデンとモロトフの交流については、細谷雄一『外交による平和——アンソニー・イーデンと二十世紀の国際政治』有斐閣、二〇〇五年、一九九–二〇〇頁。

★57—TNA, CAB21/3077, Berlin to FO, 28 January 1954; TNA, PREM11/664, Berlin to FO, 28 January 1954.

★58—TNA, PREM11/665, Berlin to FO, 12 February 1954; Shuckburgh, *Descent to Suez*, p.132.

★59—Lord Avon Papers, AP20/17/10A, Eden to Selwyn Lloyd, 6 February 1954.

★60—Shuckburgh, *Descent to Suez*, p.133.

★61—Shuckburgh, *Descent to Suez*, p.183, 185.

★62—ニューヨーク・タイムス編（杉辺利英訳）『ベトナム秘密報告——米国防総省の汚い戦争の告白録（上）』サイマル出版会、一九七二年、四七頁。

★63—U. Alexis Johnson with Jef Olivarius McAllister, *The Right Hand of Power: The Memoirs of an American Diplomat* (Englewood Cliffs: Prentice-Hall, 1984), p.215, 219.

★64—この点に関しては、John W. Young, *Winston Churchill's Last Campaign: Britain and the Cold War 1951-5* (Oxford: Clarendon Press, 1996); Klaus Larres, *Churchill's Cold War: The Politics of Personal Diplomacy* (New Haven: Yale University Press, 2002); 齋藤嘉臣「冷戦とデタントのなかで——ＣＳＣＥへの道とイギリスの役割意識一九五一–七九年」細谷雄一編『イギリスとヨーロッパ——孤立と統合の二百年』勁草書房、二〇〇九年、二〇六–二〇八頁を参照せよ。

★65—TNA, CAB128/2, CC(54)39, 5 June 1954.

★66—古田元夫「ベトナム共産主義者と『緊張緩和』——一九五四～五五年を中心に」『東洋研究』第七九号（一九八六年）、庄司智孝「第一次インドシナ戦争時のベトナムの対中姿勢——小国の対外政策とイデオロギー」『アジア経済』第四二巻三号（二〇〇一年三月）、同「ジュネーブ会議（一九五四年）における軍事境界線画定交渉——ベトナム民主共和国の交渉過程」『国際関係論研究』第二一号（二〇〇四年三月）、福田忠弘『ベトナム北緯一七度線の断層——南北分断と南ベトナムにおける革命運動（一九五四～六〇）』成文堂、二〇〇六年、第一章。ただしこれらの研究は、ジュネーヴ会議での北ベトナムの妥協は、中ソからの圧力だけが原因ではなく、小国ベトナムの現実的な状況判断の結果でもあったとしている。

★67—Ilya V. Gaiduk, *Confronting Vietnam: Soviet Policy toward the Indochina Conflict, 1954-1963* (Stanford: Stanford University Press, 2003), chapters2-3.

★68—中国の対インドシナ政策に関しては、以下の文献が有益である。Kuo-kang Shao, 'Zhou Enlai's Diplomacy and the Neutralization of Indo-China, 1954-55', *The China Quarterly*, 107 (September 1986); Zhai, *China and the Vietnam Wars, 1950-1975*, chapters1-2; Chen Jian, *Mao's China and the Cold War* (Chapel Hill: The University of North Carolina Press, 2001), chapter 5; Chen Jian, 'China and the Indochina Settlement at the Geneva Conference of 1954' in Lawrence and Logevall (eds.), *The First Vietnam War*.

★69—Eden, *The Memoirs*, p.87.

★70—Cable, *The Geneva Conference of 1954 on Indochina*, p.45; Warner, 'Britain and the Crisis over Dien Bien Phu', p.63.

★71—この点に関しては、以下の研究から示唆を得た。Hughes, 'Division and Discord', pp.97-98.

★72—TNA, FO371/112073, Geneva Conference to FO, 16 June 1954.この会談への言及は、以下の研究にも見られる。Cable, *The Geneva Conference*, pp.97-98; Warner, 'From Geneva to Manila', p.154; Zhai, *China and the Vietnam Wars*, p.57; 古田元夫「ベトナム外交とバンドン会議」岡倉古志郎編『バンドン会議と五〇年代のアジア』大東文化大学東洋研究所、一九八六年、一五五頁、福田『ベトナム北緯一七度線の断層』、六四頁。

★73—SarDesai, *Indian Foreign Policy*, pp.47-49; Singh, *The Limits of British Influence*, p.175.

★74—Kuo-Kang Shao, 'Zhou Enlai's Diplomacy', pp.496-497.

★75—Zhai, *China and the Vietnam Wars*, pp.59-60; Shu Guang Zhang, 'Constructing "Peaceful Coexistence": China's Diplomacy toward the Geneva and Bandung Conferences, 1954-55', *Cold War History*, 7:4 (November 2007), p.512, 514, 516.中国は西側同盟内でアメリカを孤立させるために、とくにイギリスとの関係改善をねらっていた。この点については、廉舒「中国の対米戦略と対英政策——一九五〇年代前半を中心に」『法学政治学論究』第七二号(二〇〇七年三月)参照。柳州会談については、以下の研究も参照せよ。Jian, *Mao's China and the Cold War*, p.142.庄司「ジュネーブ会議(一九五四年)における軍事境界線画定交渉」、一三一一四頁、福田『ベトナム北緯一七度線の断層』、六七一七〇頁。

★76―なおラオスでは、その王国軍を訓練する軍事教官（上限一五〇〇名）や軍事施設要員（上限三五〇〇名）として仏軍の残留と、二カ所の軍事施設の維持が許可された。また、カンボジアとラオスに関しては、「自国の安全が脅かされない限り、カンボジア又はラオスの領域内に外国軍隊の軍事基地を設置する義務を課すこととなる他の国とのいかなる協定にも参加しない」（強調筆者）と但し書きが付されている。

★77―Johnson, *The Right Hand of Power*, p.226.

★78―TNA, CAB128/27, CC(54)52nd conclusions, 23 July 1954.

★79―TNA, CAB129/70, C(54)254, 'The Geneva Conference', 24 July 1954.

★80―TNA, CAB129/70, C(54)254, 'The Geneva Conference', 24 July 1954.

★81―永野「一九五〇年代前半における東南アジア国際関係とイギリスの関与」、七九－八〇頁。

★82―合同研究グループでの検討については、佐藤真千子「アメリカ外交におけるＳＥＡＴＯ設立の意義」『外交時報』第一三二五号（一九九六年二月）、八八－九一頁。また、研究グループによる会合のイギリス側の記録は、以下の外務省ファイルに収められている。TNA, FO371/111869; FO371/111870; FO371/111871; FO371/111872.

★83―この点に関しては、木畑『帝国のたそがれ』、二四七－二四九頁、Eden, *The Memoirs*, pp.97-98.

★84―TNA, CAB128/27, CC(54)35th conclusions, 24 May 1954.イーデンの発言は議事録では過去形で記されているが、ここでは現在形で訳した。

★85―TNA, FO371/111883, 'Political Brief', undated.

★86―木畑『帝国のたそがれ』、二四九－二五〇頁。

★87―Buszynski, *S.E.A.T.O.*, p.19.

★88―Cable, *The Geneva Conference*, p.118; Warner, 'From Geneva to Mania', p.161.

★89―Singh, *The Limits of British Influence*, p.175.

★90―TNA, FO371/111888, 'The Manila Conference', 15 September 1954.

★91―Warner, 'From Geneva to Manila', p.164.

★92―Gary R. Hess, 'The American Search for Stability in Southeast Asia: The SEATO Structure of Containment' in Warren I. Cohen and Akira Iriye (eds.), *The Great Powers in East Asia 1953-1960* (New York: Columbia University Press, 1990), p.284; Warner, 'From Geneva to Mania', p.160.

★93——TNA, FO371/111882, FO to Washington, 27 August 1954; TNA, PREM11/651, 'Proposed Treaty on the Defence of South-East Asia', 26 August 1954; Hess, 'The American Search', p.285; Warner, 'From Geneva to Mania', pp.159-160; Roger Digman, 'John Foster Dulles and the Creation of the South-East Asia Treaty Organization in 1954', *The International History Review*, 11:3 (August 1989), pp.466-468; 木畑『帝国のたそがれ』、二五〇頁。

第二章　ラオス内戦

1　アイゼンハワー米政権のラオス干渉

ジュネーヴ会議の最大の目的のひとつは、インドシナに対する外国の干渉を排除することであった。会議後、その目的は達成されたのだろうか。本章と次章で、まずラオス情勢の展開を見ることにしよう。

ジュネーヴ会議後のラオス政治の歩みは、アメリカによる内政干渉の歴史といっても過言ではない。アイゼンハワー政権はラオスで反共親米政権を樹立させるため、巨額の財政・軍事援助を供与した。六一年一月に国務省が発表した『ラオス白書』によれば、五五年以降米政府がラオスに注ぎ込んだ支援の総額は三億一一六〇万ドルを超え、これは年平均五二〇〇万ドル、ラオス国家財政の一二二パーセントに相当した。一人あたりの額に換算すると、当時ラオスはアメリカによる援助の最大受給国のひとつであったことになる［★1］。

インドシナの共産化阻止に心血を注ぐアイゼンハワー政権にとってラオスにおける課題は、北ベトナムや中国と関係を持つ共産主義組織パテト・ラオの封じ込めであった。パテト・ラオは第二次大戦後、抗仏戦を目的に結成され、ベトナムのホー・チ・ミンと共闘関係にあった。ジュネーヴ会議後も、北ベトナムと中国の支援を得ながら、両国と隣接するポンサリー、サムヌアの北部二県を拠点に勢力を維持していた［★2］。

ジュネーヴ会議後のアメリカのラオスに対する干渉を、寺地功次の研究を参考にして概観してみよう。

まず五五年一〇月に在ラオス米大使館内に軍事援助を指揮監督する計画評価部(PEO)が設置された。外国軍事要員の駐留を禁止したジュネーヴ協定との抵触を避けるため、PEOは文民組織の体裁をとっていたが、その職員の多くは国防総省(ペンタゴン)から派遣された退役軍人であった。

援助の供与を通して米大使館はさまざまな非公然活動を展開していったが、それには「自主防衛」軍への支援や民生援助計画も含まれていた。自主防衛軍とは、「ラオス陸軍工作員と[ポンサリー、サムヌアの]選ばれた民間人からなる特定の部族指導者を、パテト・ラオ支配地域の特定目標に対する小規模攻撃を仕掛けるため、小さなレジスタンス集団に組織したもの」である。軍や警察への支援と同時にアメリカは、装備の供与などを通じて自主防衛軍の強化に努め、その活動に中央情報局(CIA)を関与させた。また、こうした準軍事的活動に加え、ラオス王国陸軍や移動部隊を村落に派遣して医療・健康、教育、土木などの民生事業支援をも行った。これは、民心を王国政府側に惹きつけパテト・ラオとの離反を促すための心理作戦の一環であった。

さらに、アメリカはラオス国内選挙にもことごとく干渉している。ジュネーヴ協定に従って五五年一二月に実施された総選挙では、パテト・ラオがボイコットに出るなか、アイゼンハワー政権はポスター、映像などを駆使した宣伝工作や直接資金援助を通じて特定候補者へのてこ入れを図った。結果、非左翼系政党が、三九議席のうち三一議席の獲得に成功した[★3]。

ジュネーヴ会議後、ラオス情勢は一時、時の首相スワンナ・プーマ(Souvanna Phouma)とパテト・ラオ指導者スパーヌウォン(Souphanouvong)殿下によるビエンチャン協定の締結(五七年一一月)によって安定化するかに見えた。同協定は、ポンサリー、サムヌアの二県の行政権とパテト・ラオ戦闘部隊の王国政府軍への統合、パテト・ラオ政治団体「ラオス愛国戦線」の公認などを規定していた。一一月一九日、スパーヌウォンも入閣したプーマ連合政府が成立し、ラオスの国内統一が実現されたように思われた。

しかし、五八年五月にポンサリー、サムヌアで実施された補完選挙でもアメリカは干渉の手を緩めなかった。五〇万ドルの特別資金を用いて保守系候補者を支援した。にもかかわらず、パテト・ラオが二一議席中九議席、同系の平和党が四議席を占めて、左派が過半数を握る結果に終わった。これで、ラオス議会全五九議席のうち、左翼政党が三分の一強を占めることになり、アイゼンハワー政権の懸念はいっそう深まった。プーマ首相は、補完選挙の実施による国内統合プロセスの完了を理由に、同年七月、ラオスに設置されていたICCの無期限休会を決定し、国際管理状態からの脱却を図った［★4］。

2 コン・レ大尉のクーデター

しかし、ラオスの平穏は長く続かなかった。五八年六月、左派系政党の台頭に脅威を覚えた軍部首脳、右派勢力、王室関係者が「国益擁護委員会」を結成してプーマ連合政府の中立路線の修正と左派勢力の排除に打って出た。八月一八日、総辞職したプーマ内閣に代わって、国益擁護委員会メンバー四人を含むプイ・サナニコーン(Phoui Sananikone)内閣が誕生する。サナニコーンは、プーマの中立路線から右に大きく舵を切って親米路線を打ち出し、閣内からラオス愛国戦線閣僚を締め出した。そのうえ、スパーヌウォンをはじめパテト・ラオ幹部八名を逮捕・投獄した(六〇年五月、脱走に成功)［★5］。これにより、王国軍とパテト・ラオの対立が再燃し、五九年にラオスは事実上の分裂状態に陥った。

六〇年四月に再度実施された総選挙で国益擁護委員会の右派勢力が勝利して、ソムサニット(Tiao Somsanith)が首相に就任する。この選挙へのアメリカの干渉は徹底していた。CIA要員が「袋一杯」の現金を持って村落長の買収に奔走した。これは効果覿面《てきめん》だった。サムヌア県のある選挙区では、当選者が六五〇八票を集めたのに対し、愛国戦線候補の得票はわずか一三票だったという［★6］。

ところが、八月九日未明、ソムサニット政権に対する軍事クーデターが勃発する。クーデターの首謀者はラオス政治では無名の一将校、パラシュート部隊第二大隊長コン・レ（Kong Lae）大尉であった。シーサワン・ウォン（Sisavang Vong）前国王の葬儀参列のため主要政治指導者が王都ルアンプラバンに集合して首都ビエンチャンを不在にした隙を突いての政権打倒計画であった。落下傘部隊五〇〇人が中心となって敢行したこの政変劇は、政府機関、放送局等を占拠して数時間のうちに完了した。

コン・レは身長一メートル六〇センチそこそこ、痩せて貧弱な風貌だったが、彼の演説は「爆発的な人気」を博した［★7］。コン・レはラオス国民に対して、ソムサニット政権下での国内分裂、同胞間の殺戮の悲劇を訴えた。「我が同胞よ、現政権による統治がこれ以上続けば、おそらく三、四年のうちにラオスの名は世界から消滅することになろう」。コン・レはこの惨状の元凶としてソムサニット政権を「奴隷」として背後で操るアメリカを糾弾した。このままアメリカによる支配が続けば、「五〇年間フランスの餌食」となった過去の屈辱が繰り返されることになるというのである［★8］。

コン・レは、ラオスの平穏回復の望みをプーマに託した。プーマはサワーン・ワッタナー（Savang Vatthana）新国王の信任の下、一六日に挙国連立内閣を組閣する。厳格な中立主義に基づく国内融和こそ分裂したラオスを救済する唯一の方法だと考えるコン・レにとって、過去に首相経験もあり中道勢力の中心人物でもあるプーマ以上に適格な政権担当者は存在しなかった。

だが、急ごしらえのプーマ連合政府は発足直後から崩壊の危機に直面した。ソムサニット内閣で国防相を務め、またアメリカが支援する右派勢力の実質的指導者であったプーミ・ノサワン（Phoumi Nosavan）が九月一〇日、チャンパーサック王家のブン・ウム（Boun Oum）殿下を担いで「反クーデター委員会」（後に「革命委員会」に改称)を組織させ対抗政権を樹立したのである。これ以降、ラオス内戦は次の過程を経て次第に国際的内戦の様相を呈し、東西冷戦の新たな「前線」と化していく[★9]。

まず、プーマ政権に対するアメリカの援助が停止され、アイゼンハワー政権は南部サバナケットを拠点とするノサワン軍への支援を強化した。また、ノサワンと親戚関係にあるタイ首相サリット(Sarit Thanarat)がラオスに対する経済封鎖を実施した。

困窮に追い込まれたプーマは、積極的な対共産圏外交に転じる。手始めに、一〇月七日、ソ連政府との外交関係の樹立に踏み切った。続いて、中国との友好関係の樹立と北ベトナム政府への使節団派遣を一一月七日に発表し、翌日さらに、スパーヌウォンとの共同声明でパテト・ラオとの共同戦線の確立を宣言した。一二月初旬には、北ベトナム経由でのソ連によるコン・レとパテト・ラオ軍に対する武器・燃料の空輸支援が始まった。ゲオルギ・プーシキン(Georgi Pushkin)ソ連外相代理によれば、ラオスへの空輸支援は、第二次大戦期を除き、ロシア革命以降ソ連政府が外国に対して行った援助のなかで最大規模のものであった[★10]。こうして、六〇年末までにラオスの二極分裂は明白になった[★11]。

ラオス内戦が米ソを巻き込んだ国際的内戦の様相を呈し始めると、マクミラン英政権のラオスへの関心も高まった。第一章で見たように、ジュネーヴ会議以来英政府は、ラオスがカンボジアとともにインドシナで緩衝地帯を形成して北方の中国、北ベトナムからタイ、マラヤを防護する役割を果たすことを期待していた。マクミラン政権は、内戦の長期化はパテト・ラオの共産主義支配の拡大をもたらすだけだとし、「すべての物事」に「白黒」をつけたがるアイゼンハワー政権と異なって[★12]、中立派と左右両勢力を糾合した連合政府の樹立を目指し、プーマをその唯一の指導者候補と考えていた[★13]。

英外務省はアイゼンハワー政権が軍事介入の検討に入っているとの情報を得ていたが、ロンドンの外交指導者のなかにラオスへの介入に賛成する者はいなかった。マクミランを含む閣僚、外務省、軍部首脳、いずれの指導者もその軍事的リスクを警戒していた[★14]。例えば、西側諸国がSEATOの集団防衛措置として介入した場合、中国と北ベトナムが反撃に出る可能性が高かった。「義勇兵」を次々と投入してくるアジアの共産主義者には、おそらく通常兵器だけでは対処できなくなるだろう。だとすれば、やがて「核兵器の使用」も検討せざるを得なくなる。さらに、戦域の拡大にともなって、イギリスも西ドイツに展開しているライン駐留軍(BAOR)やイギリス本土から、またはグルカ兵を招集してラオスへの兵力の補充を迫られるようになるかもしれなかった[★15]。しかし現実には、当時ベルリンをめぐる国際的緊張の高まりにより、BAORやイギリス本土からの兵力移動は不可能だったのである。

軍事的リスクの他に、英指導者にラオス介入を躊躇させた要因としてコモンウェルスのアジア・アフリカ新興諸国の動きにも注目する必要がある。「アフリカの年」と呼ばれる一九六〇年には、ヨーロッパ諸国の植民地支配から一気に一七カ国が独立した。同年一二月一四日、アジア・アフリカ四三カ国の提案によって国連総会で植民地独立付与宣言が採択され、あらゆる形態の植民地支配を「急速かつ無条件に終結」させることが謳い上げられた[★16]。こうした国連を舞台とする反植民地運動の高揚は、いまだ世界に多くの植民地を保有するイギリスへの批判ともなって現れ、半澤朝彦の一連の研究が示すようにイギリス帝国の崩壊を加速させる政治的圧力を形成していった[★17]。

こうしたなか、六一年一月六日、ソ連最高指導者ニキータ・フルシチョフ(Nikita Khrushchev)共産党第一書記が第三世界での民族解放戦争を鼓吹する演説を行い[★18]、西側諸国がラオスに介入した場合、アジア・アフリカ諸国による批判の高まりが予想された。マクミランは、何があろうとラオス内戦が「ヨーロッパ人とアジア人の戦争」と解釈されるようなことがあってはならないとし[★19]、介入が新たな形式の植民地主義と批判されるのを強く警戒していた。

政治的独立に目覚め、大国支配に強い反発を示す第三世界諸国を前にして、果たしてラオスへの軍事介入を正当化できるだろうか。英外務省は、朝鮮戦時のような武力行使に対する国連の支持を得ることは困難であって「多数派の反対」に直面するだろうと見ていた。同様の懸念を、キース・ホリオーク（Keith Holyoake）ニュージーランド首相もマクミランに伝えた。ホリオークは、ラオス問題は国連安全保障理事会では決着がつかず、総会に持ち込まれて「三分の二の多数派に非難されるだろう」と予想した［★20］。英外務省は、この問題をめぐってとくにコモンウェルスのインド、マラヤと軋轢が生じるのを危惧していた［★21］。

以上のリスクを考慮した結果、マクミラン政権はまず交渉による解決の模索が先決であると判断した。しかし、アイゼンハワー政権のパテト・ラオ封じ込めの意志は固かった。彼らはラオスを東南アジアにおける「瓶のコルク栓」にたとえ、ラオス内戦を東南アジア全域の安全保障を「左右するカギ」と見なしていた［★22］。これは前章で見たドミノ理論を焼き直した発想といってよかろう。

前年一二月のＮＡＴＯ閣僚会議の際、クリスチャン・ハーター（Christian Herter）米国務長官は英仏外相にラオスでの「力の政策（a policy of strength）」を披瀝していた。仮に内戦が悪化して軍事介入が必要になったら、アメリカはそのリスクを負う覚悟ができているという。実際北ベトナムにとってラオスはそれほど重要ではなく、ソ連もノサワン軍が「飛行場を占拠すればすぐに［ラオスに対する］関心を失い、撤退していくだろう」とハーターは楽観的見通しを語った［★23］。ＮＡＴＯ会議が開催されている頃、ラオスではノサワン軍の進撃が続き、一七日にビエンチャンの奪取に成功した。その約一週間前、プーマはカンボジアへ逃亡していた。この勢いに乗じて、ノサワンが担ぐブン・ウム政権は王国議会から正当政府としての信任を勝ち取った。

このように、アイゼンハワー政権末期には東南アジア情勢をめぐる認識の相違が英米間に存在していた。年の瀬にアイゼンハワー大統領に宛てた私信でマクミランは、英米の相違は戦略的なものではなく、単に戦術の違いだとして問題の極小化に努めた［★24］。けれども、英政府内には東南アジアでの英米の連携を疑問視する者がいた。例えば、東南アジア総弁務官のセルカーク卿(Lord Selkirk)などは、「たとえ大西洋でわれわれがどんなに特別な関係にあろうとも、この地域でそんなものが実在するかどうか非常に疑わしい」と感じていた[★25]。アメリカは戦後イギリスの歴代政府がインド、ビルマ、マラヤで実施してきた「アジア的解決」を理解できず、「大砲とドルを問題解決の唯一の方法」と考えているように映っていたのである[★26]。

3 ケネディ政権のラオス政策

プーマを最適のラオス指導者と考えていたマクミラン政権は、ブン・ウム政権を説得してプーマ中立派と連合政府を形成させることに力を注いでいった。

連合政府の形成には、まず早期の戦闘停止が必須であった。そこで英外務省は、五八年七月から休会状態にあったICCの活動再開を唱えるインドの提案を支持した。既述のように、インドのネルーは第一次インドシナ戦争の解決に熱心だっただけでなく、その後も「平和一〇原則」を採択したアジア・アフリカ会議(バンドン会議、五五年四月)でも中心的役割を果たし[★27]、世界平和の推進、非同盟運動を主導してきた[★28]。インドにとってラオス内戦への対処も、こうした運動の延長に位置づけられるものであった。一二月二〇日、ネルーは次のように語っている。

五、六年前、ジュネーヴ協定が締結されたとき、「インドシナ」諸国が生存し機能するには、……彼らが冷戦に陥らないのが条件であるのは明らかでした。……目下、ラオス首相スワンナ・プーマ氏は……いわゆる中立政府の形成に最善を尽くしております。現在彼は多少なりとも成功を収めています。しかし、彼の前途には非常に多くの困難が控えており、もし一方の陣営が彼を引きよせて圧力を行使すると、すぐさまもう一方の側も入り込んできて圧力をかけ、［ラオスは］国全体がバラバラに分裂する結果になるでしょう。ラオスや東南アジアのすべての諸国を救うには、これらの諸国を冷戦から遠く引き離しておくよりほか方法はありません［★29］。

インドがラオス和平に熱心だったのには、別の動機もあった。すなわち、SEATOの軍事介入に参加する見返りにインドと敵対関係にあるパキスタンがアメリカから軍事支援を受け、印パ間の軍事バランスが崩れるのを懸念していたのだった。「もしパキスタンがこれ以上アメリカの軍事支援を受けとることになれば、インドは国防費を増大せざるを得ないが、しかしその余裕がな」かったのである［★30］。

ICCの活動再開提案に対して、ソ連政府は一般的支持を表明しつつも、その条件としてジュネーヴ会議の再招集によるラオス中立化の討議を要求した［★31］。ジュネーヴ方式での国際会議はカンボジア元首ノロドム・シハヌークが一二月一九日に提案して以来国際的な関心を集めていた。ソ連はこの案に乗る格好で、五四年ジュネーヴ会議に参加した九カ国に、タイ、ビルマ、ICC三カ国を加えた一四カ国による会議の開催を唱えた。

これに対し、六一年一月二〇日に誕生したケネディ米政権は、ICCの活動再開、ジュネーヴ会議の再招集のいずれにも難色を示した。ケネディは、自らが直面した初の軍事的危機であるラオス内戦を注視していた。フルシチョフのソ連が自分の政権とどのような関係を結ぶつもりでいるのか。その姿勢を探る上でラオスは重要なテスト・ケースであった。しかも、このラオスをめぐる米ソ関係如何で、当時のベルリン、キューバ、コンゴでの東西対立の展開も大きく変わっていく可能性があったのである。しかし新大統領にとって、ソ連が提案する国際会議は非難合戦の場と化す危険性が高く、交渉が破綻した場合のダメージが大

図1 ラオス内戦

出典：松岡完『ベトナム戦争—誤算と誤解の戦場』中公新書、2001年、25頁を一部加工。

きすぎたのである［★32］。

それにもまして問題だったのは、ソ連が休戦合意や連合政府の樹立より先に国際会議の開催を要求したことである。仮にジュネーヴ会議の再招集に応じるにしても、米国務省は実効的な休戦の成立をその最低限の条件としていた［★33］。

この手続きの順番は、決して些細な問題ではなかった。というのも、交渉テーブルでの発言権は戦況によって大きく影響を受けるからである。休戦協定なしでの外交交渉のリスクを国務省は五四年ジュネーヴ会議の経験から痛感していた。六一年春になると、ラオスではパテト・ラオが巻き返しをはかってジャール平原など国土の半分以上を支配するようになり、ビエンチャンとルアンプラバンの陥落が危ぶまれていた（図1）。このまましばらく時間を稼いで軍事的優勢をさらに拡大したい共産主義諸国と、即時休戦によってパテト・ラオの進撃を食い止めたいアメリカの思惑とが対立していた［★34］。

それでも、ケネディ政権は三月二一日のホワイトハウス会議の決定に沿って、ジュネーヴ会議の開催に歩み寄りを見せるようになる。同会議で、「二重路線」のラオス政策、すなわち交渉による問題解決の模索と、その外交的努力が破綻した場合の軍事行動計画を同時に進めていくことが決定された［★35］。この方針に基づき、ディーン・ラスク（Dean Rusk）国務長官は、ハロルド・カッチャ（Harold Caccia）英大使との会談で

「事実上の休戦」という概念を提起して外交的解決に前向きな姿勢を示した［★36］。ラスクの提案は、正式な休戦の定義をめぐって共産主義諸国との不毛な議論で時間を浪費するのではなく、パテト・ラオによる戦闘停止を事実上の休戦と見なして実質的な交渉のスタートを切ろうとする、より現実的かつ建設的な提案であった。これ受けて英外務省は二三日、共同議長国ソ連政府に対し、①ラオスでの事実上の休戦の確立、②ICCによる休戦の確認と共同議長への報告、③ジュネーヴ会議の招集、という手順での問題解決を提案した［★37］。

4　マクミランの決断

こうして、ラオス内戦の調停にマクミラン政権は本格的に乗り出した。だがソ連からの回答が届くまでのあいだに、事態が急転する。ケネディ政権内部で軍事介入論が台頭してきたのである。

ことの発端は、訪米中のハロルド・ワトキンソン（Harold Watkinson）英国防相とロバート・マクナマラ（Robert McNamara）米国防長官との二一日の会談だった。マクナマラは、政府内で検討されているラオスでの準軍事的工作の強化や軍事介入計画に言及し、ラオス全体の喪失を避けるには、数日以内に何らかの具体的行動に出なければならないと警鐘を鳴らした。また、晩餐会に列席したラスクから、イギリスに対する「SEATOを介した支援」の要請があった［★38］。「二重路線」の採用を決定したケネディ政権が、ジュネーヴ会議の準備と同時に、交渉の破綻に備える軍事介入計画への協力を早くもロンドンに求めてきたのである。ラスクは彼の回顧録からも分かるように、SEATOの集団防衛をアメリカの対東南アジア政策の中核に据え、タイ、フィリピンに対するアメリカの信頼性《クレディビリティ》の維持に努めていた［★39］。

ところが、米政府内に設置されたラオス特別作業班が不満を漏らしたように、SEATOの非アジア諸国は軍事介入に慎重だった。フランスは、SEATOを単に意見交換の場としか考えておらず、イギリスもニュアンスの違いはあっても実際フランスとさほど変わらない態度であった。オーストラリア、ニュージーランドの消極姿勢も考慮すると、SEATOの集団防衛が機能するとは到底思えなかった。むしろ、SEATOはいまやアメリカ封じ込めの場と化した感すらあった。国務省はとくに、こうした英仏の態度にタイが「幻滅」するのを強く心配していた[★40]。

アメリカの同盟国として、ケネディ政権の協力要請にどう応えるべきか。マクミランは二三日、午後五時と深夜一二時に二度閣議を開催してこの問題を議論した。

閣議の要点は、以下のようにまとめられる[★41]。まず、アメリカの時期尚早な軍事介入を抑制しつつ、外交交渉を通じてラオスを中立化することが最優先課題として確認された。この見解の背後に、軍事介入に対する閣僚たちの戸惑いがあったことは否めない。いかなる形式であろうと、西側の軍事介入は中国や北ベトナムの対抗措置を惹起せずにはおかないだろう。それに、いったん介入に踏み切れば、ソ連に提案したばかりの和平プロセスは水泡に帰すことになる。長時間の白熱した議論を経ても、介入のリスクに対する閣僚の懸念がすべて払拭されることはなかった。

だがそれでもマクミランは、共産主義諸国が交渉に応じない場合、最終手段としてアメリカの軍事行動への参加を決断した。介入のリスクを知りながら、なぜマクミランは対米軍事協力を決断したのか。

その最大の動機は、ケネディ政権との「特別な関係」の維持にあった。アメリカの最良のパートナーを演じることで世界的な影響力の維持に努めてきた歴代政権同様、マクミラン政権にとって、ラオス内戦は同盟国としての自らの価値をケネディに印象づける極めて重要な機会だった[★42]。マクミランは回顧録で、「アメリカ人と離れてしまうことは悲劇的なことである。われわれは過去の危機で英米の分裂に十分苦しんできたのだ。われわれは、どんな犠牲を払っても新大統領、新政権との協働に努めなければならなかった」と語っている［★43］。

さらに、マクミランの脳裏には、第二大戦前夜のナチス・ドイツによるラインラント進駐の教訓がよみがえっていた。「おそらくラインラント占領それ自体は重要な出来事ではなかったが、もしそれを食い止める行動に出ていたら、その後の歴史は全く違っていただろう。いまロシアはアメリカの新政権に探りをかけているところである。いま彼らを食い止めなければ、状況は今後より悪化するだろう」［★44］。エリザベス二世女王（Queen Elizabeth II）宛の書簡でも、マクミランは次のようにいう。「過去三〇年のわれわれの経験が示すところでは、事態が手遅れになってすべてが崩壊してしまう前に断固対抗の姿勢を明確にするのが最善の措置でありましょう」［★45］。外交によるラオス問題の解決を優先しながらも、対ドイツ宥和の愚行を繰り返さないために軍事介入の局面に踏み込んでいく覚悟を決めておかなければならなかったのである。

では、マクミランはどのような軍事協力を想定していたのだろうか。重要なのは、彼がSEATOによる全面的介入を極力回避しようとしていたことである。SEATOの組織的介入は、米ソ核戦争へのエスカレーションの危険を孕んでいた。マクミランをはじめとするイギリスの指導者たちは、それよりもアメリカが主導する作戦にSEATO加盟国の有志が参加協力するかたちでの、より限定的な介入を想定していたのである［★46］。

こうした限定的介入の選択には、コモンウェルス諸国への配慮も作用していた。在米大使館宛のある外務省電報は、彼らがSEATOの組織的介入に懐疑的な理由として、「インドや他のアジア・アフリカ諸国に及ぼす影響」を挙げている［★47］。ラオス介入は、どのような形態であっても間違いなく第三世界諸国からの強い批判を浴びるだろう。アメリカに加えて、イギリス、フランス、オーストラリア、ニュージーランドが参加する介入は、マクミランが心配した「ヨーロッパ人対アジア人」、または白人連合対有色人種という対立の構図を作り出してしまう恐れがあった。

非同盟主義を掲げSEATOに批判的なインドの反対は容易に想像できたが、加えて、マラヤの反応も気懸りだった。介入計画を具体的に検討すると、イギリスによるラオス介入はマラヤに駐留するコモンウェルス極東戦略予備軍（イギリス・オーストラリア・ニュージーランドで構成）を派兵することになるのであるが、それにマラヤ政府・国民がどのような反応を示すかが未知数であった。実際、閣議と同日の二三日にダンカン・サンズ（Duncan Sandys）コモンウェルス関係相と会談したラーマン（Tunku Abudul Rahman）マラヤ首相は、戦略予備軍の展開に理解を示しつつも、とくに飛行場の利用など、マラヤを作戦「基地」として使用する権限は与えなかった［★48］。

このような点を考慮すると、SEATOの全面的介入ではなく米主導の限定的介入の方が、国際世論やコモンウェルスの反応を横目で睨みながら漸次対応を検討できるという利点があった。閣議では、これ以上計画の中身は検討されなかった。実際、閣僚のなかには、米政権がロンドンに期待しているのは「物資支援や道義的支援」であって、必ずしも「直接的な軍事支援」ではないのではないかと考える者もいたのである［★49］。

5 キーウェスト首脳会談

閣議の翌日、マクミランは右の内容をまとめた親書をケネディに送付した。大統領には、この親書のなかに腑に落ちない点がいくつかあった。マクミランは親書で、一九五八年七月に英米がそれぞれ個別に実施したヨルダン、レバノンへの介入を例に挙げて、SEATOの組織的介入ではなく米軍主導の介入を提案していたが［★50］、ケネディはこの点を見逃さなかった。なぜイギリスはSEATOの介入を避けようとするのか。また、米軍主導の介入にイギリスやコモンウェルスはどのような支援をするつもりでいるのか［★51］。米英間に将来「深刻な見解の相違」が生じるのを案じたケネディは、マクミランが三月下旬に西インド諸島を訪問する予定であることを知って、急遽、その途上での首脳会談の開催を提案した［★52］。

実は、マクミランが閣議を招集した二三日、ケネディは記者団との会見で、「最も直近の問題」であるラオス問題についての方針を発表していた。「私は、アメリカ国民と全世界に対して、われわれがラオスで望む唯一のものは、戦争ではなく平和であり、冷戦の前哨ではなく真の中立政府であり、戦場ではなく会議での解決であることを明らかにしたい」。大統領はこう述べると同時に、「戦闘の即時停止と迅速な交渉を唱えるイギリス提案」への「強い支持」を表明した。ただし、外国から指揮されるパテト・ラオの武力行使が停止しない場合には採るべき対応を早急に同盟国と協議する意向だとも付け加えていた［★53］。まさに、こう表明した直後にマクミランからの親書が届き、そこには明らかにしなければならない点があったのである。

二六日正午過ぎ、フロリダ・キーウェスト海軍基地で初のマクミランとケネディによる首脳会談が始まった。冒頭マクミランは、外交交渉によるラオス中立化を彼の政府の第一義的目標に掲げ、軍事介入はあくまで外交努力が破綻し、「準軍事的」措置の強化でも対応できない場合の「第三段階」の措置、つまり最終手段として想定していることを説明した。また、「スエズ［戦争］でイギリスが直面したのと同じ困難」に遭わぬよう、国連で周到な説得工作を行うことが必要であると助言した。そのうえでマクミランは、軍事介入の形態としてSEATOの組織的介入ではなく、「アメリカとタイ、それに他の（パキスタンを含まない）諸国」が主導する形式での介入を説いた。マクミランは、このような曖昧な表現を意図的に用いたように思われる。パキスタンを除いて、アメリカとタイ以外にどの国が参加するのかを示さず、また何よりイギリス自身の参加も言明しなかった。マクミランは米軍主導の介入に対するイギリスの「物理的支援」の決定には再度内閣の同意が必要だと述べてケネディを牽制し、会談初めから軍事協力の言質は与えなかった。

英首相の提案に、大統領は納得しなかった。「アメリカにとって行動に値することなら、他国にとっても同じではないのか」。大統領と会談に同席したマクジョージ・バンディ(McGeorge Bundy)安全保障担当補佐官の両者は、SEATO加盟国がすべて介入する必要はないとし、数カ国によるチーム編成を考えていた。ただし、その主要メンバーとしてイギリスは外せなかったのである。詳細を伏せながら、ケネディはマラヤに駐留するコモンウェルス旅団八一〇〇名を含む総数三万五〇〇〇の兵力編成リストをマクミランに読み聞かせた。そしてついに大統領は、ラオスへの「兵力展開の意思表明」を英首相に求めた。ケネディ政権にとってイギリスの軍事介入への参加は、国内の世論や議会の説得に不可欠だった。大統領曰く、アメリカの単独介入に反対する議会が「真っ先」に問うのが、「イギリスはどうするつもりなのか」という質問だった。アイゼンハワー政権がインドシナ介入を実行に移せなかったのは、議会指導者が要求した同盟国の協力、なかんずくチャーチル英政権の同意を取りつけられなかったことが一因となっていたことをケネディは想起していたのかもしれない。

ケネディは、次のように問いかけてマクミランの明確な回答を求めた。「もしラオスを救済する唯一の方法が兵力の投入となったら、それにイギリスは加わるつもりでおられるか」。マクミランはついに、彼の政府に空母「ブルワーク」の投入用意があることを明かすとともに、当面、アメリカ、イギリス、タイ三国による介入を想定し、「残りのすべての［SEATO］加盟国は待機させておく」ことを提案した。要するにマクミランは、いつどのような介入を行うかについて確約を避けながらも、アメリカに単独行動を強いることのないように他国に先んじてイギリスの参加の決意を示したのである。これを受けてケネディは、具体的な作戦計画を練るための米英軍事協議を提案し、マクミランはこれに同意した［★54］。

両首脳は共同声明で、ラオス情勢のこれ以上の悪化は「許容できない」とし、「ラオスの戦争を終結させ、ラオスが真の中立国となるための道を開く提案」を盛り込んだ前記の英政府文書に「建設的な対応」をとるようソ連政府に呼びかけた[★55]。

さて、キーウェストでのマクミランの外交は、どのように評価されるだろうか。アシュトンは、ケネディ米政権との緊密な関係の構築のために、マクミランが「軍事的関与」を「譲り渡した」と評価する。そして、後述するピッグズ湾事件によってケネディがラオス介入を断念していなかったら、キーウェストでの約束の履行を求められた「イギリスはアメリカとともに東南アジアの軍事的泥沼に引きずり込まれていたかもしれない」と述べている[★56]。同様に、ホワイト（Nick White）も、マクミランはケネディとの「特別な関係」を発展させるために、外務省が強く反対する軍事介入の約束を大統領に与えてイギリスを軍事紛争の危険に巻き込んだと批判している。その意味で、キーウェスト会談は「首脳による個人外交の限界」を露呈したといえよう[★57]。

確かに、マクミランはケネディから相当な圧力を受けていた。しかし、軍事介入への参加を強制された決断と捉えるのではなく、その判断に込められたマクミランの主体的意図を理解する必要がある。最終段階での介入参加を明確にする代わりに、介入に至るぎりぎりの段階まで真剣に外交交渉に臨むようマクミランはアメリカに求めたのである。介入を約束することで、むしろそれ以前の外交局面の拡大を企図していたのであろう。軍事介入の危険を冒してまで外交的解決を訴えるなら、大統領もそのイギリスの意向を軽視できないのではないか。マクミランがいうには、イギリスの軍事的貢献は「たいへん小規模」なものになろうが、それでも「こうした路線を歩むことで、ロシアがわれわれの提案文書に回答してきた時、政治的領域での合理的解決を求めて、われわれはずっと強力な道義的立場からアメリカ人と議論する」ことが可能になるのであった[★58]。アメリカ人には、真っ向から対峙するのではなく、彼らの「味方」に立ちながら彼らを健全な路線に「引きとめておく」よう努めるのが賢明な付き合い方だった[★59]。

さらにマクミランは、米国内の強い介入圧力に直面してもなお、大統領本人は介入に消極的であることをキーウェストで悟った[★60]。圧力に直面するケネディを支えるべく、マクミランは大統領本人からの要請もあって[★61]、首脳会談後アイゼンハワー前大統領に次の内容の書簡を送った。

私たちはさまざまな問題について協議しましたが、当然ラオスに多くの時間を割くことになりました。共産主義者にラオスを渡してはならないと貴殿がたいへん強く思っておられることは承知しております。私も同感ですし、新大統領も同じだと理解します。しかし、この国が軍事作戦にどれほどまずい国であるか貴殿に申し上げるまでもないでしょう。実際私は、軍事行動で状況を救えるのか疑問に思います。もし可能だとしても、厄介なアジアの意見はいうまでもなく、その人的・財政的コストは馬鹿げて高くなるものと確信しています。したがって、可能なら、われわれは全力で政治的解決を求めていくべきであります。私は、政治的行動によってこの国［ラオス］をタイと共産主義勢力とのあいだの中立緩衝地帯にする機会を得られるものと信じております。

私の理解するところでは、ケネディ大統領はラオスでの「宥和」について相当な圧力を受けております。その理由を私は十分理解しております。われわれは歴史の教訓を忘れていないのです。とはいえ、われわれ両国が、この危険で得るもののない地域への無制限な関与に巻き込まれることを誠に遺憾に存じます。ですから、貴殿がラオスに関して発言する必要がある際に、ラオスで共産主義勢力を食い止めるには軍事的解決しかないと考えている人々を鼓舞することがないようにと祈念しております[★62]。

アイゼンハワーが大統領退任の日に、ラオス問題への断固たる対応をケネディに進言したことはよく知られている[★63]。退任後も前大統領はラオスへの軍事介入を唱え、米国内の強硬派に対する強い影響力を保持していた。マクミランは第二次大戦以来旧知の仲であるアイゼンハワーに右の書簡を送ってケネディ政権に対する共和党強硬派の圧力を緩和させようとしたのである。マクミランにとって最悪のシナリオは、外交交渉による問題解決が十分試みられる前に、国内圧力に屈したケネディが性急に打って出た軍事介入にイギリスが巻き込まれることであった。

首脳会談の成果に、マクミランは満足した。マクミランもチャーチルなどの歴代首相同様、大国指導者との直接対話に特別な興味を抱いていた[★64]。だが、自分より二三歳も若い米統領と果たして信頼関係を築けるだろうか[★65]。会談前マクミランは秘書官から、「アイゼンハワー大統領には、インテレクチュアルな議論よりも感情や同志としての仲間意識に訴えかける方が効果的でした。でも、これはケネディ氏には通用しないでしょう」と警告を受けていた[★66]。ところが、彼はキーウェストを旅立つときには、次のような印象を抱くようになったのである。「初めて会ったときから、ずっと前から知り合いだったように感じる人間というのがいるだろう。それがジャックだ。われわれ二人はツーといえばカーだった」[★67]。ケネディは「進んで話を聞き、一方的に支配しようとしなかった」。「彼は強く迫ってくるが、自分の思い通りにすべてを手に入れられなくても腹を立てたりしない」。アイゼンハワーよりもケネディの方がずっと付き合いやすい相手だった[★68]。「ペンタゴンや国務省の役人が何を考えていようと、ケネディ大統領本人は、介入に伴う危険や、また実際それが不可能なことを完全に認識しているのでラオスへの介入を望んではいない」とマクミランは「確信」した[★69]。

こうして、戦後の英米首脳関係で最も緊密な関係のひとつに数えられるマクミラン＝ケネディ時代が幕を開けたのである。

首脳会談に満足するかたわら、マクミランはタイ・バンコクで同時期に開催されたSEATO閣僚理事会の進展を注意深く見守っていた。英米首脳会談の議論をよそに、バンコクでアメリカ、フィリピン、タイが連携して大規模軍事介入計画を採択する可能性が残っていたのである。マクミランはバンコクに到着した外相のヒュームに、「軍事的・財政的に多大な影響」を被る計画に引きずり込まれないよう注意を促す電報を外遊先のバルバドスから送った[★70]。

ヒュームはSEATOの介入を極力制限するため、マニラ条約第四条二項の規定を超えるいかなる関与も「全力で回避」する決意だった。前章で指摘したように、マニラ条約は条約区域への「武力攻撃による侵略」と「武力攻撃以外の方法」による脅威への対処を区別していた。武力攻撃に対しては、第四条一項が締約国による共同の行動を想定していたのに対して、武力攻撃以外の脅威に関しては二項で、採るべき対応を協議することになっていた。SEATOの活動を協議レベルにとどめたい英代表団に対して、バンコクに集まったアメリカとアジア諸国はSEATOの迅速な行動を要求した[★71]。タイ首相サリットはラオスが「第二のディエンビエンフー」になるのを断固阻止する決意だった[★72]。米代表団が用意した決議案は、ソ連や中国に「最後通牒」と受け取られてもおかしくない強硬な調子で起草されていた[★73]。

英代表団がSEATO介入に消極的だったのは、すでに指摘した理由のほかに、SEATOのアジア諸国に対する彼らの不信感にもよる。それは、タイやフィリピンがSEATOを都合よく利用して米軍やコモンウェルス軍を自らの問題解決に関与させる一方で、自分たちはいかなる戦闘にも直接かかわろうとしないとの不信感だった[★74]。

SEATOの介入には、フランスも反対だった。クーヴ・ド・ミルヴィル(Maurice Couve de Murville)仏外相は、インドシナでの過去の経験から、ラオス内戦は軍事力で解決できる問題ではないとし、「東南アジアの戦争」にフランスが関与することは二度とないと言明した[★75]。こうした英仏の反対はラスクへの圧力となり、結局、米代表団も渋々交渉による解決を受け入れた[★76]。バンコク会議の最終決議は、軍事介入を最終手段として留保しつつも、介入に慎重な諸国の意見を反映して交渉によるラオス中立化を支持する内容となった[★77]。

ヒュームはこの成果に安堵した。後の彼の述懐によれば、ラオス内戦は新たな世界大戦の危機を引き起こしたのであるが、それは幸運によってではなく忍耐強いイギリスの外交努力で回避されたのである[★78]。だが、これで懸念がすべて払拭されたわけではなかった。バンコク滞在を通して、ヒュームは東南アジア駐在の米高官たちの多くが積極介入論者であることを知った。例えば、その急先鋒アレクシス・ジョンソン(U. Alexis Johnson)駐タイ大使(六一年五月に国務次官代理に就任)が、ケネディ政権首脳部を介入路線に取り込むために「事実を歪曲」した報告をワシントンに送付しているとの証言をヒュームは得ていた。こうした現地の米高官にとって、イギリスがソ連とともに準備を進めるジュネーヴ会議は、ラオスを共産主義者に売り渡すための仕掛けに過ぎなかったのである。「賢明な」大統領や国務長官がこのような報告を鵜呑みにすることはおそらくないだろう。それでも、いくらかでも彼らの「心に引っ掛かって残る」のが心配だった[★79]。ヒュームは、バンコクで「ある程度ラスクの考えを変えられた」と喜びつつも、「大統領が彼の顧問たちの好戦的な態度を覆すまでにはまだ遠い道程が控えている」と警戒を緩めなかった[★80]。

7 軍事介入をめぐる不一致

マクミランが首脳会談でケネディに示したかったのは、同盟国としての覚悟であった。外交解決へのアメリカの協力を求める代わりに、それが破綻した場合には行動を共にする決意の表明である。

しかし、ラオスへの軍事介入にイギリスの政治指導者たちが戸惑いを感じていたのも事実である。バンコクから帰国後、内相のバトラー(R. A. Butler)やセルウィン・ロイド(Selwyn Lloyd)蔵相、エドワード・ヒース(Edward Heath)玉璽尚書と会話したヒュームは、軍事介入を現実問題として検討すればするほど閣僚たちがそれを嫌がるようになっていくのを感じ取った[★81]。ロイドは、英米の共同作戦であろうとSEATOの作戦であろうと、外国為替市場に与える軍事行動の影響を憂慮していた[★82]。これらの閣僚たちは、ラオスへの直接介入ではなくタイへの派兵が望ましいとし、またタイからラオスへ軍を移動させるかどうかについても事前にコミットメントを与えるべきではないと考えていた。ヒュームも軍隊の移動がコモンウェルス諸国に及ぼす動揺を次のように憂慮していた。「どんな兵力移動も［海軍基地のある］シンガポールを揺るがすことになるだろう。パキスタンは政府レベルでは頑強だが、アユーブ［・ハーン(Ayub Khan)］が世論の圧力に屈せずに済むのか大いに疑問である。間違いなくインドは、われわれを退去させる運動を国連で先導していくであろうし、コモンウェルスのアフリカ人たちも世論の反対に対抗しきれないだろう」[★83]。

これに対して国防相のワトキンソンはアメリカへの支援の重要性を強調した。ラオス内戦は「英米の特別な関係」が本物かどうかが問われる試練の場である[★84]。もちろん、大規模な戦闘、とくに地上戦に引きずりこまれぬよう細心の注意を払わなければならない。だが、いったんアメリカが限定的な介入を決断したら、イギリスはそこで「役割を果たさなければならない」。ワトキンソンは同僚たちに向かって、新米政権にとって「初の主要な試練」であるラオス内戦でイギリスは彼らの「味方に立たなければならない」と語りかけた。「われわれにとって優先順位は、第一に彼らを支援することであり、第二に彼らの抑制を試みることである」[★85]。この一言に国防相の見解が集約されていた。

閣僚たちの消極姿勢を予見していたのであろうか、マクミランは介入を極力小規模にとどめるべくキーウェストでケネディと協議していた。英米の介入計画はSEATO「計画5／61」を土台にして作成することになったが、マクミランは既存の「計画5／61」は「野心的すぎる」とし[★86]、ケネディとその修正に取り組んだ。「計画5／61」の骨子は、ビエンチャンを含むメコン河沿い三カ所の戦略拠点を約四、五個大隊、総数約一万二〇〇〇で防衛することであったが[★87]、マクミランは介入を制限するため、ケネディと議論して「計画5／61」を修正した。その結果、「計画5／61修正版」では、作戦地域から王都ルアンプラバンが除外されることになった。またコモンウェルス軍全体の参加を望むアメリカに対して、マクミランはイギリス軍一個大隊のみの投入を予定していることを大統領に伝えていた[★88]。

四月一〇日作成のある文書によれば、ラオス情勢がさらに悪化した場合、マクミランは次の順序での対応を想定していた。

(a) アメリカのB26などによる準軍事的作戦
(b) アメリカ人を中隊レベルに配置してのアメリカによる拡大準軍事作戦
(c) タイ砲側員
……
(d) ラオスへの移動に備えた同盟国軍隊のわれわれの地域での予備的移動
(e) ラオスへの移動

これが承認される前に、二つのことが必須である。

一．ラオス国王の要請

二．SEATO諸国政府の承認

〔ケネディ〕大統領は、承認前にわれわれへの通知を約束しているが）（a）、（b）、（c）に関しては英政府の承認は必要ではない。（d）、（e）には英政府の承認が必要である［★89］。

（f）……

これを見れば、マクミランにとって軍事介入は外交交渉と準軍事的措置、すなわち右の文書でいえば（a）から（c）でも対処できない場合のみ発動される最終手段であったことが明らかだろう。マクミランは、アメリカとの二国間軍事協議を開催することでアメリカの単独介入を抑制し、さらに協議を重ねることで外交的妥結を図る時間を確保しようとしていたのである。

ところが、首脳会談後、米国防総省はマクミランの想定と大幅に異なる規模と目的の計画を策定するようになる［★90］。米軍部は八個大隊の投入を検討し、コモンウェルス戦略予備軍全体の参加を期待した［★91］。さらに、「計画5／61」の元来の目的は、王国政府軍地域の「保持」であったにもかかわらず、米軍部は既にパテト・ラオの支配下にある地域の奪還、「征服」を目指すようになった［★92］。

こうして、マクミランは一刻も早い交渉を望むようになる。さいわい、ソ連政府が四月一日に国際会議の開催と早期の休戦締結に前向きな姿勢を表明した［★93］。外遊先のジャマイカでこの報を受け取ったマクミランは四月一日付の日記で、ソ連の受諾を「イギリス外交の大勝利」と自賛している［★94］。マクミランはできるだけ早く国際会議を招集するよう外務省に指示したが、その際、必ずしもSEATO全加盟国の同意を得る必要はないと付け加えた［★95］。「これから数カ月間、東南アジアの戦いは、戦場よりも交渉テーブルの上で繰り広げられることになろう」と、首相は外交的解決への意気込みを表した［★96］。

しかし、英米の足並みの乱れはなおも続く。四月一三日、ケネディはラオスのPEOを軍事援助顧問団（MAAG）に格上げし、その要員四〇〇名の軍服着用と戦闘作戦への参加を許可した［★97］。ヒュームは、この準軍事的領域にとどまらない重要な措置が英政府にコメントを求めることなく決定されたことに驚いた。彼が米大使デイヴィッド・ブルース（David K. Bruce）に語ったように、軍事行動への参加を誓っている英政府には、「そのクライマックスに至るすべての中間的措置を注意深く検討することが極めて重要」だった［★98］。「もしこのラオス問題で［英米が］つねに行動をともにするというのであれば、それぞれの動きに関して十分時間をとって相談」しなければならなかったのである［★99］。

他方、ラオスでのアメリカの活動を目撃してきたジョン・アディス（John Addis）英大使は、この決定にさほど驚かなかった。というのも、すでに長い間、ラオス駐在のアメリカ人は文民を装いつつ「半ば公然と」航空偵察に従事し、前年のビエンチャン攻防戦以降は地上戦にも直接関与するようになっていたからである。また、ノサワンは二月半ば頃からパテト・ラオとの交渉に前向きな対応を示していた。にもかかわらず介入を叫ぶのは、ワシントンが和平の到来を望んでいないからだと大使は強い不信を示した。アメリカが秘密工作を通じて内戦に関与しているのは厳然たる事実であって、それを否定することは全くの「フィクション」だった。しかし「アジアではフィクションが事実と同じ重み」を持つことがあり、アメリカの活動をつまびらかにして内戦を激化させる危険を冒すのは得策ではなかった［★100］。

他方、米政府は、ラオスは依然深刻な状況にあると判断していた。米諜報機関によれば、パテト・ラオの進軍は続き、四月中旬にはソ連による過去最大規模の物資支援が実施された［★101］。四月六日にジョンソン米大使、サリットとバンコクで会談したノサワンは、北ベトナム軍の大規模侵入によって、ラオスの共産主義勢力は前線の一万二〇〇〇を含め六万を越える軍勢に拡大していると訴えて危機感を煽った［★102］。ラオス特別作業班は、こうしたラオス内の動きをロンドンは察知していないのか、それとも悠長に構えて状況の深刻さを認識していないのかと苛立ち、いずれにせよ事態の緊急性をロンドンに理解させる必要があると感じていた［★103］。

米政府の警戒心は、ソ連政府が国際会議の開催を五月一二日まで延期するよう要求したことでさらに強まった。アメリカの介入の危険がありながら、なぜソ連は会議の延期を求めたのか。三月一四日に作成されたソ連政府文書「ラオス政策」には、ラオスでの平和・中立・国内和解を推進し、国際的緊張の解決に努めていくことが「われわれの陣営の利益」であると記されている。ただし、ガイデューク（Ilya V. Gaiduk）が指摘するように、ソ連政府も米政府同様「二重政策」を採用し、外交的解決の模索とともに反ノサワン勢力への支援を継続していた。また、休戦をできるだけ遅らせてパテト・ラオの軍事的支配を拡大したい中国や北ベトナムとの意見調整にも手間取っていたのである［★104］。

四月一九日、フランク・ロバーツ（Frank Roberts）駐ソ英大使は、面会したアンドレイ・グロムイコ（Andrei Gromyko）ソ連外相から、あくまで休戦の成立が国際会議開催の前提条件であるとの確認をとった。ロバーツから報告を受けたヒュームはグロムイコを「言葉通り信じ」［★105］、四月二四日、英ソ両政府は関係一二カ国にジュネーヴ会議への参加を呼びかけた。米国務省は休戦の成立を前提にこの提案を受諾したが［★106］、休戦が破綻した場合、ＳＥＡＴＯによる措置も含めて必要な行動の検討を直ちに開始することを英外務省に要求した［★107］。

8　軍事介入瀬戸際での休戦

ところが、六一年四月、ケネディ政権のラオス政策に影響を及ぼす事件がキューバで発生した。四月一七日にアメリカが実施したピッグズ湾侵攻作戦である。亡命キューバ人に軍事訓練を施し、フィデル・カストロ(Fidel Castro)政権の転覆工作を試みたこの作戦は、ケネディ政権の威信を傷つける大失態に終わる。ピッグズ湾作戦の失敗はラオス政策の再考をケネディに促す契機となった。作戦の失敗によって彼のCIA・軍部に対する信頼が大きく揺らいだからである。この作戦を勧告したのと同じ軍指導者がラオス介入を進言していたため、ケネディは自分が得ている助言に疑念を抱くようになった[★108]。

ピッグズ湾作戦が失敗していなかったら、ラオス情勢はどうなっていただろうか。キャッスル(Timothy N. Castle)によると、ケネディはピッグズ湾作戦と同時に、「ミルポンド」作戦の一環としてラオス・ジャール平原の共産主義勢力の拠点爆撃を命令していた。四月一六日夕刻、B26爆撃機の操縦士はラオス王国空軍から任務遂行の権限を与えられ作戦準備を完了していた。ところが翌日、出撃予定の数時間前になって突如空爆は中止されることになる。ピッグズ湾作戦の失敗がその原因だった[★109]。もし侵攻作戦が成功し爆撃が計画通り実施されていたら、ラオス内戦が激化して外交的解決が困難になっていた可能性もある。

ともあれ、ピッグズ湾事件がケネディのラオス政策に変更をもたらしたことは間違いない。彼は特別顧問のセオドア・ソレンセン(Theodore C. Sorensen)に、「いいときにコチノス［ピッグズ湾］事件が起きたよ。あの事件がなかったら、いまごろはラオスに入っていたところだろうね。こいつは百倍も悪いよ」と漏らしていたという[★110]。アーサー・シュレジンガー(Arthur M. Schlesinger, Jr.)補佐官も、事件後大統領がCIAの報告に批判的になり、CIAにそそのかされて「軽率な行動」をとらないよう警戒するようになったと述懐している[★111]。

しかし、ピッグズ湾事件の影響は大きかったとしても、それによってラオス介入論議が下火になったわけではなかった。むしろ、それは事件後「活発化」した[★112]。四月二七日、キューバ問題で「ひどく狼狽」

しているラスクとアンカラで会談したヒュームは、ケネディ政権が「威信の回復」をねらって「ラオスで瀬戸際政策」に打って出るのではないかと憂慮した[★113]。

こうしてアメリカの巻き返しが懸念されていた四月末、コン・レ＝パテト・ラオ軍がビエンチャンへの進軍を再開し、同時にルアンプラバンへの道筋にあるムオンサイを占領した。これによってウィンスロップ・ブラウン(Winthrop Brown)駐ラオス米大使は「パニック状態」に陥り、それまでの介入慎重路線から転じてワシントンにB26爆撃機の使用と「米軍あるいはSEATO軍の投入」を勧告するようになる。米軍の介入は政治的解決の望みを吹き飛ばしてしまうだろうが、パテト・ラオの進軍を食い止めるには「他に手段はない」と大使は観念した[★114]。

二七日未明、マクミランはケネディと電話会談し、ラオスの現地勢力をいま一度説得するよう大統領に進言した[★115]。ケネディはマクミランが心配するB26の投入を否定して安心させたが[★116]、実は電話会談の直前にホワイトハウスで開催された会議では、ノサワン軍瓦解の危機の際には「少なくとも南ベトナムとタイへの相当規模の軍隊配備」が必要であるとの考えで見解が一致していた[★117]。

さらに、二九日に大統領不在のもと開催された国務省と国防総省の合同会議でも介入論が優勢に立った。ラオスで屈服することは「東南アジアでの敗北」の「第一章」を刻むことになり、やがて南ベトナムでも共産主義者の圧力に屈することになる。軍部は紛争拡大の危険を覚悟してもラオスへ介入すべきだと主張した。ジョージ・デッカー(George H. Decker)陸軍参謀総長は「東南アジアで通常戦争に勝利することはできない。介入するなら、われわれは勝ちにいかなければならない。それはハノイや中国に対する爆撃を意味し、おそらく核爆弾の使用さえも意味することになろう」と語った。これに対して、チェスター・ボウルズ(Chester Bowles)国務次官は、中国との「二年、三年、五年、あるいは一〇年」に及ぶ対立を覚悟しなければならなくなると血気盛んな軍部を諫めた[★118]。

当時ボウルズの懸念は杞憂として切り捨てられなかった。四月二日、インドネシア訪問中の陳毅中国外相がジャカルタ空港で、「もしSEATO軍がラオスに介入し、プーマ首相の要請があれば、中国はラオスに軍隊を派遣するであろう」と語っていたのである［★119］。にもかかわらず、空軍参謀総長への昇進を間近に控えたカーティス・ルメイ(Curtis E. LeMay)将軍は、「中国が一、二年以内に核爆弾を保有する可能性がある」ため、なおさら早く戦わなければならないと反駁した。マクナマラ国防長官もラオス情勢は「時々刻々悪化」しており、介入するのであれば早期の実施が望ましいと加勢した［★120］。

五月一日、マクミランの懸念は、オーストラリア、ニュージーランド両首相から彼のもとに届けられた書簡によってなおも強まった。両国がSEATO軍事介入への参加を決断したとの知らせである。書簡のなかでロバート・メンジーズ(Robert Menzies)豪首相は、ICCによる休戦の検証やジュネーヴ会議などあらゆる外交手段が尽きるまで英政府はSEATO介入を検討しないつもりかとマクミランに問いかけた。

マクミランは、とくにメンジーズの書簡の以下の件《くだり》を深刻に受け止めていたことだろう。

我が国の自衛をあらゆる角度から検討してみると、オーストラリアにとってSEATO作戦でアメリカと行動をともにすることが望ましいことが明らかになります。しかし、貴殿に申し上げるまでもないでしょうが、何らかの理由でイギリス政府がその作戦への参加に消極的な態度をとるなら、オーストラリアは、苦痛を与えられ、そしておそらく壊滅的な影響を被る問題に向き合わされることになるのです。

メンジーズは具体的な問題として、イギリスの反対によってコモンウェルス戦略予備軍を展開できなくなり、オーストラリア本土から別途兵力を拠出しなければならなくなるのを案じていた［★121］。

この前日、バンコクのSEATO本部から、米代表がタイへのSEATO軍配備を提案し、五月二日の代表者会議で警戒態勢の発令を決定する意向であるとの情報が届いていた[★122]。右のオーストラリアとニュージーランドの決定を勘案すると、SEATO代表者会議での介入論の台頭が予想された。マクミランはICC議長国インドのネルーに書簡を送って休戦交渉の斡旋を求めた[★123]。同時にケネディにも電報を送って警戒態勢の発令やタイへの軍隊派遣がパテト・ラオを刺激して休戦交渉を破綻させる危険を伝え、少なくとも代表者会議の開催を一日延期するよう提案した[★124]。

駐米大使カッチャから朗報が届いたのは、この電報を大統領へ送付した直後のことだった。ラオス時間の五月一日、交戦勢力間で接触が持たれ、交渉が翌日も継続されるとの情報がワシントンに寄せられたとのことだった[★125]。これを受け、マクミランは二日の閣議でタイへのSEATO軍派兵に反対することを決定した。ただし、共産主義諸国による「休戦の妨害が明らかになった場合、SEATOで合意されるあらゆる活動に全面的に参加」することとし、最終手段としての軍事介入を再確認した[★126]。

さいわい、三日にラオスで休戦が成立する。これにより、SEATOによる警戒態勢の発令とタイへの派兵は見送られることになった[★127]。一一日、ICCが休戦の成立を確認し、共同議長の英ソに報告した。当時ケネディ政権内での介入論議は最高潮に達していた。まさに介入瀬戸際での休戦の成立だった。メンジーズとホリオークニュージーランド首相に宛てた五月一〇日付の書簡でマクミランは、ラオス内戦における彼の苦悩を以下のように振り返っている。

これまでずっとわれわれはラオス情勢と、そのSEATOの士気・強度への影響をたいへん憂慮してきました。……問題の核心は、強硬に振舞うこと(そうすればわれわれは、あまり明確な目的を持たず困難な国で最も困難な軍事作戦に巻き込まれる)と、十分強く振舞わないこと(そうすればSEATOを破壊し、アメリカ人を失望させ、そして東南アジアでのわれわれの影響力を全般的に傷つけることになる)との間で中道を探り出すことでした[★128]。

マクミランは最終局面での軍事介入を担保にアメリカを外交交渉に巻き込むという中道路線を何とか探り当てたのである[★129]。

とはいえ、本当に重要なのは、これから国際交渉によってラオスを中立化することであった。だが、その前途は多難だった。もし交渉が失敗に終われば、軍事介入以外に道はなくなる。その際、イギリスが軍事介入に参加しなければ、「われわれはアメリカ合衆国との連携を根本的に断つことになる」。他方、介入の道を選べば、「東南アジアでのわれわれの立場を永遠に弱め、おそらくコモンウェルス全体に断絶が走る」ことになる[★130]。したがって、介入するかしないかの判断を突き付けられる前に、外交的解決を模索して軍事介入論議に終止符を打つことが重要だったのである。

註

★1――梶谷善久「ラオスをめぐる問題」『国際政治』第一六号(一九六〇年)、一〇五頁。

★2――北ベトナムとパテト・ラオの関係については、Paul F. Langer and Joseph J. Zasloff, *North Vietnam and the Pathet Lao: Partners in the Struggle for Laos* (Cambridge: Harvard University Press, 1970).

★3――寺地功次「民主主義、選挙と国内安全保障――一九五〇年代のラオス選挙とアメリカ」大津留(北川)智恵子・大芝亮編『アメリカが語る民主主義――その普遍性、特異性、相互浸透性』ミネルヴァ書房、二〇〇〇年。ジュネーヴ会議後のアメリカのラオス政策については以下の文献も参照せよ。Charles A. Stevenson, *The End of Nowhere: American Policy toward Laos since 1954* (Boston: Beacon Press, 1972).

★4――桜井由躬雄・石澤良昭『東南アジア現代史Ⅲ　ヴェトナム・カンボジア・ラオス』山川出版社、一九九五年、三八六―三八九頁、上東輝夫『ラオスの歴史』同文舘、一九九〇年、一一六―一二五頁、寺地「民主主義、選挙と国内安全保障」、一四四－一四七頁。

★5――桜井・石澤『東南アジア現代史Ⅲ』、三九〇－三九一頁。

★6――Timothy N. Castle, *At War in the Shadow of Vietnam: U.S. Military Aid to the Royal Lao Government, 1955-1975* (New York: Columbia University Press, 1993), p.19.

★7――梶谷「ラオスをめぐる問題」、一〇一頁。

★8――TNA, PREM11/2961, Vientiane to FO, 9 August 1960.

★9――Zachary Karabell, *Architects of Intervention: The United States, the Third World, and the Cold War 1946-1962* (Baton Rouge: Louisiana State University Press, 1999), p.215.

★10――Arthur M. Schlesinger, Jr., *A Thousand Days: John F. Kennedy in the White House* (Boston: Houghton Mifflin Company, 2002), p.331.

★11――クーデター後のラオスの内戦状況については、Bernard B. Fall, *Anatomy of a Crisis: The Laotian Crisis of 1960-1961* (New York: Doubleday & Company, 1969), chapter 10を参照せよ。

★12――TNA, DEFE13/422, 'Defence Committee: Situation in Laos: (D(60)59): Brief for the Minister of Defence', 8 December 1960.

★13――TNA, PREM11/2961, Philip de Zulueta to Prime Minister, 26 August 1960; TNA, PREM11/2961, Vientiane to FO, 23 September 1960; TNA, PREM11/2961, FO to Washington, 3 October 1960; TNA, PREM11/2961, FO to Washington, 8 December 1960.

★14――この点については、Nick White, 'Macmillan, Kennedy and the Key West Meeting: Its Significance for the Laotian Civil War and Anglo-American Relations', *Civil Wars*, 2:2 (Summer 1999), pp.37-42も参照せよ。

★15――TNA, DEFE13/422, 'Foreign Office Memorandum on the Likely Consequences of SEATO Military Intervention under the Present SEATO MPO Plan 5', 6 December 1960; TNA, DEFE13/422, 'Defence Committee: Situation in Laos: (D(60)59): Brief for the Minister of Defence', 8 December 1960; TNA, PREM11/3278, the Chiefs of Staff to the Prime Minister, 4 January 1961; TNA, PREM11/3278, 'Developments in Laos', 4 January 1961.

★16――山手治之・香西茂・松井芳郎編『ベーシック条約集(第四版)』東信堂、二〇〇三年、一一二頁。

★17――半澤朝彦「イギリス帝国の終焉と国際連合――一九六〇年の南アフリカ連邦・シャープヴィル事件の衝撃」『現

代史研究』第四五号（一九九九年）、同「国連とイギリス帝国の消滅――一九六〇－六三年」『国際政治』第一二六号（二〇〇一年二月）、同「イギリス帝国の終焉と国連――イギリスの対国連政策（一九六〇－一九六一）」緒方貞子・半澤朝彦編『グローバル・ガヴァナンスの歴史的変容――国連と国際政治史』ミネルヴァ書房、二〇〇七年。

★18――この演説の内容については、『国際問題』第一二号（一九六一年三月）、二三－三二頁を参照せよ。

★19――TNA, PREM11/3313, 'Record of a Discussion at U.S. Naval Base at Key West, Florida, at 12.10 p.m. on Sunday, March 26, 1961'.

★20――TNA, PREM11/3278, Keith Holyoake to Harold Macmillan, 13 December 1960. 六一年初旬の段階では、オーストラリア、ニュージーランドの両政府とも、ラオスでの軍事作戦は「極めて困難」とし、介入には反対であった。TNA, PREM11/3278, 'Record of conversation between the Secretary of State and the Australian High Commissioner on January 3, 1961'; TNA, PREM11/3278, 'Record of conversation between the Secretary of State and the New Zealand Acting High Commissioner on January 4, 1961'.

★21――TNA, DEFE13/422, 'Foreign Office Memorandum on the Likely Consequences of SEATO Military Intervention under the Present SEATO MPO Plan 5', 6 December 1960; TNA, PREM11/3278, FO to Washington (Home to Herter), 2 January 1961; Harold Macmillan, *Pointing the Way, 1951-1961* (London: Macmillan, 1972), p.332. 第二次大戦後のイギリスとコモンウェルスの関係の変遷については、木畑洋一「帝国からの自立」川北稔・木畑洋一編『イギリスの歴史――帝国＝コモンウェルスのあゆみ』有斐閣、二〇〇〇年、旦祐介「二〇世紀後半のコモンウェルス――新しい統合の展望」木畑洋一編『現代世界とイギリス帝国』ミネルヴァ書房、二〇〇七年、第四章を参照せよ。

★22――松岡完『一九六一ケネディの戦争――冷戦・ベトナム・東南アジア』朝日新聞社、一九九九年、四〇頁。

★23――TNA, PREM11/2961, Paris to FO (from the Secretary of State), 16 December 1960.

★24――TNA, PREM11/3278, Macmillan to Eisenhower, 30 December 1960; E. Bruce Geelhoed and Anthony O. Edmonds (eds.), *The Macmillan-Eisenhower Correspondence, 1957-1969* (Basingstoke: Plagrave Macmillan, 2005), p.393.

★25――Jones, *Conflict and Confrontation*, p.23.

★26――TNA, PREM11/3283, Lord Selkirk to Prime Minister, 9 May 1961.

★27――バンドン会議については、以下の文献を参照せよ。岡倉編『バンドン会議と五〇年代のアジア』、宮城大蔵『バンドン会議と日本のアジア復帰――アメリカとアジアの狭間で』草思社、二〇〇一年。

★28—インドを含むアジア・アフリカ諸国の非同盟運動については、岡倉古志郎『非同盟研究序説』新日本出版社、一九八九年を参照せよ。

★29—SarDesai, *Indian Foreign Policy*, p.225.

★30—TNA, PREM11/2961, 'Record of a conversation at Admiralty House at noon on Monday, December 26, 1960'; TNA, PREM11/3280, 'Discussion between the Commonwealth Secretary and Mr. Krishna Menon at the Commonwealth Relations Office at 2.30 p.m. on Friday, 24 th March, 1961'.

★31—TNA, PREM11/3278, Inward telegram to Commonwealth Relations Office from Delhi, 9 January 1961; TNA, FO371/159930, 'Text of a letter dated January 20, 1961 from Mr. Khrushchev to the Prime Minister'; TNA, FO371/159930, 'Text of Soviet Statement made to Her Majesty's Ambassador in Moscow on February 18, 1961'.

★32—TNA, PREM11/3279, Washington to FO, 9 February 1961; TNA, PREM11/3279, Washington to FO, 10 February 1961; TNA, PREM11/3279, Washington to FO, 11 February 1961; 松岡『一九六一ケネディの戦争』、六一―六二頁。

★33—Gaiduk, *Confronting Vietnam*, p.146; TNA, PREM11/3280, FO to Washington, 20 March 1961; シオドア・ソレンセン(大前正臣訳)『ケネディの道――未来を拓いた大統領』サイマル出版会、一九八七年、二九八頁。

★34—David K. Hall, 'The Laos Crisis, 1960-61' in Alexander L. George, David K. Hall and William E. Simons, *The Limits of Coercive Diplomacy: Laos, Cuba, Vietnam* (Boston: Little, Brown and Company, 1971), pp.53-55.

★35—寺地「ラオス危機」、三五頁、*FRUS*, 1961-1963, 24, Laos Crisis (Washington: United States Government Printing Office, 1994), 'Memorandum for the Record', 21 March 1961, p.95.

★36—TNA, PREM11/3280, Washington to FO, 21 March 1961; *FRUS*, 1961-1963, 24, 'Memorandum for the Record', 21 March 1961, p.95.

★37—TNA, PREM11/3280, 'Text of a note handed by Her Majesty's Ambassador at Moscow to the Soviet Government on March 23, 1961'.

★38—TNA, PREM11/3280, Washington to FO, 21 March 1961.

★39—Dean Rusk, *As I Saw It* (New York: Penguin Books, 1990), chapter 27を参照せよ。

★40—*FRUS*, 1961-1963, 24, 'Memorandum from the Assistant Secretary of Defense for International Security Affairs (Nitze) to Secretary of Defense McNamara: Attachment: Report Prepared by the Inter-Agency Task Force on Laos', 23 January

1961, p.30; *FRUS*, 1961-1963, 23: Southeast Asia (Washington: United States Government Printing Office, 1994), 'Memorandum from the Deputy Assistant Secretary of State for Far Eastern Affairs (Steeves) to Secretary of State-Designate Rusk's Liaison (McGhee)', 18 January 1961, pp.1-2.

★41—TNA, CAB128/35, CC(61)16th conclusions, 23 March 1961, at 5 p.m.; TNA, CAB128/35, CC(61)17th conclusions, 23 March 1961, at 12 midnight.

★42—TNA, PREM11/3280, Washington to FO, 23 March 1961; TNA, DEFE13/337, 'Laos: Draft Statement for the Defence Board', 29 March 1961; White, 'Macmillan', p.37, 46.

★43—Macmillan, *Pointing the Way*, p.334.

★44—TNA, PREM11/3313, 'Record of a Discussion at U.S. Naval Base at Key West, Florida, at 12.10 p.m. on Sunday, March 26, 1961'.

★45—TNA, PREM11/3478, Macmillan to the Queen, 27 March 1961.

★46—TNA, CAB128/35CC(61)16th conclusions, 23 March 1961, at 5 p.m.; TNA, CAB128/35, CC(61)17th conclusions, 23 March 1961, at 12 midnight.

★47—TNA, PREM11/3280, FO to Washington, 24 March 1961.

★48—TNA, PREM11/3280, Duncan Sandys to Prime Minister, 'Laos', 23 March 1961.

★49—TNA, CAB128/35, CC(61)16th conclusions, 23 March 1961, at 5 p.m.; TNA, CAB128/35, CC(61)17th conclusions, 23 March 1961, at 12 midnight.

★50—TNA, PREM11/3280, FO to Washington (Macmillan to Kennedy), 24 March 1961.

★51—TNA, PREM11/3280, Washington to FO, 24 March 1961.

★52—TNA, PREM11/3280, Washington to FO, 24 March 1961.

★53—'The President's News Conference of March 23, 1961', *The American Presidency Project* [http://www.presidency.ucsb.edu/ws/print.php?pid=8547]. (二〇〇八年一〇月二〇日アクセス)

★54—TNA, PREM11/3313, 'Conversation between President Kennedy and Prime Minister at Key West, Florida on Sunday, March 26, 1961: Prime Minister's Record'; TNA, PREM11/3313, 'Record of a Discussion at U.S. Naval Base at Key West, Florida, at 12.10 p.m. on Sunday, March 26, 1961'. この文書は、TNA, CAB133/297にも収録されている。また、

キーウェスト会談については、White, 'Macmillan', pp.45-48; 寺地「ラオス危機」、三五一三九頁も参照せよ。

★55——'Joint Statement with Prime Minister Macmillan following an Exchange of Views on Laos', *The American Presidency Project* [http://www.presidency.ucsb.edu/ws/index.php?pid=8552&st=laos&st1=].（二〇〇八年一〇月二〇日アクセス）

★56——Ashton, *Kennedy, Macmillan and the Cold War*, p.3, 4, 47.

★57——White, 'Macmillan', p.36, 51.

★58——TNA, PREM11/3281, Inward telegram to the Secretary of State for the Colonies from Jamaica (Prime Minister to Foreign Secretary), 1 April 1961.

★59——TNA, PREM11/3280, Inward telegram to the Secretary of State for the Colonies (Prime Minister to Minister of Defence), 30 March 1961.

★60——Macmillan, *Pointing the Way*, p.338.

★61——TNA, PREM11/3602, Philip de Zulueta to A.C. I. Samuel, 26 April 1961.

★62——TNA, PREM11/3602, Macmillan to Eisenhower, 9 April 1961; Geelhoed and Edmonds (eds.), *The Macmillan-Eisenhower Correspondence*, pp.404-405.

★63——アイゼンハワーとケネディの会談記録については、*FRUS*, 1961-1963, 24, 'Notes of Conversation Between President-Elect Kennedy and President Kennedy', 19 January 1961, pp.19-20; *FRUS*, 24, 'Memorandum for the Record', 19 January 1961, pp.20-22; *FRUS*, 1961-1963, 24, 'Memorandum for the Record', 19 January 1961, pp.22-25. また、Fred I. Greenstein and Richard H. Immerman, 'What Did Eisenhower Tell Kennedy about Indochina?: The Politics of Misperception', *The Journal of American History*, 79:2 (September 1992), pp.568-587; ロバート・S・マクナマラ（仲晃訳）『マクナマラ回顧録——ベトナムの悲劇と教訓』共同通信社、二〇〇四年、五八一六一頁、松岡『一九六一ケネディの戦争』、四〇頁も参照せよ。

★64——マクミランによる首脳会議外交の展開については、Richard Aldous, *Macmillan, Eisenhower and the Cold War* (Dublin: Four Courts Press, 2005)を参照せよ。

★65——Sir Oliver Wright, 'Macmillan: a View from the Foreign Office' in Richard Aldous and Sabine Lee (eds.), *Harold Macmillan: Aspects of a Political Life* (Basingstoke: Macmillan, 1999), pp.8-9.

★66——Richard Aldous, '"A Family Affair": Macmillan and the Art of Personal Diplomacy' in Richard Aldous and Sabine Lee (eds.), *Harold Macmillan and Britain's World Role* (Basingstoke: Macmillan, 1996), p.26.

★67—マイケル・ベシュロス(筑紫哲也訳)『危機の年一九六〇－一九六三——ケネディとフルシチョフの闘い(上)』飛鳥新社、一九九二年、三三八頁。

★68—Harold Evans, *Downing Street Diary: The Macmillan Years 1957-1963* (London: Hodder and Stoughton, 1981), pp.145-146.

★69—TNA, PREM11/3281, Inward telegram to the Secretary of State for the Colonies from Jamaica (Prime Minister to Foreign Secretary), 1 April 1961.

★70—TNA, PREM11/3280, Inward telegram to the Secretary of State for the Colonies from Barbados (Prime Minister to Foreign Secretary), 28 March 1961. ラオス危機に対するヒュームの対応は、断片的であるが以下の研究で論じられている。Andrew Holt, 'Lord Home and Anglo-American Relations, 1961-1963', *Diplomacy and Statecraft*, 16:4 (2005), p.702-703, 706.

★71—TNA, PREM11/3280, Bangkok to FO, 26 March 1961.

★72—Donald E. Nuechterlein, *Thailand and the Struggle for Southeast Asia* (Ithaca: Cornell University Press, 1965), p.191.

★73—TNA, PREM11/3280, Bangkok to FO, 27 March 1961.

★74—TNA, PREM11/3279, FO to Washington, 26 January 1961.

★75—TNA, PREM11/3280, Bangkok to FO, 26 March 1961.

★76—*FRUS Microfiche Supplement*, XXII/XXIV, Northeast Asia, Laos, 'Bangkok (Rusk) to Acting Secretary of State (Chester Bowles)', 29 March 1961.

★77—TNA, PREM11/3280, Bangkok to FO, 28 March 1961.

★78—Kenneth Young, *Sir Alec Douglas-Home* (London: J. M. Dent & Sons Ltd, 1970), p.128.

★79—TNA, PREM11/3280, 'Laos and the Americans' by Foreign Secretary, 30 March 1961.

★80—Mervyn Brown, *War in Shangri-La: A Memoir of Civil War in Laos* (London: The Radcliffe Press, 2001), pp.81-82.

★81—TNA, PREM11/3280, Outward telegram from the Secretary of State for colonies to Jamaica (Foreign Secretary to Prime Minister), 31 March 1961.

★82—TNA, PREM11/3280, Outward telegram from the Secretary of State for the colonies to Jamaica (Chancellor of the Exchequer to Prime Minister), 31 March 1961.

★83—TNA, PREM11/3280, Outward telegram from the Secretary of State for colonies to Jamaica (Foreign Secretary to Prime Minister), 31 March 1961.

★84—TNA, DEFE13/337, 'Laos: draft statement for the Defence Board', 29 March 1961.

★85—TNA, PREM11/3280, 'For Prime Minister from Minister of Defence', 30 March 1961; 寺地「ラオス危機」、三八–三九頁。

★86—TNA, PREM11/3280, Inward telegram to the Secretary of State for the colonies from Jamaica (Prime Minister to Minister of Defence), 30 March 1961.

★87—TNA, CAB133/297, 'Prime Minister's Record of His Discussion with President Kennedy at Key West, Florida, on Sunday, 26th March, 1961'.

★88—TNA, PREM11/3281, Inward telegram to the Secretary of State for the Colonies from Jamaica (Prime Minister to Foreign Secretary), 1 April 1961; TNA, PREM11/3281, 'Laos', 10 April 1961; TNA, PREM11/3281, Harold Macmillan to Minister of Defence, 20 April 1961.

★89—TNA, PREM11/3281, 'Laos', 10 April 1961.

★90—TNA, PREM13/337, For Prime Minister from Minister of Defence, 5 April 1961.

★91—TNA, PREM11/3281, Minister of Defence to Prime Minister (undated).

★92—TNA, DEFE13/337, 'Laos' by C. E. F. Gough, 6 April 1961; TNA, DEFE13/337, Rusk to Caccia, 12 April 1961.

★93—TNA, FO371/159930, 'Text of Soviet Aide-memoir handed to Her Majesty's Ambassador at Moscow on April 1, 1961'.

★94—John Turner, *Macmillan* (London: Longman, 1994), pp.158-159.

★95—TNA, PREM11/3281, Inward telegram to the Secretary of State for the Colonies from Jamaica (Prime Minister to Foreign Secretary), 1 April 1961.

★96—TNA, PREM11/3478, Macmillan to the Queen, 5 April 1961.

★97—TNA, PREM11/3281, Washington to FO, 14 April 1961; TNA, PREM11/3281, 'Laos', 14 April 1961; *FRUS*, 1961-1963, 24, 'Telegram from the Department of State to the Embassy in Laos', 14 April 1961, p.130.

★98—TNA, PREM11/3281, 'Conversation between the Secretary of State and the United States Ambassador on April 19, 1961',

20 April 1961.

★99──TNA, PREM11/3281, FO to Washington, 16 April 1961.

★100──TNA, PREM11/3281, Vientiane to FO, 17 April 1961.

★101──TNA, PREM11/3281, Washington to FO, 15 April 1961.

★102──*FRUS Microfiche Supplement*, XXII/XXIV, 'Bangkok to Secretary of State', 6 April 1961.

★103──*FRUS*, 1961-1963, 24, 'Memorandum from the President's Deputy Special Assistant for National Security Affairs (Rostow) to President Kennedy', 17 April 1961, p.136.

★104──Gaiduk, *Confronting Vietnam*, pp.151-156. また、Aleksandr Fursenko and Timothy Naftali, *Khrushchev's Cold War: The Inside Story of an American Adversary* (New York: W.W. Norton & Company, 2006), p.334も参照せよ。ラオスに設置されたＩＣＣのポーランド代表の一員は、ソ連がラオス内戦に関与した動機として、①ラオス内戦の拡大防止、②中ソ対立を背景にした中国との競争意識、③ラオス問題を対米関係における交渉カードとして利用しようとする思惑、を指摘している。Marek Thee, *Notes of a Witness: Laos and the Second Indochinese War* (New York: Random House, 1973), pp.23-24.

★105──TNA, PREM11/3281, Moscow to FO, 19 April 1961; TNA, PREM11/3281, FO to Washington, 19 April 1961.

★106──TNA, FO371/159906, FO to Washington, 20 April 1961.

★107──TNA, PREM11/3281, Washington to FO, 19 April 1961; *FRUS*, 1961-1963, 24, 'Memorandum of Meeting', 19 April 1961, p.138.

★108──ドン・オーバードーファー（菱木一美・長賀一哉訳）『マイク・マンスフィールド──米国の良心を守った政治家の生涯（上）』共同通信社、二〇〇五年、二四八－二四九頁、Roger Hilsman, *To Move a Nation: The Politics of Foreign Policy in the Administration of John F. Kennedy* (A Delta Book, 1967), p.134; Karabell, *Architects of Intervention*, p.220. ただし、ケネディはピッグズ湾事件以前にラオス問題の難しさを認識し、軍関係者の助言にも事件前から懐疑的であったとの指摘もある。Lawrence Freedman, *Kennedy's Wars: Berlin, Cuba, Laos, and Vietnam* (New York: Oxford University Press, 2002), p.300.

★109──Castle, *At War in the Shadow of Vietnam*, pp.34-35.

★110──ソレンセン『ケネディの道』、三〇〇－三〇一頁。

★111——TNA, PREM11/3282, 'Extract from Record of Conversation with Mr. Schlesinger', 3 May 1961.

★112——寺地「ラオス危機」、四一頁。

★113——TNA, PREM11/3282, Ankara to FO (Secretary of State to Lord Privy Seal), 27 April 1961; TNA, PREM11/3282, FO to Ankara (Lord Privy Seal to Secretary of State), 27 April 1961.

★114——オーバードーファー『マイク・マンスフィールド(上)』、二四二-二四三頁。*FRUS*, 1961-1963, 24, 'Telegram from the Embassy in Laos to the Department of State', 26 April 1961, pp.139-140.

★115——TNA, PREM11/3281, 'Record of a conversation between the Prime Minister and President Kennedy at 12.25 a.m. on Thursday, April 27, 1961'.

★116——TNA, PREM11/3281, 'Record of a conversation between the Prime Minister and President Kennedy at 12.25 a.m. on Thursday, April 27, 1961'.

★117——*FRUS*, 1961-1963, 24, 'Memorandum of Meeting with President Kennedy', 26 April 1961, p.144.

★118——ボウルズのラオス介入反対論については、Chester Bowles, *Promises to Keep: My Years in Public Life 1941-1969* (New York: Harper & Row, 1971), chapter 25; Noam Kochavi, 'Limited Accommodation, Perpetuated Conflict: Kennedy, China, and the Laos Crisis, 1961-1963', *Diplomatic History*, 26:1 (Winter 2002), p.106.

★119——松本三郎『中国外交と東南アジア』慶應義塾大学法學研究会、一九七一年、一三五頁。

★120——*FRUS*, 1961-1963, 24, 'Memorandum of Conversation', 29 April 1961, pp.150-154.

★121——TNA, PREM11/3282, Inward telegram to Commonwealth Relations Office from Wellington, 1 May 1961; TNA, PREM11/3282, Menzies to Prime Minister (undated).

★122——TNA, PREM11/3282, Bangkok to FO, 30 April 1961; TNA, FO371/159733, Bangkok to FO, 30 April 1961; TNA, PREM11/3282, Washington to FO, 30 April 1961.

★123——Macmillan, *Pointing the Way*, p.346.

★124——TNA, PREM11/3282, FO to Washington (Prime Minister to President Kennedy), 1 May 1961.

★125——Macmillan, *Pointing the Way*, p.347.

★126——TNA, CAB128/35, CC(61)25th conclusions, 2 May 1961.

★127——TNA, CAB128/35, CC(61)26th conclusions, 4 May 1961.

★128——TNA, DO169/147, Outward telegram from Commonwealth Relations Office to Canberra and Wellington (Macmillan to Menzies and Holyoake), 10 May 1961.

★129——リチャード・ラムもラオス内戦の拡大を防止する上でマクミランの果たした役割を高く評価し、「外交面における最も良い成果のひとつ」と表現している。Richard Lamb, *The Macmillan Years 1957-1963: The Emerging Truth* (London: John Murray, 1995), p.394.

★130——TNA, PREM11/3283, Lord Selkirk to Prime Minister, 9 May 1961.

第三章 ジュネーヴ会議とラオス中立化

1 共同議長国イギリスの自負心

五月半ば、ジュネーヴのパレデナシオンに関係一四カ国の外相が集結し、ラオスの国際的中立を協議する会議が開幕した[★1]。イギリスはソ連とともに共同議長の重責を再び担うことになった。この国際会議は当初の予想を超えて長期化し、翌年七月まで足掛け一五カ月に渡る長丁場となる。最終的に「ラオスの中立に関する宣言」（以下「中立宣言」）とその「議定書」が取りまとめられるまで、八七回の予備交渉と制限交渉が重ねられた。

ジュネーヴに集った一四カ国は、幾重もの対立・敵対関係を内包していた。参加一四カ国は、ラオスの他に、西側諸国（アメリカ、イギリス、フランス、カナダ、タイ、南ベトナム）、共産主義諸国（ソ連、中国、ポーランド、北ベトナム）と中立諸国（インド、カンボジア、ビルマ）に大別される。東西対立を基底に、米ソ、米中の大国間対立、南北ベトナム間対立、さらには東西両陣営と中立陣営のそれぞれの代表国（カナダ、ポーランド、インド）から成るＩＣＣの内部対立など重層的対立関係があった[★2]。

英外務省東南アジア局長のフレデリック・ウォーナー（Frederick Warner）によれば、英政府に共同議長職の遂行をさらに困難にさせていたのが、SEATO加盟国としての立場であった。共同議長の職責を全うすべくアメリカ、タイ、南ベトナム政府に融和を説いても、これらの諸国は逆にSEATO同盟国として西側利益を代表する責任をイギリスに求めたのである。

交渉を成功に導くには、とくにアメリカとの関係悪化を避けなければならなかった。しかし、ジュネーヴに到着した米代表団は、マクミラン政権によって性急な外交交渉に追い込まれたと「怒り心頭」だった［★3］。英代表団は、共産主義陣営との妥協を重んじつつもアメリカやSEATO諸国の不評を買うことなく、またアメリカの「好戦的な計画」に迎合するのでもなく、その中間で妥協点を探り当てなければならなかったのである［★4］。それに失敗すれば、共同議長としての威信が傷つくだけでなく、SEATO同盟国としての信頼をも損ねる恐れがあった［★5］。この危険を避けるため、イギリスは中道路線を模索すべきではないとメンジーズ豪首相はマクミランに助言を与えていた［★6］。

こうした苦境にありながらも、英外務省は共同議長職に強い使命感を抱いていた。ウォーナーは次のようにいう。従来から英政府は「アメリカと全く違う方法での東南アジア問題への対処を望」んできた。しかも、戦後インド、パキスタン、ビルマやマラヤで自らの政策が「良く機能してきた」という自負があった。「もしこれらの諸国でアメリカが望む政策を追求していたら、今頃これらは安定した体制にはなっていなかっただろうし、おそらくラオスやベトナムと同じ状況になっていただろう」。したがって、「われわれは正しいだけでなく、［五四年］ジュネーヴ会議の議長であることや、インドシナで発生する出来事の結果、いつ戦争に巻き込まれるかわからないということからしても、われわれには明確に意見を申し述べる権利がある」［★7］。英ソによる「共同議長という制度は、対立する両陣営の間に緩衝地帯を提供し、情勢が非常に緊迫した際にも国際交渉を継続させる手段の一つとなる。たとえアメリカ人が代わりに共同議長になっても、かれらは柔軟性に欠けるので、この制度が機能するかどうか非常に疑わしい」［★8］。イギリスが調停を試みていなかったら、「ラオスは今頃共産主義者に制圧されていたか、戦争が勃発していたかであったことを会議の参加者は全員認識することだろう」。「われわれの存在がなければ会議の開催など全くありえなかった」[★9]。

では、どのように会議を運営していくべきか。五月上旬に作成された外務省文書「ラオスに関する会議」では、当面、会議の初期段階ではアメリカや共産主義陣営にどれほど歩み寄りの姿勢があるかを観察し、会議が行き詰まりを迎えた時に中立諸国の支持を集めて西側同盟国に圧力をかけ可能な範囲で最善の解決を求めていくべきだとされていた[★10]。

だが、こうした「最善の戦術」も、それを実践できる指導者がいなければ意味がない。共同議長国のイギリスがその代表に誰を任命するかは、ジュネーヴ会議の成否を左右しかねない重大な問題だった。

ジュネーヴ会議には、各国外相が開閉会式などに駆けつけはしたものの、実際の交渉は常駐の各国代表によって進められた。外相のヒュームに代わって英代表団を率いたのがマルコム・マクドナルド(Malcolm MacDonald)である。彼は一九二〇、三〇年代に労働党政権を率いたジェームズ・ラムゼイ・マクドナルド(James Ramsay MacDonald)の子息である。その出自もさることながら、彼にはネヴィル・チェンバレン(Neville Chamberlain)内閣で植民地相を務めた経験などがあった。また戦後、東南アジア総弁務官時代(一九四八－一九五五年)に、ラーマンやシハヌーク、スカルノ(Sukarno)インドネシア大統領などと広範な人的コネクションを築いていた[★11]。今回の会議の主要国代表の約半数とは旧知の仲だった[★12]。アジアでのこうした人脈は、彼が各国代表と非公式に交渉を重ね信頼関係を構築していく上で大きな資産となる。

マクドナルドはジュネーヴ交渉の進展とともに、米ソ中の代表、アヴェレル・ハリマン(W. Averell Harriman)無任所大使(六一年一二月に極東担当国務次官補就任)、プーシキンソ連外務次官、陳毅中国外相とも良好な関係を形成していく。ハリマンの「むら気」な性格は時折交渉を困難にしたが、それでも彼の「思想的独立」なしに内部に意見対立を抱える米政府をラオス中立化協定へ導くことは不可能だった。マクドナルドにとってハリマンは「計り知れないほど重要な仲間」だったのである［★13］。

ハリマンは自らを国務長官の代理ではなく［★14］、常に合衆国大統領の特使と位置づけていた。その大統領から彼は「解決を見ないうちはワシントンに帰るな」と命令されてジュネーヴに赴いたのである［★15］。しかし彼は、外交的解決に難色を示すCIA、軍部、東南アジア現地指導者、またジュネーヴに送られた代表団のメンバーとも軋轢《あつれき》を抱えていた。これらの人間は「全く現実離れ」していて、大統領の政策を実行しようともしない［★16］。また「国務省の高官のなかにさえ、いまだに［ジョン・］フォスター・ダレスの政策を追求することが彼らの義務と考え」、「［ケネディ］新政権が導入した抜本的な政策変更を理解していない」者が数多く存在する。ハリマンは、このような不満や怒りをマクドナルドに率直に打ち明けた。腹を割った話し合いがマクドナルドとハリマンの絆を強めた。「誰の反対に遭おうとも」必ず協定の締結に漕ぎつけようと二人は誓い合っていた［★17］。

マクドナルドは、プーシキンとも実務的な協力関係を構築した。共同議長の両者は、七月から一二月までほぼ毎朝交互に訪問して協議を重ねた。八月一七日のマクドナルドの六〇歳の誕生日には、プーシキンがウォッカとキャビアを贈って親交を深める一幕も見られた。さらに、マクドナルドの伝記を執筆したサンジャー（Clyde Sanger）によると、マクドナルドがジュネーヴで最も親密な関係を築いたのが中国外相陳毅であったという。生年月日が同一という偶然の縁や、古代中国の文化芸術に対する共通の関心が二人の関係を密にする助けとなっていた［★18］。

2　交渉の停滞と軍事介入論の再浮上

だが、ジュネーヴ会議は、出だしからい躓《つまず》いた。ラオス三派（ブン・ウム政権、プーマ派、パテト・ラオ）の代表権をめぐって意見が対立し、予定の五月一二日に開幕できなかったのである。パテト・ラオの参加にアメリカが強く反対したものの［★19］、共同議長の説得によって結局三派それぞれの代表の参加が認められることになり、ようやく一六日に開幕を迎えた［★20］。ただし、この決定を不服としたブン・ウム政権とタイ政府は六月末まで討議への参加を拒否していく。

会議ではラオスの国際的中立保証とその監視にあたるＩＣＣの権限規定などについて、ソ連（五月一七日）、フランス（五月二三日）、アメリカ（六月二〇日）、インド（七月一三日）が順次草案を提出し、これらを比較検討して最終宣言文書を作成することにした。しかし、優先議題の選定をめぐって意見が分かれ、七月末まで本格的な討議に入れなかった。

優先議題をめぐる対立は、米中対決のかたちで顕在化した。中国は共産主義陣営を代表して、ラオスの国際的中立を保証する一般協定の確立に交渉を限定すべきだと主張した。陳毅は、西側の要求するＩＣＣの権限強化はラオスの主権を侵害し、同国を事実上の「国際共同管理」ないしは「国際信託統治」の下に置くものとして非難した。強大な権力を持つＩＣＣの創設は、ラオス内にあたかも「自律的な警察機構」を設置するようなものだと真っ向から反対した。インド代表団の一員であったアーサー・ラール（Arthur Lall）の回想によれば、中国の主張は、主権の確立や外部勢力の干渉排除を訴えてきたインドやカンボジア、ビルマの政策と一致するものであり、中立諸国の抱き込みを狙った巧みな交渉戦術だった［★21］。折しも、ベオグラードでの第一回非同盟諸国首脳会議の開催を九月に控え、ラオス問題は、アジア、中東、アフリカの第三世界諸国の注目を集めていた。ハリマンも交渉の成否を左右する要因のひとつとして、中立諸国、とくにＩＣＣ議長国のインドの言動に注目していただけに、中国のこの動きを警戒していたにちがいない［★22］。

ジュネーヴ会議における中国の目的とは何だったのだろうか。五〇年代後半の大躍進政策の失敗に喘ぐ中国は、国内社会の再建に専心するためにもインドシナへのアメリカの軍事介入を阻止する必要があった。また中国は、ラオス内戦の収束をパテト・ラオが「最終的な革命勝利」を収めるために必要な軍事力を発展させるための時間稼ぎとも捉えていた。六二年一月、周恩来はパテト・ラオのスパーヌウォン殿下に対して、「最も大事なことは、あなたがたの強さを拡大すること」であり、「最終的な解決は力によって決定されるのです」と述べ［★23］、連合政府の樹立後も「闘争実行の準備」を続けるよう助言している。

他方アメリカは、ＩＣＣの権限強化に交渉の焦点を絞っていた［★24］。一般協定によって外国の干渉を排除すればラオスの中立は維持されるとする中国に対して、アメリカは国際機構によるラオス内部での監視が必須だと主張した。アメリカは、自国の軍事顧問団の撤退後も北ベトナム軍がラオスに居座ってパテト・ラオを支援し続けるのではないかと警戒し、権限強化したＩＣＣをその監視にあたらせるつもりだった。すなわち、保障措置無き一般協定の締結に米政府は反対だったのである。

こうしたなか、六月三、四日にウィーンで米ソ首脳会談が開催された。老獪《ろうかい》なフルシチョフにケネディがまくし立てられる場面が多かったこの会談のほぼ唯一の成果といえるのがラオスに関する合意であった［★25］。米ソ両首脳とも、ラオスは両国が介入してまで争わなければならない「死活的重要性」を有した地域とは考えず、紛争の平和的解決で一致した。第五章で見るように、ケネディはこのフルシチョフとの合意を重視し、その維持に努めていく。ただしこの会談でも、フルシチョフはラオス政府の権力を超越するＩＣＣの権限強化に断固反対の姿勢を示した［★26］。

ジュネーヴ会議に顕著な進展がないまま七月を迎えると、ケネディ政権内で再度軍事介入が検討されるようになる。とくに軍部は、パテト・ラオの会議参加や、会議の前提条件であったはずの休戦がバンパドンで破られているにもかかわらず交渉が続けられていることに強い不満を示していた。七月一二日、ライマン・レムニツァー（Lyman L. Lemnitzer）統合参謀本部議長はマクナマラ国防長官に、休戦が再度破られた場合、即刻交渉を打ち切ってSEATOによる、もしくはアメリカ単独、あるいは数カ国との共同での介入を進言した[★27]。

同じ頃、英政府内ではワシントンの介入計画への対応が検討されていた。オーストラリアとニュージーランドがアメリカへの協力を決断したことで、七月時点の英米共同作戦計画ではコモンウェルス軍がSEATO兵力の約三分の一を構成するまでに拡大していた[★28]。国防相ワトキンソンによれば、コモンウェルス軍の兵力移動には約三〇日が必要だったため、もしラオス情勢が急転してアメリカが介入を即断した場合、この戦略予備軍は十分な装備を持たずに戦線へ投入される危険があった。ワトキンソンは、緊急事態に備えてタイ領内への重装備の事前配備を検討するようマクミランとヒュームに求めた[★29]。

アメリカと共同作戦を実施するなら、必要な装備をタイに配備しておく必要があった。不十分な装備での介入は、兵士を無用な危険に晒すことになる。さりとて、こうした事前配備は共同議長としての信頼性を傷つけまいか。西側同盟国としての立場と共同議長としての役割の間でマクミランはジレンマに立たされた[★30]。

マクミランは、ラオスへの介入は「ますます非現実的」となりつつあると判断して[★31]、七月一八日の閣議で装備の事前配備を行わないことを決定した[★32]。この決定は、厳しい財政事情を考慮した結果でもあった。ある試算によると、タイへの重装備移動には、初期費用として約五二万五〇〇〇ポンド、加えて維持費用に毎月一五万ポンドが必要であった[★33]。ところが、当時マクミラン政権は、イラクによるクウェート侵攻の危機に備えて約七〇〇〇名の兵を湾岸地域に派遣したばかりで[★34]、これ以上の国防費の支出を抑制しなければならなかった[★35]。マクミランにとって、ジュネーヴ交渉の終焉によるラオスへの介入は「莫大な財政支出」を意味した[★36]。首相は、イギリス経済の「最終的な崩壊」さえも危惧していたのである[★37]。

財政基盤の弱さが、イギリスの対外政策策定の大きな制約要因となっていたことは、次章以降でも繰り返し指摘されることになる。六〇年代にイギリスの諸政権が一様にインドシナ和平を追い求めたのは、右のマクミランの発言に見られるように、国防費の追加支出につながる介入を回避しなければならなかったからでもあった。

七月下旬、軍事介入に対するマクミランの消極姿勢がより鮮明になった。二三日付の秘書官フィリップ・デ・ズルエータ(Philip de Zulueta)宛の文書でマクミランは、「キーウェスト会談やその前後にわれわれが行ったことに対する承認は、すでに失効した(強調原文)」とし、「英貨に対する圧力が高まるなかで、内閣が［介入に］同意するとは思えない」と記している［★38］。マクミランは、ラオスへの介入がいっそう困難になったことを直接ケネディに伝えるべきかどうか検討し、結局伝達しないことにした。

これは賢明な判断だった。ワシントンで介入論が高まっていたときに［★39］、キーウェストでの約束を反故にするかのようなメッセージは米政府の怒りと失望を惹起していたにちがいない。ラスクの次の発言を見れば、アメリカとの同盟関係の維持において具体的な貢献・協力がいかに重要であったかが理解できる。国務長官はカッチャ英大使に対して、フランスは東南アジアで「何の軍事的貢献もするつもりがないのが明らか」なので、彼らとの協議に「何の利点があるのかわからない」と不信を露わにした。「フランスは東南アジアでアメリカへの支援を怠っただけでなく、たびたびアメリカに対抗しようと活発に活動」しているため、米英「二国間協議の方が［米英仏］三国間のどんな意見交換」よりも重要だというのである［★40］。

また六一年一二月の会談でも、国務長官は同じ点を強調した。ラスクは、「シューマン［(Robert Schuman)］、ベヴィン、マーシャル［(George Marshall)］時代」の三国の緊密な関係を懐かしんだ。あの時代は、それぞれの「能力」や同盟への「貢献」の大きさには違いがあっても、「世界全体で政策に関する一般的な了解」があった。ところが、今日の状況はどうか。シャルル・ド・ゴール(Charles de Gaulle)仏大統領は「あらゆる分野でほんのわずかな協力さえも拒否している」。東南アジアでフランスは「何の貢献もしないことを明らかにしているので、米政府は彼らの意見を考慮するつもりはない」。それに対して、アメリカは「英政府との特別な関係を非常に重視」している。一見、イギリスとの特別な関係にアメリカが躊躇していると思われがちだが、それは「フランス人のような人間たちにこうした特別な関係を見破られたくないとの思い、ただそれだけが理由である」。イギリスにはわざわざ「特別な物質的貢献を求めなくても」、英米間では「世界問題に関する幅広い見解の一致」を作り出すことが可能であり、また英米関係は「すでにそのような位置に到達している」ものと信じている[★41]。

もちろん、このラスクの発言を文字通り受け取ることはできない。多分にヒュームへの社交辞令が含まれている。それでもイギリスの指導者にとって、このフランスとの違いは重要だった。例えば、外務事務次官補エドワード・ペック(Edward Peck)は次のように語る。「フランス人を見てみよ。彼らはラオスへの介入に何の軍事的貢献もしないといっている。だから彼らの助言はしばしば妥当なものでも、今ではアメリカ人に求められさえしないではないか」[★42]。

こうしたアメリカの考えを考慮すると、軍事介入に対する消極姿勢を直接ワシントンに伝えるのは容易ではなかった。だが幸運にも、ケネディは、「スエズ以東での軍事コミットメントの削減」を強いられているマクミラン政権がラオスへの軍事介入に消極的にならざるを得ないことに一定の理解を示していた。年三五〇〇万ポンド規模の防衛費削減が必要なロンドンの事情にも配慮して、ケネディは七月二八日、補佐官や国務官僚に現時点でのラオスへの介入に彼自身消極的であることを伝えた。大統領は「イギリスやフランスの支援がない状態でラオスの戦争を引き受けたくな」かったのである[★43]。彼はとくにイギリスとの「分裂」を招かぬようロンドンとの連携に気を配っていた[★44]。

次々に上程される介入計画のどれもケネディは承認しなかった。九月一六日、訪米したヒュームに対してケネディは、ラオスでは「戦争という考えをすべて捨てて、プーマを首相に据えるよう努めなければならない」と語っている。八月に「ベルリンの壁」の建設が始まり、ドイツとラオスを同時に抱え込めなくなったのである[★45]。

一方ジュネーヴでは、共同議長提案で七月二〇日から制限交渉に入り[★46]、これ以後年末にかけて徐々に進展が見られるようになる。それでは、次節で重要な争点のいくつかを取り上げ、その妥結に至る過程を見ていくことにしよう。

3 ICCの権限規定

ジュネーヴで最大の争点となったのは、既に指摘したICCの機能と権限に関する問題であった。ICCによるラオスへの内政干渉を排除したい共産主義諸国に対し、アメリカはラオス国内を自由に移動し、調査・報告できる「無制限の力」をICCに付与すべきと主張して一歩も譲らなかった[★47]。

アメリカがICCの権限強化に固執したのは、六一年夏以降ケネディ政権がラオス問題を南ベトナムとの関連で捉えるようになったことと深く関連している。南ベトナムについては次章から詳しく論じるが、ここで本章との関連で必要な説明を若干しておこう。

五四年ジュネーヴ会議後アイゼンハワー政権の肝煎りで誕生したゴ・ディン・ジェム(Ngo Dinh Diem)政権は独立国家の建設に着手し、ジュネーヴ協定で規定された五六年七月のベトナム統一選挙は実施されなかった。五〇年代後半、ジェムは国内の激しい反政府運動に直面する[★48]。とくに、五九年に北ベトナム労働党中央委員会が、政治闘争とともに武力闘争の導入を謳った「第一五号決議」を採択し[★49]、また六〇年一二月に南ベトナム解放民族戦線(以下、解放戦線)が結成されて以降、ジェム政権に対する反政府共産ゲリラ運動が激化した。ジュネーヴ会議開幕直後の六一年七月から政府軍とゲリラ軍との戦闘が頻発するようになった。

六一年の夏から秋にかけ、ケネディ政権は東南アジアにおける共産主義との対決の場としてラオスから南ベトナムに関心を移すようになる。ラスクの証言によれば、大統領はこの頃、「われわれが東南アジアのために戦わなければならないのなら、南ベトナムで戦うつもりだ」と語っていたという[★50]。ラオスでの譲歩を南ベトナムでは繰り返さない覚悟だった。ウォルト・ロストウ(Walt W. Rostow)大統領補佐官代理がいうように、「アメリカが共産主義との対決を避けたがっているというイメージ」を作り出してはならなかったのである[★51]。

ケネディ政権は、南ベトナム問題の解決にはラオスで「共産主義者に独占されない」政府と「強力なICC」を構築することが不可欠だと考えた[★52]。アメリカのねらいは、非共産主義政権と強力なICCを設立してラオス内での北ベトナム軍の活動、とりわけラオス領を経由した南ベトナムへの浸透を遮断することであった。後に「ホー・チ・ミン・ルート」(図2)と呼ばれることになる北から南ベトナムへの浸透路の建設を懸念していたのである。米政府内には、北ベトナムがラオスを南北に縦断する線で分断し、南北ベトナムと接するその東側半分を手中に収めようとしているとの見方があった。それゆえ、中立化協定によってラオスから米軍が撤退するなら、その「最低限の見返り」として北ベトナム軍の撤退とその後の動きを監視するための実効的なICCが組織されなければならなかった[★53]。

ICCの権限問題は多岐に渡り、主要な問題に限定しても次のようなものがあった。ICCの活動にはラオス政府の同意が必要か、それともICC独自の判断で調査できるのか。共同議長への報告書を作成する際の決議方式はどうあるべきか。インド、カナダ、ポーランド三国の全会一致方式によるのか、それとも多数

図2　ホー・チ・ミン・ルート

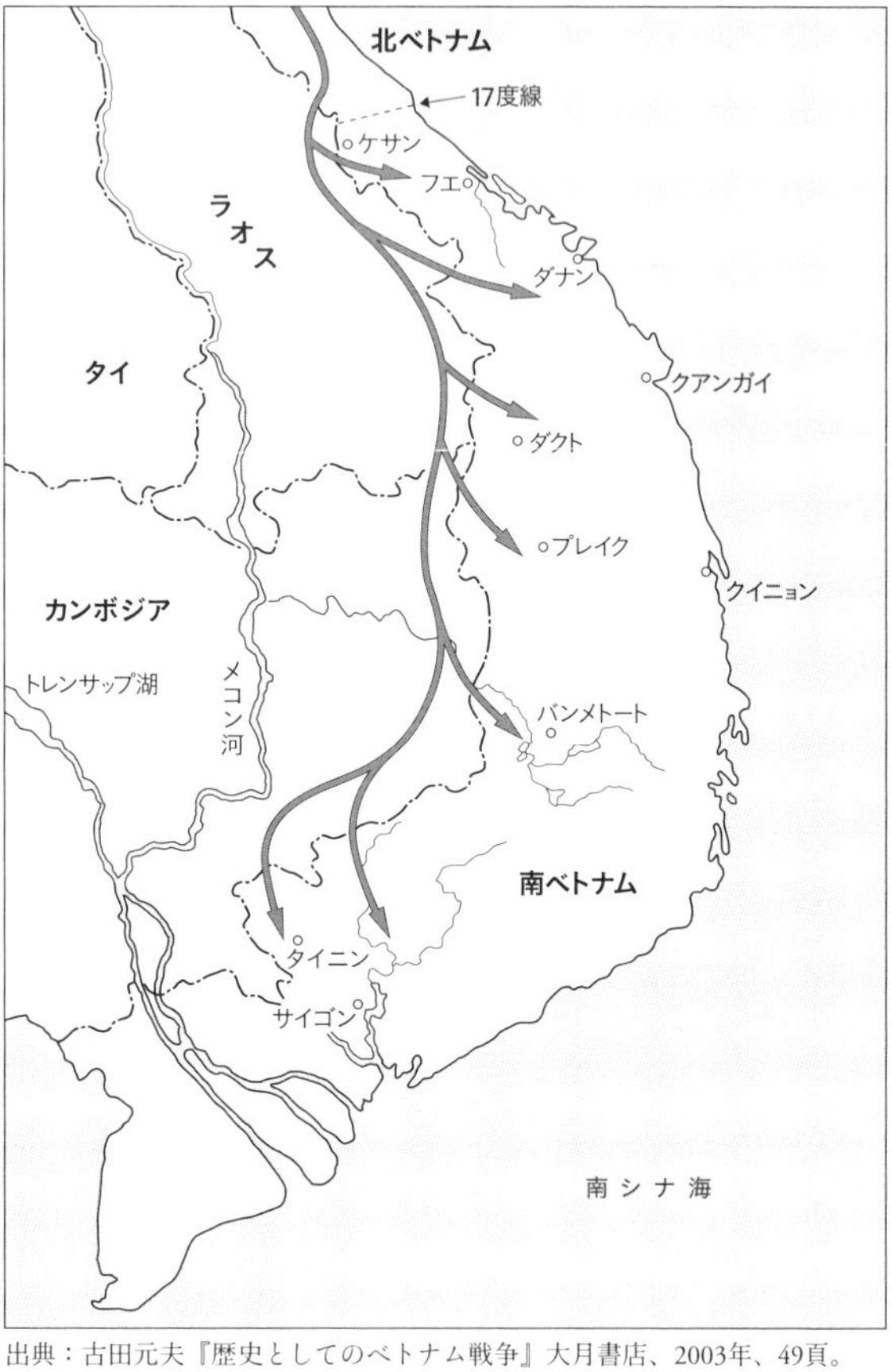

出典：古田元夫『歴史としてのベトナム戦争』大月書店、2003年、49頁。

決方式をとるのか。多数決方式が採用される場合、少数意見は報告書に反映されないのか、等々。

　これらいずれの問題もＩＣＣの権限の根幹に関わる問題であった。とくに、ＩＣＣの活動にラオス政府の同意が必要かどうかが中心的な問題であった。というのも、これ如何でラオス政府がＩＣＣに対して事実上の拒否権を持つことになるからである。この点に留意して、米代表団はＩＣＣに対して独立調査権を保証しなければならないと主張していた。

　ところが、最終的に議定書の第九条では、ＩＣＣは「ラオス王国政府の同意を得て、ラオスにおける休戦を監視し、かつ、管理する」ことになるのである。なぜ、アメリカはこの重要な問題で妥協したのか。実はこれに関して、英米ソ三カ国代表のあいだで政治的取引が行われていた。

　一〇月九日、ハリマンはマクドナルドにある提案を持ちかけた。マクドナルドの記録によれば、ハリマンはとくに以下の点を強調した。

（a）現在ワシントンの主要な関心は、南ベトナムの危険な情勢にある。ワシントンの人間の多くは、南〔ベトナム〕への通行路としてベトミン〔北ベトナム〕がラオスを利用することを禁じる厳格な保証をラオス協定に盛り込まなければならないと考えている。……

（b）彼は、ベトミンや他の共産主義者によるラオス干渉に対する最も効果的な制裁力となるのは、国際委員会〔ICC〕よりも共同議長であると強く信じている。……彼は、ベトミンや他の共産主義者が（ラオス自体や、またはラオスを経由して南ベトナムへ）介入するのを防止する警察官役をロシアに演じさせることは可能であり、また、イギリス共同議長が西側友好国の介入について同様の機能を果たせると考えている。……

（c）彼の考えでは、われわれが共同議長の抑止的影響力に相当期待できるなら、委員会の機能の重要性がかなり少なくなる。もちろん、それでも、国際委員会チームが……あらゆる場所へ自由にアクセスできる権利や決議方法などについて、われわれは可能なかぎり最良の合意を獲得しなければならない。しかし、彼自身はこれらのすべての問題で現実的な妥協を行う用意があり、またその妥協に同意するようワシントンを説得することを望んでいる〔★54〕。

翌日、ハリマンはプーシキンを加えた三者会談で右の提案を繰り返した。ハリマンは、ソ連がアジア共産主義諸国のラオス中立化協定の順守に責任を負うことを求め、それと引き換えに、決議方式などのICC権限問題でのアメリカの譲歩を匂わせた〔★55〕。

プーシキンは、ハリマンが求めた別途文書での合意には反対したが、議定書のなかに「二、三行」その旨書き加えてはどうかと応じた[★56]。このプーシキンの対応をハリマンは、会議開幕以来「最も重要な進展」と評価し喜んだ。そして一一月初旬、国務省の激しい抵抗にもかかわらず、ハリマンは今後の交渉を円滑に進めるため、ＩＣＣ問題で共産主義陣営に譲歩する権限を大統領から勝ち取った[★57]。

こうして英ソ共同議長が各々の同盟国の協定遵守に責任を負うという非公式の了解が三国のあいだで結ばれたのである。マクドナルドは、英米ソの紳士協定は東南アジアへの軍事的関与の回避と同地域への中国の影響力拡大阻止を狙うソ連の国益とも合致するため、モスクワはイギリス同様ラオスの中立維持に努めるだろうと期待した[★58]。この了解はやがて、議定書の第八条に「共同議長は、この議定書及びラオスの中立に関する宣言の遵守を監視する」という文言となって現れる。英政府はジュネーヴ会議後、ラオスにおけるアメリカ、フランス、タイ、南ベトナムの行動に責任を負う立場になり、インドシナへの関与が恒常化されることになった。マクドナルドは、三大国の了解が将来ラオスでの「新しい形式の東西信託統治」につながっていく可能性も秘めていると考えていた[★59]。

マクドナルドによれば、この非公式の了解によって英ソの協力関係が緊密になり、この後、両国主導の会議運営が可能になったという。具体的には、それまでの参加国が一堂に会する方式から、英ソを軸とする協議方式への転換が図られることになった。新しい運営方式では、まず英ソ二国が事前の打ち合わせを行い、その後個別にそれぞれの同盟国と協議する。また共同議長は同時に、中立国(インド、ビルマ、カンボジア)やラオスの諸代表とも会談して意見交換する。そして、さまざまな反応を考慮して、再度共同議長が問題解決に向けての協議を重ねることになった。換言すれば、新方式下では、同盟国の取りまとめに英ソがより大きな責任を負うことになったのである。これは先ほどみた了解の予行演習だったとも考えられよう。英ソ二国間協議は時に困難を極めたものの、ふたりきりでの対話では、プーシキンは共産主義イデオロギーに、マクドナルドもアメリカとの「アングロ・サクソン」のスタンスに前ほどとらわれなくて済むようになった[★60]。

英米ソ三国了解によって交渉に弾みがつき、年末までにICCの諸権限に関して次々に妥協が図られた。結局、アメリカの譲歩によってICCの活動にはラオス政府の同意が必要となり、また「主要問題」についての結論と共同議長への勧告は「全会一致により採択される」(第一四条)ことになった[★61]。ただし、「調査の発議及び実施についての決定は、委員会において投票の過半数により採択される」(第一五条)ことになったほか、「委員会は、特定の問題について委員会の構成員の間で生ずることがある意見の相違点を記載し合意された調査報告を提出」できる(第一五条)ようにもなった。その結果、たとえポーランドが共産主義陣営の意向を反映して反対票を投じる場合でも、インドとカナダが賛成すればICCは調査の開始を決定でき、また、インド、カナダのいずれかが少数派になってもその意見を報告書に記載できるようになった。確かに、このような結果は当初アメリカが求めていたICCの理想像からは程遠かった。しかし、ハリマンとマクドナルドは、英ソの共同保証体制を構築することでICC権限問題に端を発する会議の破綻を回避したのであった。

4　SEATOのラオス保護撤廃問題

ジュネーヴ交渉を難航させたもうひとつの問題がSEATO問題であった。

ジュネーヴ会議で中国は、SEATOによるラオスの保護指定の撤廃を執拗に訴えた[★62]。中国にしてみれば、たとえラオスが同盟条約の締結放棄を誓約しても、SEATOによる保護規定が廃止されない限り、その中立化には何の意味もなかった[★63]。インド、ビルマ、カンボジアの中立諸国もSEATOの軍事介入に批判的であり、この問題に関する三国の立場は中国に近かった。

西側諸国は、保護規定の廃止ではなく、別の方策で対応できないかと思案する。その結果、ハリマンとマクドナルドは、近い将来樹立されるラオス連合政府がSEATOの保護を拒否し、SEATOがそれに「留意する」という曖昧なかたちで問題の解決を図ろうとした[★64]。

しかし、この問題でも西側は自らの希望通りに交渉を運ぶことはできなかった。最終の中立宣言は、ラオス政府は「SEATOを含むいかなる同盟又は軍事連合の保護をも認めない」と言明することになるのである。第一章で見たように、マニラ条約の第四条三項によれば、外部からの介入にはラオス政府の要請が必要だったため、この中立宣言によってSEATOの介入は事実上不可能になった。

なぜ、西側諸国は保護撤廃に同意したのだろうか。再度、この問題でも英米ソの間で非公式の取引が行われていた。英米がラオスの保護撤廃に同意する代わりに、北ベトナムにラオス領土の不正使用、すなわちホー・チ・ミン・ルートの使用・拡張を行わせない保証をソ連に求めるという取引である[★65]。先ほど見た三国の了解とともに、一〇月末、このSEATOの保護撤廃とラオス領土の不正使用禁止を交換条件とするもうひとつの取引が合意されたのである。この二つ目の取引は、「他の国の国内問題への干渉のためにラオス王国の領域を利用しない」との文言で中立宣言に盛り込まれることになった。

六一年後半になると、ケネディ政権が南ベトナム情勢との関連でラオス問題への対処を議論していたことが、この取引にもよく表れている。今やアメリカにとって北ベトナム軍の浸透をどう遮断するかという問題が、ラオス中立化を考える際の最大の注目点となっていたといえよう。ある推計によると、一九六一年の間に約二万人の北ベトナム人がホー・チ・ミン・ルートの修復作業に、別の一〇〇〇人が運搬作業に動員されて南ベトナムへの浸透路の拡張・補修作業が進められていた[★66]。マクドナルドもICCだけでは北ベトナム軍の活動を監視できないと考え[★67]、中立宣言のなかに外部勢力によるラオス領土の使用禁止が盛り込まれたことを好ましく思っていた。第一の取引でICCの権限が制限された分、第二の取引のなかに北べトナム軍のラオス侵入禁止を暗示する文言を盛り込めたことの意義は大きかったのである。

しかし、このラオスに対する保護の撤廃はSEATO諸国の批判を浴びた。マクドナルドは、アメリカ、フランス、タイ、フィリピンのみならず、ジュネーヴ会議に参加していないオーストラリア、ニュージーランド、パキスタンの説得に苦心した。

とくに、タイはSEATOの崩壊を危惧し、この責任をラオス介入に反対し続けるイギリスとフランスに帰した。タナット・コーマン(Thanat Khoman)タイ外相は、機能不全に陥ったSEATOの再生には、「東南アジア防衛に消極的な諸国を脱退」させるか、もしくは「全会一致の決議方式を変更」するかどちらかの方策を講じなければならないと唱えた。九月に訪米した際タナットは、英仏の国益は「東南アジア域外の出来事や権力関係」によって決まるため、両国とタイの東南アジア認識には大きな隔たりがあると語った。東南アジアでの共産主義の脅威は、ラオスや南ベトナムの例からも明らかなように、主に国内の反乱や武装蜂起の形態をとっているにもかかわらず、英仏は外部からの明白な侵攻が生起しない限りSEATO集団防衛の発動に賛成しない。これではSEATOが現在ある実際の脅威に対して行動を起こすことなどありえない、というのがタイの不満だった[★68]。

自国への共産主義の浸透を恐れるタイにとって、ラオスの保護指定撤廃が引き起こすSEATOの信頼性の低下は他人事ではなかったのである。この不安を解消することなしに、保護指定撤廃へのバンコクの同意を得ることは不可能だった。そこで、六二年三月、「ラスク＝タナット共同声明」においてアメリカはタイと二国間の安全保障取り決めに応じた。この声明によって、アメリカは他のSEATO諸国の判断にかかわりなくタイの安全を確保する行動をとり、また外部からの侵攻のみならず、タイ内部での転覆工作や間接侵略にも対応することを約した[★69]。自国の安全に保証を得たタイ政府は次第に態度に軟化させ、最終的にラオス保護の撤廃にも応じていったのである。

5　ベトナム会議への反対

ここまで東西間の二つの争点を素描してきたが、最後の問題は英米間における見解の相違についてである。一一月初旬、会議の進展に気分を良くしたハリマンは、会議を拡大してベトナム問題も討議してはどうかとマクドナルドやネルーに提案を持ちかけるようになった。当時ワシントンでは、大統領への南ベトナム政策勧告文書「テイラー＝ロストウ報告」に戦闘部隊の派兵が盛り込まれているのではないかとの憶測が広まっていた。ハリマンは戦闘部隊の派遣に反対し、南ベトナムを含む東南アジア全域の中立化を唱えた［★70］。また、これに同調したインド政府がベトナム会議の斡旋をマクドナルドに求めた［★71］。

興味深いことに、英外務省はこのベトナム会議提案に反対した。ベトナム問題の協議を嫌う南ベトナム、タイ、米政府内の強硬派の反発によってジュネーヴ会議に支障が出るのを恐れたためである。マクドナルドは、ラオス問題と南ベトナム問題を切り離し、当面ラオスの中立化に全力を注ぐべきだと考えていた［★72］。

加えて外務省は、インドシナと一口にいっても、次章以降で示すようにラオス、カンボジアと南ベトナムを区別し、前二国では中立化に積極的だったのに対して、南ベトナムの中立化には消極的だった。この点、外務省の立場は、ド・ゴール仏大統領のベトナム中立化構想とは一線を画していた。ド・ゴールは六三年八月以降、ベトナム中立化構想を大々的に唱えて、ワシントンとの軋轢を深めていく。これとは対照的に外務省は、南ベトナム問題で対米協調政策を模索していくのである。ここで確認しておきたいのは、イギリスの外交指導者たちがラオス中立の維持には南ベトナム情勢の改善が不可欠だと考えていたことである。「南ベトナムが共産主義者の手に落ちれば、ラオスやカンボジアの不安定な中立はすぐに崩壊してしまう」［★73］。

したがって、「ベトナムの分断という現状に基づいて南ベトナムの安定回復をはかること」がインドシナや世界の安定につながると思われたのである［★74］。

また、駐米新英大使デイヴィッド・オームズビー・ゴア (David Ormsby-Gore) などは、ベトナム問題にまで手を広げると、米政府内の強硬派の反発を買ってラオス問題が解決する前に「ハリマンがアメリカに召還されてしまう」のではないかと危惧した。「ベトナムはまったく別の問題であって、大統領さえハリマンの意見を好ましく思うかどうか疑わし」かったのである［★75］。

さいわい、ケネディ政権でベトナム会議に賛成したのは、ボウルズやジョン・ケネス・ガルブレイス (John Kenneth Galbraith) 駐印大使などの少数に限られ、構想はこれ以上発展しなかった［★76］。ワシントンの大勢にとって、ラオス中立化はベトナムが参考とすべき模範例などでは決してなく、むしろ二度と繰り返してはならない失敗例であった［★77］。

6　難航する連合政府の樹立

このようにジュネーヴ交渉はその主要問題を順次解決していったが、この国際協定の発効には当然全ラオスを代表する政府の承認が必要だった。したがって、六一年夏以降、ジュネーヴ会議と並行してラオス三派のあいだで連合政府の樹立が模索されていた。

当初米政府は、「ラオスの中立主義者は実際には全員共産主義の同盟者である」としてプーマ首班の連合政府には反対であったが［★78］、七月末までに条件付でその容認に転じた［★79］。八月七日、パリ外相会談で英米仏三国は、外務・国防・内務の閣僚ポストからパテト・ラオ系人物を排除し、ノサワンに相当地位の要職を与えることを条件にプーマを首相とする連合内閣の形成を進めていくことに合意した［★80］。

一方、ラオス三派は六一年のあいだにチューリッヒ（六月）、バンナモン（八月）、バンヒンホップ（一〇月）、ビエンチャン（一二月）で協議を重ねたが、具体的合意には至らなかった。ノサワンはバンヒンホップ会談で一度はプーマの首班指名に同意するものの、年末のビエンチャン会談でそれを翻し、国防・内務の閣僚ポストの獲得に躍起となった［★81］。

既述のようにジュネーヴ会議が一〇月途中から進展を見せると、英米ソは遅々として進まない三派交渉に強く苛立つようになる。

誰の責任で交渉が進まないのか。国務省内では意見が分かれ、ハリマンが頑迷なノサワンを批判する一方で、国務省本省はプーマにその主な原因を求めた［★82］。ところが、一一月下旬頃になると、まったく妥協の姿勢を見せない右派にラスクは業を煮やして、ノサワンを「切り捨て、スワンナ［・プーマ］にわれわれの掛け金のすべてを託す」べきと考えるようになる［★83］。

しかし肝心なのは、実際「どうやって賭け馬を変えるか」であった［★84］。ノサワンにどの程度圧力をかければ、プーマとの合意に至らせられるのか。この問題に関して、国務省はジレンマに立たされた。一方では、プーマ連合内閣の顔ぶれを見て非共産系政権の確立を見るまで、ノサワンとの関係を断ち切るわけにはいかなかった。しかし他方、アメリカは何があっても自分との関係の維持を望んでいるとノサワンが高をくくってしまったら、右派はますます連合政府の形成に協力しなくなるにちがいなかった［★85］。そこで国務省は、翌年の六二年初めにノサワンへの援助（月額三〇〇万ドル）の中断を決定しながらも［★86］、顧問団の引き揚げなど軍事制裁の発動には踏み込まなかった。

このアメリカの中途半端な圧力行使を英外務省東南アジア局長のウォーナーや駐ラオス大使アディスは批判した。アディスは、基本的な信頼感が欠如しているアメリカとノサワン派の関係においては、「友好的な説得や助言」ではなく「脅しと圧力」のみが有効だと主張した[★87]。ウォーナーはさらに厳しく、ノサワンの権力基盤、すなわち軍の無能力化を唱えた[★88]。それには、「唐突かつ徹底的」な「財政、軍事、民生あらゆる面の援助と供給」の停止が必要だった[★89]。六一年一一月、英外務省は、ノサワンの妨害によって三派交渉が破綻し内戦が再燃しても「軍事介入は困難」だと国務省に通達していた[★90]。

さて当のノサワンは、六二年に入っても連合政府の樹立に真剣に取り組む素振りを見せなかった。共同議長の招集で三派指導者は一月にジュネーヴで会談し、プーマの首班指名で再度合意を見るが、後日ノサワンがまたもそれを撤回し、ここでも国防・内務ポストの獲得に固執した[★91]。

しかし、これに痺れを切らした英米両国は、ついにノサワンの頭越しにプーマと組閣を進めていく。当時在ラオス英大使館で一等書記官として勤務していたマーヴィン・ブラウン(Mervyn Brown)は、二月二三日、自大使館主催のパーティーでブラウン米大使とプーマのふたりが「他のゲストを無視」して会場脇で「連合内閣の組閣リスト」を作成する姿を目撃していた。組閣人事という完全な国内管轄権事項に外国がこれほど関与した例は非常に珍しいのではないかとブラウンは述懐している[★92]。

一方、ノサワンは抵抗姿勢を貫こうとするが、五月初旬、自らの失態によって連合政府の樹立についに同意せざるを得なくなる。その年の初めから、ラオス北西部に位置し、中国、タイとの国境に近いナムタでノサワン軍とパテト・ラオの散発的な武力衝突が続いていた。四月下旬戦闘が激化し、北ベトナムもパテト・ラオ支援に七個歩兵大隊を派兵して戦闘に関与するようになった[★93]。ノサワンは米軍の反対を押し切ってナムタから二五マイルの位置にあるムオンサイ飛行場を経由して人員・物資の増強を行い、ナムタを兵力五〇〇〇を擁する駐屯地に増強していった。だが、パテト・ラオはこの空輸作戦を自地域領空の侵犯と捉えてノサワン軍への攻撃に出る。ノサワン軍の劣勢はすぐに明らかになり、二〇〇〇名が投降、残りの三〇〇〇名はメコン河沿いのバンフェイサイに敗走した。さらに、その一部はタイ領内に逃げ込んだ。五月三日にムオンサイが、六日にナムタがパテト・ラオ＝北ベトナム軍の手に落ちた［★94］。軍の崩壊によってノサワンに対する英米の信用は完全に失墜した［★95］。

ケネディは、ナムタ事件の影響を懸念するタイへの保障措置として、タイ・ラオス国境への五〇〇〇名の軍の派遣を決定した。マクミランも一七日の閣議で、タイへの一飛行中隊（ハンター戦闘機一二機）の派遣を決定してアメリカに続いた［★96］。ケネディは、「この極めて有益で迅速な」ロンドンの支援に謝意を表明した［★97］。

ただし、この英米両国の派兵はタイの安全確保を意図したものであって、ラオス国内への将来的な展開を想定したものではなかった［★98］。マクミランはこの点を、同じくタイへの軍事支援を行ったオーストラリアのメンジーズ首相と確認し、「もしこれが共産主義者へのラオスの引渡しを意味するとしても、われわれは最終的に同国への軍事介入をアメリカに思い止まらせる」よう働きかけることで一致した［★99］。前章で見たように、マクミランは最終段階での軍事介入をケネディに約束していた。しかし、マクミランは共産主義者の妨害による交渉の破綻には軍事力をもってしても対応すべきと反宥和の姿勢をとりながらも、ノサワンの挑発や冒険的行為に端を発する軍事紛争にイギリスの軍隊を関与させるつもりなど毛頭なかった。

また、マクミランはタイへの軍隊派遣をSEATOの集団行動ではなく、各国の個別行動に制限しようとした。そのため、ポール・ハーキンズ（Paul Harkins）在南ベトナム米援助軍司令官が記者会見でタイへの派兵をSEATO諸国に訴えかけると、マクミランはこれに激怒して、将軍が「大声を張り上げるのをやめさせる」ようケネディに「懇願」する電報をしたためた。マクミランは思い直してこの「無理な相談」を断念したが、彼がいかにSEATOの大規模行動に神経を尖らせていたかが推察される［★100］。

アディスの読み通り、「野心家で日和見主義者」のノサワンは［★101］、六月上旬、自らの生き残りをかけて三派会談に応じた。会談の結果、合計一九ある閣僚ポストのうちプーマ中立派が一一席（プーマが首相と国防相を兼任、内務相・外務相も中立派に配分)、ノサワンとスパーヌウォンの派閥がそれぞれ四席を獲得することで合意を見た。重要ポストがすべて中立派によって独占されたように見えるが、実際この合意は三派による「トロイカ体制」の形成を意味していた[★102]。というのも、重要国務に関して副首相に任命されたノサワンとスパーヌウォンに閣議での拒否権が付与されたからである。

ともあれ、六月二三日に正式に発足したプーマ連合政府はジュネーヴ会議に臨み、七月二三日、ラオス政府を加えた一四カ国のあいだで中立宣言とその議定書が調印される運びとなった。足掛け一五カ月に及んだジュネーヴ会議は、こうして幕を閉じたのである。

7 ジュネーヴ会議の特徴とイギリスの役割

さて本章を締めくくるにあたって、ジュネーヴ会議の特徴と、そこでのイギリス外交の役割について要点をまとめておきたい。

まず指摘されるべきは、五四年会議同様、今次のラオス中立化会議でも大国主導の合意形成が図られたことである。無論これは、大国がアジア諸国の意向を無視できたということではない。英米ソ三国代表はジュネーヴ交渉でもラオスの三派会談でもアジア同盟諸国の対処に手を焼いた。時にハリマンは苛立ちのあまり、万一アメリカが手を引いて東南アジアが共産主義支配に陥っても、共産主義者とて東南アジア諸国の対処に四苦八苦してうまくやっていけないだろうと漏らすこともあった[★103]。こうした東南アジア諸国の抵抗にもかかわらずラオス中立化が一応妥結を迎えられたのは、やはり英米ソ大国側の積極的な働きかけ、また三国間での非公式な連携があってのことだろう。

ラオス協定に関しては、その欠陥を指摘する様々な批判がある。おそらく最も厳しい批判を加えているのは、元米国務省員で『失敗の鍵――ラオスとベトナム戦争』の著者、ノーマン・ハンナ(Norman B. Hannah)だろう。ハンナは、インドシナにおけるラオスの地政学的・戦略的重要性を強調し、ラオス問題への対処の不備が後のベトナム戦争の泥沼化を引き起こした主要因だったと主張する。換言すれば、ラオス協定の不備やその後のラオスへの西側の不適切な対応が、ホー・チ・ミン・ルートを経由した北ベトナムによる南への浸透拡大に道を開き、ベトナム戦争の泥沼化を用意したというのである[★104]。

現在から振り返れば、ハンナの指摘は的を射ているといえるだろう。確かに、ラオス東部に張り巡らされたホー・チ・ミン・ルートはベトナム戦争の帰趨に甚大な影響を及ぼした。そして、このラオス内での北ベトナム軍の活動を取り締まる上で、ラオス協定の規定が不十分だったことも疑いない。

しかし、後のベトナム戦争との関連から遡及的にラオス中立化の意義を推し量るのには問題がある。ハンナの見解は裏を返せば、ラオス内戦に適切に対処していれば、後のベトナム戦争を回避できたか、そこまでいわないまでも、あれほどの悲劇につながらなかったはずだという主張になる。だが、そもそもラオス内戦自体が非常に対処の困難な問題だった。しかも、ジュネーヴ会議が破綻して西側諸国が軍事介入していたら、ベトナムよりもはるかに兵站・補給の困難な内陸国ラオスでの戦争が、後のベトナム戦争よりも軍事的に成功を収められる可能性が高かったといえるかどうか、判断の難しい問題である。外部からの介入によってラオス内戦が拡大・長期化していた場合、それによって南ベトナム内のゲリラ活動も触発されてベトナム戦争の到来がむしろ早まっていた可能性も完全には否定できない。ハンナの批判通りラオスの中立化協定はホー・チ・ミン・ルートの拡大阻止に効果を発揮しなかったが、内戦の長期化によるラオス国内の混乱は北ベトナムの浸透をいっそう容易にした可能性もあった。

ジュネーヴで共産主義陣営との交渉を進めたマクドナルドやハリマンは、つねに軍事介入の危険を背に、しかもパテト・ラオ＝北ベトナム軍に有利な軍事情勢下で内戦の全面戦争化を阻止すべく外交的妥協を模索したのであった。本章で考察したように、ラオス中立化は東西相互の妥協による包括取引としてのみ合意可能だったのであり、協定の細部ひとつひとつの完全性を争っていたら会議自体の存続が危うくなっていたかもしれない。

さて、ラオス中立化におけるイギリスの役割とは何だったのだろうか。五四年会議との比較で考えれば、マクドナルドの影響力はイーデンのそれには及ばない。今回の会議では米ソが直接協議する機会が増えた分、英代表団の影響力は相対的に低下することになった。同時に、五四年の会議時と異なってマクドナルドはSEATO同盟国と共同議長という二つの立場のあいだで大胆な行動がとれなくなっていた。したがって、マクドナルドの活動は総じて舞台裏での地味なものになった。

しかし彼の人的ネットワークを駆使した辛抱強い協議の積み重ねは、交渉を妥結に導く雰囲気醸成において重要な役割を果たしたと評価できる。同じことは、ラオスで三派指導者の間を奔走したアディスを中心とする在ラオス大使館の外交官たちについてもいえよう。今回のジュネーヴ会議でその存在感を際立たせることができなかったとしても、それはイギリス外交の失敗を意味しない。なぜなら、マクミラン政権にとっての最大の目的は自らの国際的影響力の誇示ではなく、ケネディ米政権を合意に関与させ軍事介入路線を封じ込めることにあったからである。換言すれば、インドシナの和平プロセスにアメリカを責任ある当事者として取り込むことであった。周知のように、これまでアメリカは五四年ジュネーヴ協定の枠外に留まり続けてきたのである。この意味において、米代表ハリマンによる今回の会議への積極的な関与こそロンドンが切望していたことであり、そのハリマンの和平外交を支えることが自らの国益にも適っていた。マクミラン政権はラオス問題をめぐる米政府内の分裂、すなわち、外交的解決を望むケネディやハリマンなどの一部の国務省高官と、軍事介入を叫ぶ軍部・CIAなどの強硬派の対立を念頭に置き、後者に対する前者の立場を強化するため、大統領の信任を受けて交渉にあたるハリマンをジュネーヴで支援したのである。カッチャ駐米大使の言葉を引けば、これはイギリスがケネディやハリマンなどの穏健派に向けられる批判の「身代り(scapegoat)」になることを意味していた。在米大使館が本省に宛てたある電報には次のように記されている。

われわれが抱えている難題のひとつは、……アメリカの諸省庁が、ここワシントンと他の現場では必ずしも見解が同一でないことである。［ケネディ］政権よりもわれわれを非難するほうが簡単なので、米政府が強硬路線の採用に失敗している責任をわれわれや(また、たびたびフランス)に帰する傾向がある。……われわれに対して毒舌を振るう［アメリカ］人たちは、彼らが国益にかなうと信じる政策をなぜ政権が受け入れないのかその理由をきっと探し求めているのであり、彼らが望む方向へのアメリカの決定的な指導が欠如するなかで、われわれを都合の良い［批判の］身代りと考えているのである［★105］。

これは、アメリカが強硬路線を採れないのは英ソが外交路線での解決を推し進めているからであるとして、米政府内強硬派やアジア諸国の批判の矛先をイギリスに向けさせることを意味する。マクミランやヒュームが恐れていたのが強硬派にケネディが押し切られる形で軍事介入に踏み切ることであったことを考えると、彼らにとってイギリスが批判の身代りになることは軍事介入を防止するうえで重要な役割であったのである。ハリマンも、おそらくこのイギリスの役割を意識していたのではなかろうか。ラオス協定の存続に英ソ共同議長が主体的責任を持つという非公式の了解を考案したのは、ハリマンである。実際には自らジュネーヴ会議を主導しながらも、彼はあくまで英ソをジュネーヴ会議とラオス中立化協定の中心的責任者として演出することで、アメリカの主体的関与を目立たなくさせていたように思われる。

ラオスの中立化によって、インドシナの危機は小康状態を迎えたかに見えた。だが、アメリカ、中国、北ベトナムのいずれもラオス中立化によってインドシナの恒久的平和が実現したとは考えていなかった。既に両陣営ともインドシナでの次の対決の場を南ベトナムに見出していたのである。次章で、本格的な戦争に発展していく南ベトナム情勢と、同国へのマクミラン政権の関与を見ることにしよう。

註

★1―ジュネーヴ会議の展開を概略的に述べた研究には、以下のものがある。Arthur J. Dommen, *Conflict in Laos: The Politics of Neutralization* (New York: Frederick A. Praeger, 1964); Hugh Toye, *Laos: Buffer State or Battleground* (London: Oxford University Press, 1968); Fall, *Anatomy of a Crisis*.

★2―Clyde Sanger, *Malcolm MacDonald: Bringing an End to Empire* (Montreal: McGill-Queen's University Press, 1995), p.380.

★3―TNA, FO371/159938, F. A. Warner to E. H. Peck, 25 May 1961.

★4―TNA, FO371/159749, FO to Washington, 25 May 1961.

★5―TNA, FO371/159722, 'Britain and Indo-China' by F. A. Warner, 1 November 1961.

★6―TNA, PREM11/3283, Inward telegram to Commonwealth Relations Office from Canberra (Menzies to Macmillan), 19 May 1961.

★7―TNA, FO371/159715, 'Dragging Feet' by F. A. Warner, 21 June 1961.

★8―TNA, FO371/159722, 'Britain and Indo-China' by F. A. Warner, 1 November 1961.

★9―TNA, FO371/159936, 'The Conference on Laos', 4 May 1961. 同じ考えは、以下の文書にも見られる。TNA, FO371/159722, 'Britain and Indo-China' by F. A. Warner, 1 November 1961.

★10―TNA, FO371/159936, 'The Conference on Laos', 4 May 1961.

★11―東南アジア総弁務官としてのマクドナルドの活動については、Sanger, *Malcolm MacDonald*に加え、都丸潤子「東南アジアの地域主義形成とイギリス（一九四一－一九六五）——東南アジア総弁務官と駐在官会議の役割」『国際法外交雑誌』第九八巻第四号（一九九九年一〇月）、及び、同「脱植民地化過程における多文化統合の試み——英領マラヤでのマルコム・マクドナルドの社会工学」『インターカルチュラル』第四号（二〇〇六年）を参照せよ。

★12——サンジャーによれば、主要人物だけに限っても会議参加者のうちマクドナルドは、カンボジアのシハヌーク、中国外相陳毅、インド代表クリシュナ・メノン（Krishna Menon）、カナダ代表チェスター・ロニング（Chester Ronning）などを以前から知っていた。Sanger, *Malcolm MacDonald*, pp.379-380.

★13——TNA, FO371/159951, Malcolm MacDonald to E. H. Peck, 2 November 1961.

★14——ハリマンとラスクはラオス政策をめぐって衝突することがあった。ある時、ハリマンはラスクに対して、「私は大統領のために働いているのであり、大統領が求めることを行うために私はここにいるのである。私は貴殿に対して責任を負っているのではない」と電話越しに怒りを露わにしたという。Chester L. Cooper, *In the Shadows of History: 50 Years behind the Scenes of Cold War Diplomacy* (New York: Prometheus Books, 2005), p.187.

★15——ベシュロス『危機の年（上）』、二五一頁。

★16——TNA, FO371/159938, F. A. Warner to E. H. Peck, 25 May 1961.

★17——TNA, FO371/159948, Geneva to FO, 9 September 1961; TNA, PREM11/3739, Geneva to FO, 25 September 1961.

★18——Sanger, *Malcolm MacDonald*, pp.382-383.

★19——TNA, PREM11/3283, Geneva to FO, 13 May 1961; *FRUS*, 1961-1963, 24, 'Telegram from Secretary of State Rusk to the Department of State', 13 May 1961, p.192.

★20——ラスクは、ラオス三派の参加に事実上同意しながらも、建前ではブン・ウムの王国政府代表団のみを正当なものとし、他の二つの代表は「見知らぬ者（strangers）」として「無視する」ことにした。*FRUS*, 1961-1963, 24, 'Telegram from Secretary of State Rusk to the Department of State', 14 May 1961, p.195.

★21——Arthur Lall, *How Communist China Negotiates* (New York: Columbia University Press, 1968), pp.76-77, 86, 153-154.

★22——TNA, FO371/159945, Geneva to FO, 27 July 1961.

★23——Zhai, *China and the Vietnam Wars*, pp.97-104. 大躍進運動の影響については、次の文献も参照せよ。Mari Olsen, *Soviet-Vietnam Relations and the Role of China, 1949-64* (New York: Routledge, 2006), p.96.

★24——この点については、Lall, *How Communist China Negotiates* を参照せよ。

★25――この米ソ首脳会談については、松岡『一九六一ケネディの戦争』、第二部第三章第一節を参照せよ。
★26――*FRUS*, 1961-1963, 24, 'Memorandum of Conversation,' 3 June 1961, pp. 226-230; *FRUS*, 1961-1963, 24, 'Memorandum of Conversation', 4 June 1961, pp.231-236.
★27――*FRUS*, 1961-1963, 24, 'Memorandum from the Joint Chiefs of Staff to Secretary of Defense McNamara', 12 July 1961, pp.292-294.
★28――TNA, DEFE13/481, Chief of the Defence Staff to Defence Secretary, 21 July 1961.
★29――TNA,CAB128/35, CC (61) 36th conclusions, 29 June 1961; TNA, FO371/159751, Inward telegram to Commonwealth Relations Office from Wellington, 3 July 1961; TNA, DEFE13/481, Chiefs of Staff Committee: Confidential Annex to C.O.S. (61) 43rd meeting held on Tuesday, 11th July, 1961; TNA, DEFE13/481, 'Visit of United States Secretary of Defence. Brief for the Minister of Defence, Laos', 21 July 1961.
★30――TNA, DEFE13/481, Harold Watkinson to Foreign Secretary, 'Laos-Prepositioning of heavy equipment in Thailand', 12 July 1961.
★31――TNA, DEFE13/481, 'Copy of a letter from de Zulueta, P. S. to Prime Minister, to Samuel, P. S. to Foreign Secretary, dated July 7, 1961'.
★32――TNA, FO371/159752, a memo by P. F. de Zulueta to Ministry of Defence, 13 July 1961; TNA, DEFE13/481, Home to Minister of Defence, 'Laos: Prepositioning of Heavy Equipment in Thailand', 18 July 1961.
★33――TNA, CAB128/35, CC (61) 36th conclusions, 29 June 1961.
★34――この点については、Harold Watkinson, *Turning Points: A Record of Our Times* (Salisbury: Michael Russell, 1986), pp.134-135; Nigel Ashton, 'Britain and the Kuwaiti Crisis, 1961', *Diplomacy and Statecraft*, 9:1 (March 1998).
★35――Evans, *Downing Street Diary*, pp.150-151.
★36――TNA, PREM11/3739, Prime Minister to Foreign Secretary, 5 July 1961.
★37――TNA, FO371/159752, Harold Macmillan to Foreign Secretary, 8 July 1961; Lamb, *The Macmillan Years*, pp.388-390.
★38――TNA, PREM11/3739, Prime Minister to Mr. De Zulueta, 'Laos', 23 July 1961.
★39――軍事介入論の再浮上については、松岡『一九六一ケネディの戦争』、二七六－二七九頁。
★40――TNA, FO371/159713, Harold Caccia to Frederick Hoyer Millar, 10 July 1961. この点に関しカッチャは、「ラオスに

関して激情しやすいアメリカへの対抗力」としてフランスは「役立つ」とし、フランスを協議から除外しないよう本省に進言していた。TNA, FO371/159713, 'Sir H. Caccia's letter of July 10' by E. H. Peck, 13 July 1961.

★41——TNA, FO371/156454, 'Record of Conversation between the Secretary of State and Mr. Dean Rusk at dinner at the United States Embassy, Paris on December 10, 1961'.

★42——TNA, FO371/159722, E. H. Peck to Sir F. Hoyer Millar, 1 November 1961.

★43——*FRUS*, 1961-1963, 24, 'Memorandum of Conversation', 29 August 1961, p.397.

★44——*FRUS*, 1961-1963, 24, 'Memorandum of Conversation', 28 July 1961, pp.324-325.

★45——TNA, PREM11/3739, Washington to FO (Foreign Secretary to Prime Minister), 16 September 1961.

★46——七月一九日の英ソ提案は、これ以後制限会議を開催し、意見がまとまらない問題に関しては一時棚上げにして次の問題へと進むことで、会議の停滞を打開することを目的としていた。

★47——*FRUS*, 1961-1963, 24, 'Memorandum from the President's Deputy Special Assistant for National Security Affairs (Rostow) to President Kennedy', 11 August 1961, p.364.

★48——この点については、谷川榮彦編『ベトナム戦争の起源』勁草書房、一九九〇年、第三章。

★49——福田『ベトナム北緯一七度線の断層』、一八〇–一八三頁。「第一五号決議」については、小倉貞男『ドキュメント　ヴェトナム戦争全史』岩波書店、二〇〇五年、第三章も参照せよ。

★50——Rusk, *As I Saw It*, p.430; 松岡『一九六一ケネディの戦争』、二七八–二八〇頁、Lyndon Baines Johnson Library and Museum (hereafter, LBJLM), Oral History Collection, Walt W. Rostow, Interview 1, p.39.[http://www.lbjlib.utexas.edu/johnson/archives.hom/oralhistory.hom/ROSTOW/rostow1.pdf].（二〇〇八年四月六日アクセス）

★51——ロバート・マクナマラ編（仲晃訳）『果てしなき論争――ベトナム戦争の悲劇を繰り返さないために』共同通信社、二〇〇三年、二〇三頁。

★52——*FRUS*, 1961-1963, 24, 'Memorandum of Conversation', 28 July 1961, p.322.

★53——*FRUS*, 1961-1963, 24, 'Editorial Note', p.21; *FRUS*, 1961-1963, 24, 'Memorandum from the President's Military Representative (Taylor) to President Kennedy', 26 September 1961, p.428.

★54——TNA, FO371/159949, Geneva to FO, 9 October 1961.

★55——TNA, FO371/159949, Geneva to FO, 12 October 1961.

★56—英ソ共同議長がそれぞれの同盟国の行動に対して責任を負うとするこの合意については、Stevenson, *The End of Nowhere*, pp.165-166も参照せよ。

★57—Rudy Abramson, *Spanning the Century: The Life of W. Averell Harriman, 1891-1986* (New York: William Morrow and Company, 1992), p.587; *FRUS*, 1961-1963, 24, 'Memorandum from Robert H. Johnson of the National Security Council Staff to the President's Deputy Special Assistant for National Security Affairs (Rostow)', 2 November 1961, p.498; Johnson, *The Right Hand of Power*, pp.325-326; Geoffrey D. T. Shaw, 'Laotian "Neutrality": A Fresh Look at a Key Vietnam War Blunder', *Small Wars and Insurgencies*, 13:1 (Spring 2002), pp.41-42.

★58—TNA, FO371/166437, Bangkok to FO, 4 May 1962.

★59—TNA, FO371/166504, 'The International Conference at Geneva for the Settlement of the Laotian Question, 1961-1962', 30 July 1962.

★60—TNA, FO371/166504, 'The International Conference at Geneva for the Settlement of the Laotian Question, 1961-1962', 30 July 1962.

★61—ただし、手続問題に関しては、投票の過半数で採択されることになった(第一四条)。

★62—Lall, *How Communist China Negotiates*, pp.121-124.

★63—中国にとってラオスに対するＳＥＡＴＯの保護撤廃は、ジュネーヴ交渉での主要目的のひとつであった。Zhai, *China and the Vietnam Wars*, p.103.

★64—TNA, FO371/159949, 'SEATO and the Laotian Settlement' by F. A. Warner, 2 October 1961; TNA, PREM11/3739, Home to Prime Minister, 'S.E.A.T.O. and Laos', 17 October 1961; TNA, FO371/159953, Geneva to FO, 25 November 1961.

★65—TNA, FO371/159951, 21 October 1961; TNA, FO371/159951, Outward telegram from Commonwealth Relations Office, 'Laos and S.E.A.T.O.', 28 October 1961; Stevenson, *The End of Nowhere*, p.165; Gaiduk, *Confronting Vietnam*, p.173.

★66—Olsen, *Soviet-Vietnam Relations*, p.98.

★67—TNA, FO371/159952, J. C. Petersen to F. A. Warner, 9 November 1961.

★68—*FRUS*, 1961-1963, 23, 'Memorandum for the President', 18 September 1961, pp.22-24; *FRUS*, 1961-1963, 23, 'Memorandum from the President's Military Representative (Taylor) to President Kennedy', 12 January 1961, p.34; TNA,

PREM11/3531, 'The King of Thailand's Attitude to the Laotian Problem', 14 May 1961. また、Johnson, *The Right Hand of Power*, pp.303-305も参照せよ。

★69—TNA, FO371/166619, 'SEATO: US./Thai Statement of Policy' by F. A. Warner, 7 March 1962.

★70—TNA, FO371/159951, Geneva to FO, 4 November 1961; TNA, FO371/159951, Geneva to FO, 6 November 1961.

★71—TNA, FO371/159715, 'Background', undated.

★72—TNA, FO371/159713, R. T. D. Ledward to E. H. Peck, 28 November 1961.

★73—TNA, FO371/159715, 'South Vietnam: Talking Points', undated.

★74—TNA, FO371/159715, 'Visit of Mr. Nehru to London 4th November, 1961: South Vietnam Brief for Prime Minister'; TNA, FO371/166698, 'The Possible Consequences of Direct United States Armed Intervention in South Vietnam', 3 January 1962.

★75—TNA, FO371/159951, Washington to FO, 7 November 1961.

★76—マクナマラ編『果てしなき論争』、二〇一頁、Kochavi, 'Limited Accommodation', p.119.

★77—マクナマラ編『果てしなき論争』、二〇三-二〇七頁。

★78—*FRUS*, 1961-1963, 24, 'Memorandum of Conversation', 29 June 1961, p.281.

★79—連合政府の形成過程における米政府の対応については、Edmund F. Wehrle, '"A Good, Bad Deal": John F. Kennedy, W. Averell Harriman, and the Neutralization of Laos, 1961-1962', *Pacific Historical Review*, 67:3 (1998); Koji Terachi, '"Every War Must End" or Ending a Quagmire for the United States: Laos, Vietnam and...', *Nanzan Review of American Studies*, XXIX (2007)が詳しい。

★80—TNA, FO371/159727, 'Record of a Meeting held at the Quai D'orsay at 10.30 a.m. on August 7, 1961'; *FRUS*, 1961-1963, 24, 'Telegram from Secretary of State Rusk to the Department of State', 7 August 1961, pp.351-352.

★81—TNA, CAB128/35, CC (61) 55th conclusions, 10 October 1961; TNA, FO371/166425, 'Laos' by R. L. Seconde, 28 December 1961; TNA, FO371/166425, 'Cabinet: January 3, 1962 Laos', 1 January 1962; *FRUS*, 1961-1963, 24, 'Memorandum from the Executive Secretary of the Department of State (Battle) to the President's Special Assistant for National Security Affairs (Bundy)', 11 October 1961, p.463.

★82—*FRUS*, 1961-1963, 24, 'Telegram from the Department of State to the Delegation to the Conference on Laos', 27 October

1961, p.484; *FRUS*, 1961-1963, 24, 'Memorandum from Robert H. Johnson of the National Security Council Staff to the President's Deputy Special Assistant for National Security Affairs (Rostow)', 2 November 1961, p.498.

★83—*FRUS*, 1961-1963, 24, 'Memorandum from Robert H. Johnson of the National Security Council Staff to the President's Deputy Special Assistant for National Security Affairs (Rostow)', 28 November 1961, p.528 ; *FRUS*, 1961-1963, 24, 'Telegarm from the Department of State to the Embassy in Laos', 9 December 1961, p.535; *FRUS*, 1961-1963, 24, 'Telegram from the Department of State to the Embassy in Laos', 27 December 1961, p.545.

★84—*FRUS*, 1961-1963, 24, 'Memorandum from the President's Military Representative's Naval Aide (Bagley) to the President's Military Representative (Taylor)', 5 January 1962, p.560.

★85—*FRUS*, 1961-1963, 24, 'Telegram from the Department of State to the Embassy in Laos', 18 July 1961, pp.304-305; *FRUS*, 1961-1963, 24, 'Telegram from the Embassy in Laos to the Department of State', 7 November 1961, pp.502-503; Hilsman, *To Move a Nation*, p.137.

★86—Wehrle, '"A Good, Bad Deal"', p.368; Schlesinger, Jr., *A Thousand Days*, p.515.

★87—TNA, FO371/166426, John Addis to the Earl of Home, 9 January 1962.

★88—TNA, FO371/166457, F. A. Warner to R. T. D. Ledward, 11 January 1962.

★89—TNA, FO371/166457, M. Brown to F. A. Warner, 24 January 1962.

★90—*FRUS*, 1961-1963, 24, 'Memorandum of Conversation', 10 November 1961, p.504.

★91—TNA, FO371/166427, Geneva to FO, 20 January 1962; TNA, FO371/166432, J. Addis to the Earl of Home, 28 February 1962; TNA, FO371/166435, M. Brown to R. L. Seconde, 3 April 1962.

★92—Brown, *War in Shangri-La*, pp.117-118

★93—Ang Chen Guan, *Vietnamese Communists' Relations with China and the Second Indochina Conflict, 1956-1962* (Jefferson, McFarland & Company, 1997), p.217, 223, 224.

★94—Brown, *War in Shangri-La*, p.121; Toye, *Laos*, pp.180-183; Gaiduk, *Confronting Vietnam*, p.177.

★95—TNA, FO371/166440, Washington to FO, 18 May 1962.

★96—TNA, CAB128/36, CC (62) 34th conclusions, 17 May 1962.

★97—TNA, PREM11/3740, Washington to FO, 15 May 1962.

★98——TNA, FO371/166440, Washington to FO, 18 May 1962.
★99——TNA, FO371/166442, 'Cabinet, June 7th, 1962:Laos', 6 June 1962.
★100——TNA, PREM11/3740, Prime Minister to President Kennedy, undated.
★101——TNA, FO371/166442, John Addis to the Earl of Home, 25 May 1962.
★102——Dommen, *Conflict in Laos*, p.220.
★103——TNA, FO371/166354, 'Record of Discussion on South East Asia with Governor Harriman and Mr. Sullivan on July 22', undated.
★104——Norman B. Hannah, *The Key to Failure: Laos and the Vietnam War*（Lanham: Madison Books, 1987）. 同様の批判は、Geoffrey D. T. Shaw, 'Laotian "Neutrality": A Fresh Look at a Key Vietnam War Blunder', *Small Wars and Insurgencies*, 13:1（Spring 2002）にも見られる。
★105——TNA, FO371/159713, 'Anglo-American Cooperation in the Far East', 2 December 1961.

第四章 南ベトナムへの関与

前章で見たように、マクミラン政権がラオス中立化に精力を傾ける一方で、ケネディ米政権は東南アジアでの共産主義との対決の場として南ベトナムに関心を向けるようになっていた。六一年一一月に提出された「テイラー＝ロストウ報告」の提言を受けて、ケネディは同年末からサイゴンへの軍事関与を拡大していった。戦闘部隊の派遣は見送られたものの、六一年末のヘリコプター部隊投入の決定を皮切りに、六二年二月に軍事援助顧問団が軍事援助司令部へ格上げされ、南ベトナム政府軍を指揮・支援する体制が整備された。軍隊増派の勢いは目覚しく、ケネディ政権誕生時約一〇〇〇名であった駐留兵は、六二年末に一万一三〇〇名、翌年末には一万六〇〇〇名を数えるまでになる。ジュネーヴ会議の閉幕を受けてラオスから軍事援助顧問団を撤退させつつもサイゴンへの増員を押し進めたため、結果的にアメリカのインドシナ地域への軍事関与は深まっていくのである［★1］。

1 ブッシュの先行研究

さて、アメリカの軍事関与が拡大するなかで、マクミラン政権はどのような対南ベトナム政策を採っていたのだろうか。

マクミラン政権の対南ベトナム政策については、政府一次史料を用いた研究の蓄積がある［★2］。なかでも、ブッシュの著書が最も包括的な研究であり、注目に値する［★3］。

ブッシュの主張は斬新である。彼によれば、六一年から六三年までマクミラン政権は南ベトナム問題の「交渉」による解決を「排除」し、ケネディ政権とともに問題の「軍事的解決」を追求した。ブッシュはこう主張して、戦後イギリスの歴代政府がインドシナで「ピースメーカー」を演じてきたとする従来の解釈に挑戦する。南ベトナムでの軍事的貢献を通してマクミランは自国の有用性をアメリカに示すとともに、オーストラリア、ニュージーランド、マラヤなどのコモンウェルス諸国との関係も強化して大国の地位を維持しようとしたというのである。マクミランは、ケネディの南ベトナム政策を「誠心誠意」支援し、アメリカに対して「抑制」を説いたり、「より平和的な方法」を提示したりすることもなかったという。「換言すれば、イギリスは紛争の軍事的解決に同意し、インドシナでピースメーカーの役割を演じ続ける理由を見出さなかった」のである［★4］。

ブッシュの研究は、マクミラン政権の南ベトナム政策を詳細かつ体系的に論じた初の研究であり、その学術的貢献は大きい。しかしながら、ブッシュの議論には右に紹介した結論からマクミラン政権の個々の政策を演繹的に説明する傾向があり、また議論に誇張や単純化が見られる。本章では以下、ブッシュが注目する三つの問題について彼の議論の修正を試みつつ、マクミラン政権の南ベトナム政策を分析する。

2 対SEATO政策

まず、対SEATO政策から見ていこう。一九六〇年代のイギリスの諸政権は、財政の逼迫《ひっぱく》や帝国＝コモンウェルスの再編を抱えながら、どのように世界大国の地位を維持していくかという難問に苛《さいな》まれた。その課題への対処のひとつが、次章で見る東南アジアでのマレーシア連邦の創設であった。

加えてブッシュは、イギリスの世界的影響力の確保にはSEATOに対するコミットメントの維持も不可欠であったと指摘する。SEATOへの積極的な関与は、「共産主義を封じ込めるために軍事的観点からどうしても必要だったのではなく」、「西側同盟政治の観点」から重要だったという。西側諸国との関係強化のために東南アジアでのアメリカの軍事行動に協力する必要があったのである。したがって、「ワシントンがインドシナ介入を決定していたら、それがラオスであろうと南ベトナムであろうと、ロンドンはSEATOの傘下で最終的にアメリカを支援していたであろう」。ブッシュはこう述べて、「SEATOの活発な作戦にイギリスの軍隊は決して参加しなかっただろうという従来繰り返されてきた見解に挑戦」する［★5］。その際彼は、マクミラン政権のSEATO関与の具体例として前章で見たタイへのハンター戦闘機一飛行中隊の派兵や南ベトナム防衛計画SEATO「計画7」の策定への参画を挙げている［★6］。

右のブッシュの議論は、アメリカやコモンウェルス諸国との関係強化を欲していたマクミランなら、ケネディの要請次第でインドシナへの軍事介入に踏み切っていたはずだとの推論に基づくものである。本書は、これと見解を異にする。

まずラオスについていえば、前章で見たように、マクミランは一貫して内戦の外交的解決を望み、キーウェストでの軍事介入の約束も交渉による解決のための条件整備の一部であった。キーウェスト会談後、連合政府の形成を妨害するノサワンに対する英外交指導者の不信は高まる一方であり、右派の救済を目的とした介入への参加を困難と考えるようになっていた。また、ブッシュが指摘するタイへの一飛行中隊の派遣がラオス介入を睨んだ事前配備ではなかったこともすでに指摘したとおりである。たとえ軍事介入を実施するにしても、それを可能なかぎりSEATOの枠組み外の活動にすることをマクミランが望んでいた点をブッシュは見逃している。さらに、インドやマラヤなどに関するマクミランの懸念を考慮すると、英軍のラオス介入はブッシュが主張するコモンウェルスとの関係強化ではなく、むしろ軋轢、対立をもたらしていた可能性が高い。

同じく南ベトナムについても、イギリスの軍事介入の可能性は実際にはなかったというのが本書の主張である。ブッシュが挙げる南ベトナム防衛計画SEATO「計画7」策定への関与は、それ自体で介入に対するマクミラン政権の保証を意味するものではない。これは、SEATO「計画5／61」を検討しつつもマクミランがラオス内戦の外交的解決を模索していたのと同じことである。

本書がラオスと南ベトナムの問題を関連づけて議論するのに対して、ブッシュは考察の対象をマクミラン政権の対南ベトナム政策に限定している。ラオスで実施しなかった軍事介入が、なぜ南ベトナムで可能だったと考えられるのか。本書の視角からはこうした疑問が生じるのであるが、ブッシュの研究にその回答を求めることはできない。ブッシュは、ラオスに介入しなかったマクミラン政権に南ベトナム介入を決断させたであろう特別な理由を示すのではなく、ただ、ケネディとの「特別な関係」の構築を目指したマクミランなら介入していたはずだと推察するのみである。

ラオス中立化に奔走し、またその維持に責任を負ったマクミラン政権が、隣国の南ベトナムで軍事的勝利を追求することなど可能だろうか。現に、マクミラン政権は「テイラー＝ロストウ報告」の勧告に戦闘部隊の派遣が含まれることを危惧し、ヒュームは、南ベトナムでの戦いを「国際的なものではなく国内的なものにとどめる」ようラスクに助言してアメリカの直接介入に歯止めをかけようとしていた。同盟国が物資、人員の面で支援を行なうとしても、南ベトナムでの戦いの主体はあくまでサイゴン政府でなければならないというのが英政府の一貫した考えだった［★7］。

しかも、南ベトナムへの介入はラオス中立化を切り崩す危険を孕んでいたのである。軍事援助司令部の創設以降、米軍がサイゴン政府から「戦争の活発な指揮を引き継いだ」感が強まった。実際、六二年四月末の会談でラスクはヒュームに、アメリカ人兵士の戦闘作戦への直接参加を次のように「率直に」認めた。「形式上は、彼らはベトナム人を訓練するだけということになっているが、実際には、そのやり方を行動で示さなければならない。また、ロシア人が［ラオスの］シエンクアンへ行ったような空輸の増強をさせないために、彼らアメリカ兵たちは南ベトナム上空を通過するあらゆる航空機を許可なく撃墜している」[★8]。

在ラオス英大使館は、アメリカが南ベトナムで実施する「強硬策」とイギリスがラオスで推進する「柔軟策」との摩擦を憂慮していた[★9]。アメリカが南ベトナムに大規模軍事介入を行うようになれば、南ベトナムとラオスに別々に対応するのは「極めて困難」になる。ハノイが解放戦線を見捨てない限り、西側の南ベトナム介入は北ベトナムによる「ラオス回廊」、すなわちホー・チ・ミン・ルートの使用拡大につながって、その中立を破綻させることになる[★10]。ブッシュの研究にはラオスへの言及がほとんどなく、イギリスの政策決定者が南ベトナム政策を単体で立案していたかのようであるが、実際には二国の問題は連動する問題として認識されていたのだった。

3　ＩＣＣへの干渉

ブッシュが自らの主張の第二の論拠として挙げているのが、ＩＣＣへのイギリスの干渉である。一九五四年ジュネーヴ協定は、ラオス、カンボジアからの外国軍の撤退を明記していた。他方、ベトナムに関して同協定は、動員解除や非武装化を規定せず、休戦時の兵力レベルの維持に主眼を置き、新たな軍隊・軍事要員及び武器・弾薬の導入・搬入を禁止していた。外国軍の撤退は、五六年実施予定の選挙によって南北統一政府が樹立されてから議論されることになっていた。したがって、ベトナムに設置されたＩＣＣは外部からの新たな軍隊・武器の入国監視をその主任務とした。

五五年二月、ジェム大統領は、南ベトナム国軍の訓練を今後仏軍に代わって米軍事援助顧問団が担当することを発表した。インドシナ休戦時を基準に設定された米軍居留者の上限は三四二名だった。ところが、その後、次第に米軍の関与は拡大し、六〇年に六八五名へ、ケネディ政権に入るとさらに急増していった［★11］。

ブッシュは、マクミラン政権はケネディ政権による増派がジュネーヴ協定違反であるのを承知の上で、「共同議長の特別な地位を利用してアメリカの行動の正当化」に一役買ったという。米軍の協定違反を告発すべく北ベトナムと中国がＩＣＣに調査を要求すると、マクミラン政権はＩＣＣのコモンウェルス諸国であるインド、カナダに裏で手を回してアメリカや南ベトナムに不利な内容の報告書を作成させないようにしたというのである［★12］。

確かに、ブッシュの主張どおり、英外務省はアメリカの協定違反を知りつつ、それを公然化させまいと試みた。例えば、六二年初頭に作成された外務省文書には、次のように記されている。

米国務省が（a）［五四年］ジュネーヴ協定を破棄するつもりがないことや、また（b）［南ベトナムへの］軍事援助の詳細について委員会［ＩＣＣ］に報告するつもりがないことを明らかにしているのは、われわれにとって喜ばしいことである。共同議長として英政府は、アメリカの活動に目をつぶる(turn a blind eye)用意がある。［英政府は］ジュネーヴでの解決に対する体系的違反を犯している北ベトナムに非があるとする合衆国の主張を支持する［★13］。

要するに、マクミラン政権はアメリカの軍事関与の拡大を黙認していたのである。また、ICCの報告書にアメリカと南ベトナムの協定違反が盛り込まれる場合には、情勢を混乱させている原因は北ベトナム側にあって、アメリカはそれに「正当な対処」を講じているにすぎないと弁護する役割をもイギリスは担っていた［★14］。

加えて、英外務省はラオス中立化後もアジア共産主義諸国が求めるベトナム国際会議の開催に反対し続けた。六二年七月一九日、解放戦線は、①南ベトナムからの米軍の撤退、②ベトナム全土での戦争の終結と平和・安全の回復、③自由選挙の準備としての、全政党・団体の代表から成る統一政府の形成、④カンボジア、ラオスとともに中立地帯を形成するための国際協定による南ベトナムの中立化、を発表して平和攻勢を仕掛けたが［★15］、外務省は④に関して、北ベトナムを対象外とし南ベトナムだけを中立化するという「馬鹿げた」提案を一蹴した［★16］。

マクミラン政権がベトナム問題の外交的解決を自重したのは、ケネディ米政権に対する配慮からであった［★17］。端的にいえば、国内の強い反対に抗してラオス問題の解決に理解を示したケネディ大統領を南ベトナム問題で再度苦境に立たせてはならないとの政治判断である。在米大使館によれば、ケネディ政権の誕生以来、極東での英米の協力に大きな進展が見られるようになった。六一年一二月作成の「極東における英米協力」と題するヒューム外相宛文書で、在米大使館はケネディへの高い評価を記している。

正直に申し上げて、極東問題でケネディ政権との協力が欠如していると不平などわれわれはいえません。［六一年］三月末と四月初旬に、大統領本人がわざわざ、ラオスの休戦と会議の開催へのソ連の同意を取りつけようする貴殿のイニシアティブに支持を表明し、また、ラオス問題の解決に軍事介入が必要になっても、同盟国のなかで少なくともイギリスが軍事的に関与しないなら、彼はそうすることに消極的であることを明らかにしてくれたのであります［★18］。

さらに、別の本省宛電報でも、駐米大使オームズビー・ゴアは次のように語っている。

インドシナで追求すべき適切な政策をめぐって、過去われわれとアメリカ人の考えが異なっていたことは私も承知しておりますが、……重要なことに昨年［ケネディ］新政権は、権益を死守しようとするワシントンの諸機構の激しい反対にもかかわらず、われわれと同じような考え方に歩み寄ったのであります。これによって、われわれ両国の政策の距離が近くなりました。……ハリマン氏は、われわれ同様、彼のインドシナ政策の基礎をマニラ条約よりも一九五四年協定においているのです……［★19］。

駐米大使は、マニラ条約に基づくSEATOの軍事介入ではなく、ジュネーヴ協定に基づく外交的紛争処理に重きを置くケネディ政権の方針を高く評価した。

同様に東南アジア局長のウォーナーも、六二年八月に在米大使館宛電文で「現在、東南アジア問題に関して英米関係はたいへん満足できる状態にある」とし、両国が「一九六〇年に抱えていたゴタゴタ」を思い返してみれば、「現在の状況は、奇跡的な改善」を遂げたと評価した。しかし彼は続けて、関係の強化をさらに求めるなら、アメリカと新たな仲違いを起こしてはならないと注意を促した［★20］。

アメリカを擁護するためのＩＣＣへの干渉やベトナム会議への反対は、共同議長としてのイギリスの信頼性を傷つける恐れがあった。北ベトナムや中国はいうに及ばず［★21］、国内野党からの非難も強く、ハロルド・デイヴィス（Harold Davies）労働党議員などが保守党政権とアメリカの「共謀」を下院議会で厳しく追及していた［★22］。

こうした内外の批判にもかかわらず、マクミラン政権がＩＣＣに干渉し、また次節で見る南ベトナムへの顧問団の派遣を決意したのは、ラオスをめぐって関係に軋みが生じたアメリカの「機嫌をとる」ためだったといっても過言ではない［★23］。南ベトナムでも外交的解決を進めるなら、ウォーナーが危惧したワシントンとの新たな不和を覚悟しなければならなかったのである。

こう考えれば、マクミラン政権が交渉による南ベトナム問題の解決に積極的でなかったのは事実である。ただし、米軍のプレゼンス拡大を黙認したのが本当だとしても、それによってマクミラン政権が南ベトナム問題の軍事的解決を求めていたことにはならないだろう。つまり、アメリカの軍事活動に反対しないことと、軍事的勝利を自ら追求することは全く次元の異なる問題なのである。

実際、ブッシュの主張とは異なって、英外務省はアメリカの過剰介入に対する抑止機能をＩＣＣに期待していた。マクミラン宛のある外務省文書は次のように語っている。

委員会［ＩＣＣ］は、北ベトナムによる［南ベトナムへの］介入の直接証拠はないと訴えている。しかし、詰まるところ、様々な申し出を精査しそれらを実証するのが彼らの仕事であり、最近彼らは、［南ベトナムでの］破壊活動の調査に同意した。もし彼らがそうせずに抑止力として機能しなければ、われわれは極めて深刻な状況に直面することになるだろう［★24］。

つまり、アメリカがＩＣＣに完全に失望してしまったら、他に「アメリカの軍事介入を漠然と回避する方法」など見つけられないのである［★25］。逆説的であるが、イギリスがＩＣＣに干渉したのは、軍事的勝利を求めてその弱体化を企図したからではなく、むしろその存続を図るためであった。英外務省もベトナムのＩＣＣを「臆病で非効率」と批判もしたが、それでもアメリカの公然たる軍事介入に歯止めをかける一助としてそれに価値を見出していたのである。

4　イギリス顧問団の派遣

ブッシュの研究で最も注目に値するのが、次のイギリス顧問団（BRIAM、通称トンプソン・ミッション）についての記述である。ブッシュは、南ベトナムに派遣されたこの顧問団の活動を彼の結論の最大の論拠としている。これまでその全体像が明らかにされていなかったBRIAMの活動内容を、まずブッシュの研究に言及しつつ紹介してみよう。

BRIAMの起源は六〇年二月のジェム南ベトナム大統領のマラヤ訪問にさかのぼる。首脳会談の席上、ラーマンは共産ゲリラに苦しむジェムに対して、自国の経験を活用すべく協力を申し出た。訪問中ジェムは、マラヤ共産ゲリラの討伐に辣腕を振るったイギリス人ロバート・トンプソン（Robert Thompson）とも会談し、彼の経験談に強い関心を示した［★26］。

ジェムは帰国後、早速英大使ロデリック・パークス（Roderick Parkes）を大統領宮殿に呼び、マラヤの経験をより詳しく聞くために専門家の派遣を要請した。マクミラン政権にとって専門家の派遣は、東南アジアへのコミットメントを示す格好の機会だった。その後のジェムに対する大使館の積極的な働きかけや、イギリスの介入を嫌うアメリカ軍部との折衝を経て、六一年九月、ようやくサイゴンにBRIAMが設置される運びとなる。先に見たようにラオス内戦をめぐって軋轢が生じると、マクミラン政権はワシントンとの関係改善の一環としてジェムへの支援供与を考案するようになった。ブッシュが強調するように、マクミラン政権はアメリカの圧力によってではなく、自発的にBRIAMの派遣を申し出たのだった［★27］。

トンプソンを団長に総勢五名から成る常駐顧問団ＢＲＩＡＭは、六五年三月までサイゴン政府に治安維持、心理戦、諜報などで助言を与えていく［★28］。トンプソンは、アメリカ、南ベトナムの両首脳とも直接会談して南ベトナムでの反乱鎮圧作戦の策定に一定の影響を及ぼしていった。合計四回を数えた訪米のなかでも、六三年四月、トンプソンはケネディ、ラスク、マクナマラの首脳陣たちに意見具申する機会を与えられ、国家安全保障会議の諸会合にも参加した［★29］。ケネディのトンプソンに対する信頼は厚く、ダラスで暗殺される二カ月前の六三年九月、大統領は彼が個人的に利用する情勢分析の作成をトンプソンに依頼していた［★30］。

トンプソンは、ジェムとの対話も重視した。長広舌をふるうジェムとの会談は、二時間以内に終わることはなく、最長時には五時間に及んだという。トンプソンは、英語よりもフランス語を好むジェムのために部下にフランス語通訳させるなど、常にジェムへの配慮を怠らなかった［★31］。

ＢＲＩＡＭの活動で最もよく知られているのは、南ベトナムで推し進められた「戦略村（Strategic Hamlet）」計画への関与である。サイゴン政府は、解放戦線共産ゲリラと一般市民・農民を識別できず、ゲリラ部隊が一般住民から食糧、物資、避難場所を調達していることに頭を悩ませていた。南ベトナム政府はゲリラとの接触を断つ目的で「アグロヴィル（Agroville）」計画と銘打つ一般住民の移住政策を進めたが、六一年末の段階でそれはすでに行き詰まっていた。

そこで、ジェム政権が新たな再定住化政策を立案するのと平行して、トンプソンはマラヤでの「新しい村」計画を土台に解放戦線討伐計画を作成していく［★32］。トンプソンはサイゴンに着任するとすぐ、南ベトナム各省の視察に出かけ、六一年一一月に「デルタ計画（the Delta Plan）」、翌年七月にはそれを改定した「平定計画（Pacification Plan）」を作成した。両計画の主眼は、一般住民を解放戦線から隔離する居住区の建設を、当面サイゴン南方のメコン・デルタで優先的に進めることにあった［★33］。

メコン・デルタを優先する理由は、同地域が人口と経済規模における南ベトナムの中心地であったことにとどまらない。フランス植民地時代、コーチシナと呼ばれたこの地域では、統治機構の末端までフランス支配が浸透していた。そのため、独立後ジェムによる行政機構の整備が遅れ、それが結果的に解放戦線の勢力伸張を招いていたのである[★34]。メコン・デルタから居住区建設を開始し、共産ゲリラを駆逐した地域を「白色」地域として宣言し、漸次それを拡大していくことで解放戦線との心理戦を優位に展開していく計画だった[★35]。

しかし、トンプソンの計画は、南ベトナムやアメリカに全面的に受け入れられたわけではない。六二年二月、南ベトナム政府は戦略村計画を発表するが、それはトンプソンのメコン・デルタを優先する漸進的アプローチと異なって、南ベトナム全土で一気に再定住化を進めるものであった。この計画を主導したジェムの弟ニュー(Ngo Dinh Nhu)は、戦略村建設を通して軍事・政治・経済・社会のあらゆる面での「全体革命」を遂行し、ゴ政権の基盤強化をねらっていた。図3に示されるように、人々は竹垣と有刺鉄線に包囲された戦略村に強制移住させられ、その移動を常時監視された。また、彼らへの食糧の配給も、共産ゲリラへの横流しを恐れて厳しい統制下におかれた。政府系新聞『タイムズ・オブ・ベトナム』紙で発表された統計によると、六二年九月までに三二二五の戦略村が南ベトナム全土で建設され、その居住者は約四三三万人を数えて全人口の約三分の一に達した[★36]。

トンプソンの計画は、米政府とも摩擦を抱えた。ケネディ政権内では六二年二月、ロジャー・ヒルズマン(Roger Hilsman)国務省情報調査局長が「南ベトナムのための戦略概念」と題する反乱鎮圧計画を策定していた。ヒルズマンは自らの計画へのデルタ計画の影響を認めたものの、彼の計画はメコン・デルタのみならず、北部都市フエ周辺も重点地域に指定し、トンプソンの段階的作戦よりも広範な計画だった[★37]。このように、トンプソンのデルタ計画や平定計画は、南ベトナムの戦略村計画やアメリカの計画に部分的影響を与え

図3　戦略村（概念図）

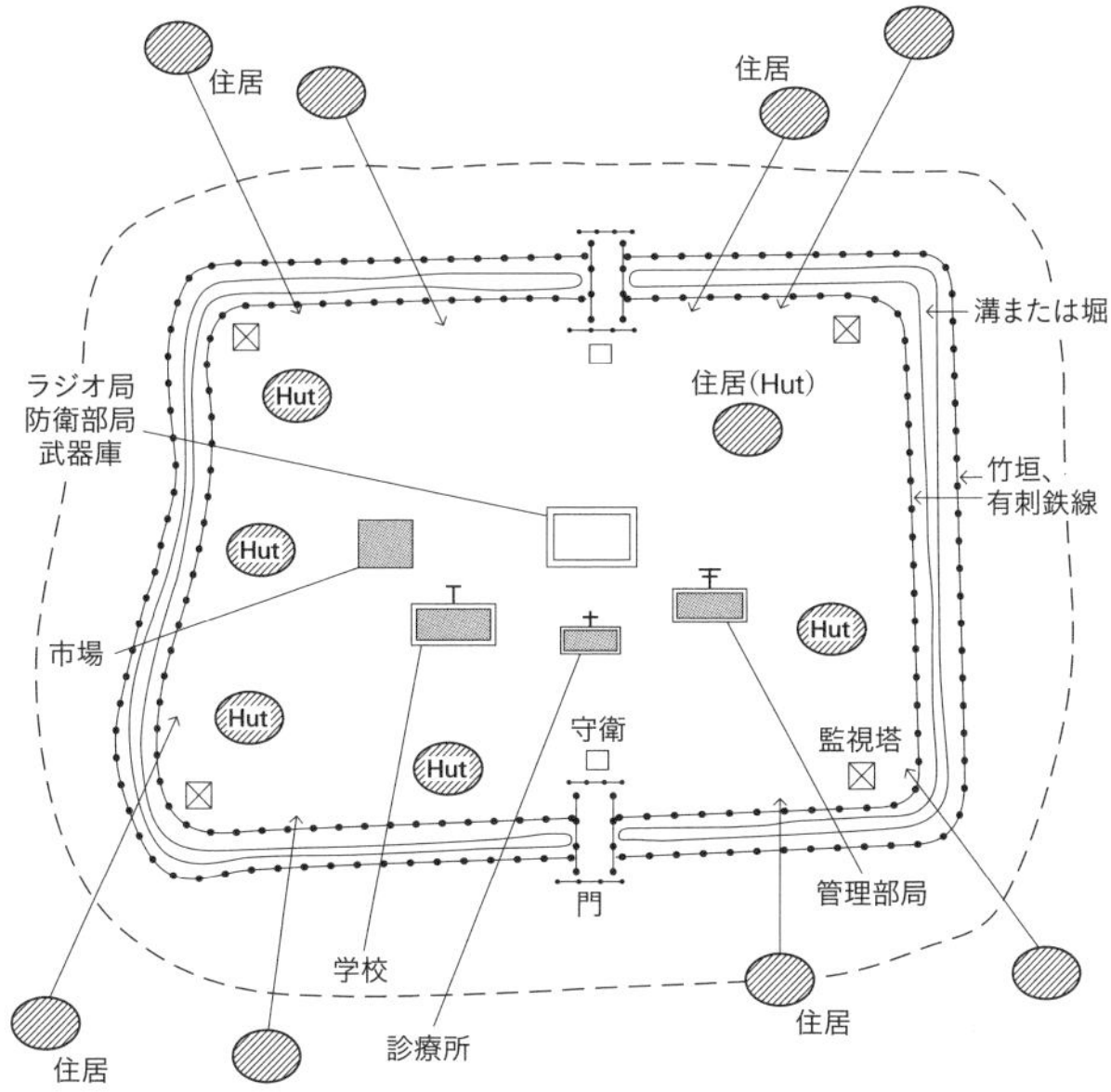

出典：The National Archives, England, FO371/170101.

るにとどまった。だがそれでも、ブッシュがいうには、ＢＲＩＡＭの存在は南ベトナム、アメリカに対する影響力を確保し、ワシントンとの良好な同盟関係を維持する上での貴重な「政治的資産」であった［★38］。

ＢＲＩＡＭ派遣の目的が対米同盟関係の強化にあったことは、他の研究も認めるところである［★39］。しかし、マクミラン政権がアメリカとともに南ベトナムで軍事的解決を追求したとする主張の根拠としてＢＲＩＡＭを挙げることには、少なくとも次の二つの点で問題がある。

第一に、ＢＲＩＡＭは実際のところ、南ベトナム政府の問題解決能力を向上させてアメリカの軍事介入を抑制することを意図していた。トンプソンは朝鮮戦争型の通常戦争を想定する米軍作戦指導の欠陥を指摘し［★40］、マラヤでの経験に基づき共産ゲリラ鎮圧における文民・警察の役割を重視した。マラヤでは軍は文民組織を支援する立場にあったのに対し、「ベトナムでは常に民間の機能を軍事化させる傾向」があった。トンプソンは軍事力と警察力を区別し、反政府ゲリラの討伐には警察主体の対処が有効であると考えていた［★41］。

ショー（Geoffrey D. T. Shaw）によれば、ＢＲＩＡＭは「戦争」としてではなく、国内の「法と秩序」を回復する警察行為として解放戦線の討伐を実施するようサイゴン政府に助言と指導を与えることを目指していた。これは南ベトナム政府軍に通常戦争を想定した軍事訓練を施しているアメリカの方針を修正する試みでもあった。ゲリラとの闘いでは、民心を政府側に引きつけることが何よりも重要であったが、米軍の作戦指導はそれに逆行しているように見えた。「単にテロリストの殺害に力点を置くと、殺害する以上に共産主義者の数を拡大させてしまう深刻な危険がある。したがって、反テロリスト作戦に従事する者は皆、軍人であろうと文民であろうと民心の掌握に最も心がけなければならない」［★42］。解放戦線との戦いは「ジェム自身の戦いであるという事実をアメリカ人が見失いつつある」のを憂慮して［★43］、トンプソンは六二年九月には早くも、マクスウェル・テイラー（Maxwell Taylor）大統領軍事顧問に米軍の部分的撤退を勧告していた［★44］。

第二に、英外務省はＢＲＩＡＭの派遣を理由にケネディ政権の追加支援要請に歯止めをかけようとしていた。六三年二月、ヒュームは大蔵省に対して、ＢＲＩＡＭは「ベトナムでの作戦指揮を健全な路線」に導き、「われわれの利益が看過」されがちな問題でワシントンに対する「より大きな発言力」を与え、また「費用のかさむベトナム支援」を求める米政権に対抗するのに「たいへん役立つ」ものだと説明して、その予算確保に努めた。つまり、ＢＲＩＡＭは「あらゆる点において非常に良い投資」だったのである［★45］。当時、外務省はこれ以上の支援要請に応えるつもりはなく［★46］、大蔵省も「ベトナムに対するあらゆる拡大支援計画への関与を回避」するためにＢＲＩＡＭが「良い投資」であることを認めた［★47］。当初二年の活動期間を予定していたＢＲＩＡＭは、こうして六五年途中までその派遣が延長されることになった。

要するに、ＢＲＩＡＭは安上がりな対米貢献策だったのである。外務省が顧問団の派遣に積極的だったのも、先行して南ベトナム支援を行なうことで追加の支援要請を断りやすくするためでもあったといえよう。だとすると、ブッシュが描くようなアメリカの忠実な同盟国というイメージとは異なり、アメリカと一定の距離を置こうとするマクミラン政権のしたたかさが見えてくる。さらに後に見るように、マクミランに続くヒューム、ウィルソン両政権も、BRIAMの派遣を理由にアメリカの追加支援要求を断っていくのである。

ここまでの議論を整理すると、確かにマクミラン政権は南ベトナム問題の外交的解決に反対し、アメリカに不利な報告書を作成させないよう共同議長の権限を行使してICCに干渉もした。また、南ベトナムへの介入を「アメリカの単独事業」にしたくないケネディにとって[★48]、イギリスによるBRIAMの派遣はアメリカへの重要な貢献となっていた。

なるほど、こうしたマクミラン政権の行為は、従来ピースメーカーと思われてきたインドシナでのイギリスのイメージとは一致しない。だが、実はこうしたマクミラン政権の支援には、ブッシュの主張とは反対に、アメリカの軍事介入と自らの関与の両方を制限しようとする意図が込められていた。ただし、英政府はこうした思いを率直に語ることによって、ラオス問題でこじれたアメリカとの関係をこれ以上悪化させたくなかったのである。

5 ジェムの評価をめぐる意見対立

アメリカの梃入れにもかかわらず、六三年になると南ベトナム情勢は悪化の一途を辿る。一月二日、ジェム政権と米政府の楽観的見通しを覆す事件が起きた。サンゴン近郊南西六〇キロのアプバックで、米軍将官指揮下の二〇〇〇名の南ベトナム政府軍が解放戦線の待伏せ攻撃に遭った。ヘリコプター五機が撃墜され、戦死者六一名、負傷者一〇〇名を出して敗走した［★49］。またこの年、メコン・デルタと南ベトナム中部で発生した衝突で南ベトナム政府軍八一〇〇名、米軍七八名、解放戦線二万六〇〇名の死者が出たほか、解放戦線による戦略村への攻撃が激化した。一一月のある日には、南ベトナム全国で同時に一八七の戦略村が破壊されている［★50］。

さらに五月、ジェム政権の存続を脅かす事件が発生する。北ベトナムとの国境に近い古都フエで始まった「仏教徒危機」である。カトリック教徒のジェムは権力掌握以来、支配層と支持者を同教徒で固め、国民の約九割を占める仏教徒の活動に厳しい制限を課し弾圧してきた。釈迦生誕祭行事の禁止に反発したフエの仏教徒は、仏教旗の掲揚許可、カトリック教徒との対等な待遇などを求めてデモ行進を行い、警備隊と衝突、死者八名を含む多数の負傷者を出した。六月三日、フエに戒厳令が敷かれると、仏教徒の抵抗運動はたちまち南ベトナム各地に波及した。

六月一一日、サイゴンの目抜き通りで老僧がガソリンをかぶって焼身自殺した。ニューの妻マダム・ニュー（Madame Nhu）がこれを「人間バーベキュー」と嘲笑し、仏教徒の怒り火に油を注いだ。いったんジェムは仏教旗の掲揚許可や布教の自由などを認めて和解の姿勢を見せたが、その後、さらなる強権的措置を発動して仏教徒を弾圧した。なかでも、八月二一日には全国に戒厳令を発令して、特殊部隊と秘密警察に主要寺院を襲撃させ数千人に及ぶ僧侶を逮捕した［★51］。

BRIAMの設置によってサイゴン政府を支援しながらも、ジェムの統治能力に対する英外務省の評価は高くなかった。在南ベトナム大使館はヘンリー・ホーラー（Henry Hohler）大使を筆頭に、ゴ兄弟の強権政治に批判的だった。内戦を「ゴ一族の個人事業」として戦う限り、解放戦線に勝利できるかどうかは「全く定かでな」かったのである［★52］。大使館内では六一年夏からジェムに代わる指導者の擁立がたびたび検討されてきたが［★53］、適任者を見つけることができなかった。それに、例えばジェムに不信を抱く軍指導者をけしかけて新政権を打ち立てたところで、その結果生じる「軍部の独裁がジェム政権よりリベラルで魅力的」なものになる保証などなかった[★54]。六二年九月作成の「ベトナム――ジェム大統領の潜在的後継者」と題する大使館文書は、現段階でジェムの後継者が存在するとするなら、その最も有望な候補者は「北ベトナムのホー・チ・ミン」であろうと皮肉っている[★55]。

それでも、戦略村建設が急ピッチで進んだ六二年のあいだは、大使館もトンプソンの楽観的見通しを共有していた[★56]。しかし六三年になるとホーラーは悲観に転じ、BRIAMと情勢認識を異にする。大使はトンプソンの現場に根差した情勢分析を評価しつつも、ジェム政権の政治的腐敗やリーダーシップの欠如からサイゴンの将来に不安を抱くようになった[★57]。トンプソンがジェムの存続を支持し続けたのに対し、大使館は秋までに大統領の追放を積極的に唱えるようになる。大使館は、たとえ限られた範囲内であっても西側諸国が「政権交代」のために何かできることがあるはずだと、ジェムに代わる政権の樹立を本省に進言した[★58]。BRIAMと大使館の二つの見解のあいだで東南アジア局長ウォーナーは、「おそらく大使が正しく、トンプソン氏が間違っている」と考えていた[★59]。

ジェム政権に対する幻滅が強まるにつれ、外務省はBRIAMの活動を除いて「事態を静観する」ことにした。仏教徒危機の発生以降、外務省はジェムに積極的支持を与えず、むしろそれと距離を置くようになる。国連ではセイロンが、仏教諸国を糾合して南ベトナムの弾圧を政治争点化しようと活発な工作を展開していた[★60]。ヒュームはコモンウェルス諸国内の仏教徒団体の反発を恐れ、大使館を通じて仏教徒融和の重要性を南ベトナム政府に説いた[★61]。

6 ジェムとケネディの死

ジェム政権の存続については米政府内部でも激しい意見対立があった［★62］。一方には、ハリマン国務次官、ヒルズマン極東担当国務次官補、国家安全保障会議メンバーのマイケル・フォレスタル（Michael Forrestal）など、政情不安に喘ぐジェム政権では解放戦線に勝利を収められないとする国務省高官がいた。この三人は、ベトナム戦争史研究で有名な「八月二四日電報」を作成した中心人物でもある。同電報はヘンリー・キャボット・ロッジ（Henry Cabot Lodge）駐南ベトナム大使宛の訓令で、仏教徒弾圧の首謀者であるニューとその夫人の権力からの追放をジェムに要求する内容のものであった。「［米］政府としては、権力が［ニュー］顧問の手中にある状況を許容することはできない。まず、［ジェム］大統領に、自らの手で［ニュー］顧問とその仲間たちを排除し、最適任の軍人や政治家を交替させるチャンスを与えなければならない」。また、ジェムがこれに応じない際には「貴下と米出先機関は、新しい指揮者となり得る全ての人物について緊急に検討」し、「どのようにして、［ジェム］大統領の交替を実現するかについて詳細な計画を立てる」よう指示が与えられていた。そして、「適当な［南ベトナム］軍司令官に対して、［アメリカは］中央政府の機能が一時的に停止する期間中、彼らに直接の支援を与えると通告」しても良いと、軍事クーデターの容認をも示唆していた［★63］。もともとジェムに対して批判的だったロッジは、電報を受けとると早速ＣＩＡ要員を通じて南ベトナム軍指導者と接触を図っていった［★64］。

これに対して、マクナマラ、テイラー統合参謀本部議長（六二年一〇月就任）、ハーキンズ米援助軍司令官らの国防総省・軍高官たちは、共産ゲリラ討伐作戦の進展を妨げる指導者交代に反対した。彼らも南ベトナムでの政治改革の必要性を認め、その点、ジェムへの圧力強化に理解を示しながらも、この時点での指導者交代は弊害が多いと考えた。

こうした状況のなか、ケネディ大統領はいったん承認した「八月二四日電報」を再検討し、軍事クーターへの直接関与を回避するよう大使館に指示した。しかし、カイザー(David Kaiser)が指摘するように、大統領は存命中、ジェム政権存続の是非について最終判断を下さなかった。アメリカが主導してまで反ジェムクーデターを起こすべきではないが、ジェムに代わる指導者を見つけられるなら、それを承認する用意はある。こうした大統領の曖昧な態度がワシントン内の意見対立を助長する一因となり、結果として現場の在サイゴン大使館、とりわけロッジ大使に主導権を渡すことになった[★65]。

一〇月三〇日、ロッジはマクジョージ・バンディ補佐官に、サイゴンでのクーデター計画が後戻りできない状況にあることを報告していたが[★66]、その二日後、計画は実行に移された。一一月二日、囚われの身であったジェムとニューが殺害される。そのわずか五日後、ズオン・ヴァン・ミン(Duong Van Minh)軍事政権を米政府は承認した。

ジェムの暗殺から二〇日後、ケネディもダラスで凶弾に倒れた。期せずして大統領に昇格したリンドン・ジョンソンは、以後、出口の見えないベトナム問題にのめりこんでいく。その約一月前、イギリスでも新しい指導者が誕生していた。一〇月一九日、健康問題を理由に辞任したマクミランに代わってヒュームが首相に就任した。

次章では、ヒューム=ジョンソン政権期の東南アジア情勢の展開を辿ることにしよう。

註

★1――小倉『ヴェトナム戦争全史』、一二八頁、遠藤聡『ベトナム戦争を考える――戦争と平和の関係』明石書店、二〇〇五年、三九－四〇頁。

★2──マクミラン政権期の対南ベトナム政策を論じた研究には以下のものがある。Ian F. W. Beckett, ‘Robert Thompson and the British Advisory Mission to South Vietnam, 1961-1965’, *Small Wars and Insurgencies*, 8:3（Winter 1997）; Geoffrey D. T. Shaw, ‘Policemen versus Soldiers, the Debate Leading to MAAG Objections and Washington Rejections of the Core of the British Counter-Insurgency Advice’, *Small Wars and Insurgencies*, 12:2（Summer 2001）; Antonio Varsori, ‘Britain and US Involvement in the Vietnam War during the Kennedy Administration, 1961-63’, *Cold War History*, 3:2（January 2003）; James McAllister and Ian Schulte, ‘The Limits of Influence in Vietnam: Britain, the United States and the Diem Regime, 1953-63’, *Small Wars and Insurgencies*, 17:1（March 2006）.

★3──Busch, *All the Way with JFK?*. また、この研究書の出版に先立って、ブッシュは以下の論考を発表している。Peter Busch, ‘Supporting the War: Britain’s Decision to Send the Thompson Mission to Vietnam, 1960-61’, *Cold War History*, 2:1（October 2001）; idem, ‘Killing the “Vietcong”: The British Advisory Mission and the Strategic Hamlet Programme’, *The Journal of Strategic Studies*, 25:1（March 2002）.ブッシュの研究書の書評論文として以下のものを参照せよ。John W. Young, ‘Book Review’, *The Journal of Imperial and Commonwealth History*, 31:3（September 2003）; Kevin Boyle, ‘With Friends like These’, *Diplomatic History*, 29:1（January 2005）.

★4──Busch, *All the Way with JFK?*, p.6, 54, 63, 206.

★5──Busch, *All the Way with JFK?*, p.11, 26, 34, 198; Busch, ‘Supporting the War’, p.90（note no.5）.

★6──Busch, *All the Way with JFK?*, p.27, 32.

★7──TNA, PREM11/3736, FO to Washington, 2 November 1961.

★8──TNA, PREM11/3736, ‘Record of a Conversation between the Foreign Secretary and Mr. Rusk after Dinner on Sunday, April 29, 1962, at 1 Carlton Gardens’.

★9──TNA, FO371/166702, F. A. Warner to David Ormsby-Gore, 20 March 1962.

★10──TNA, FO371/166702, M. Brown to R. L. Seconde, 14 March 1962.

★11──Ramesh Thakur, *Peacekeeping in Vietnam: Canada, India, Poland, and the International Commission*（Alberta: The University of Alberta Press, 1984）, p.74-75, 79, 86-87.

★12──Busch, *All the Way with JFK?*, p.197 and chapter2.

★13—TNA, FO371/166698, 'Vietnam', undated (but in January 1962).

★14—TNA, FO371/166704, J. I. McGhie to M. D. Butler, 9 May 1962.

★15—TNA, FO371/166763, Office of the High Commissioner for Australia, London, 3 August 1962.

★16—TNA, FO371/166702, F. A. Warner to David Ormsby-Gore, 20 March 1962; TNA, FO371/166705, H. A. F. Hohler to E. H. Peck, 19 July 1962; TNA, FO371/166736, 'Vietnam', 21 July 1962.

★17—Fredrik Logevall, *The Origins of the Vietnam War* (Harlow: Longman, 2001), p.52.

★18—TNA, FO371/159713, 'Anglo-American Cooperation in the Far East', 2 December 1961.

★19—TNA, FO371/166355, David Ormsby-Gore to the Earl of Home, 19 January 1962.

★20—TNA, FO371/166355, F. A. Warner to the Viscount Hood, 17 August 1962.

★21—TNA, FO371/166726, J. F. Ford to Warner, 14 March 1962.

★22—TNA, FO371/166726, FO to Saigon, 20 February 1962.

★23—Nigel Ashton, 'Book Review', *Cold War History*, 4:3 (April 2004), p.177; Beckett, 'Robert Thompson', p.46.

★24—TNA, PREM11/3736, 'Vietnam,' a Memo to Prime Minister, 3 November 1961.

★25—TNA, PREM11/3736, 'Vietnam,' a Memo to Prime Minister, 3 November 1961.

★26—マラヤでの共産ゲリラに対するイギリスの対応に関しては、木畑『帝国のたそがれ』、第二部参照。

★27—BRIAMの設立過程については、Busch, *All the Way with JFK?*, chapter 3; Busch, 'Supporting the War'.

★28—トンプソンの回顧録として、以下の文献がある。Robert Thompson, *Defeating Communist Insurgency: Experiences from Malaya and Vietnam* (Basingstoke: Macmillan, 1966); Sir Robert Thompson, *Make for the Hills: Memories of Far Eastern Wars* (London: Leo Cooper, 1989).

★29—Thompson, *Make for the Hills*, p.138.

★30—TNA, FO371/170101, Washington to FO, 18 September 1963.

★31—Thompson, *Make for the Hills*, p.135.

★32—Pamela Sodhy, 'The Malaysian Connection in the Vietnam War', *Contemporary Southeast Asia*, 9:1 (June 1987), p.43.

★33—「デルタ計画」と「平定計画」の詳細については、Busch, *All the Way with JFK?*, pp.97-99, 124-125; Busch, 'Killing the "Vietcong"', pp.139-141, 147-149を参照せよ。

★34—Thompson, *Make for the Hills*, pp.127-129.

★35—Busch, *All the Way with JFK?*, p.98; Busch, 'Killing the "Vietcong"', p.142.

★36—谷川編『ベトナム戦争の起源』、二二三-二二四頁、小倉『ヴェトナム戦争全史』、一三四頁、栗原優『現代世界の戦争と平和』ミネルヴァ書房、二〇〇七年、一七五-一七六頁。

★37—ヒルズマンの計画については、Busch, *All the Way with JFK?*, pp.106-108; Busch, 'Killing the "Vietcong"', pp.141-142, 145; Thompson, *Make for the Hills*, p.130; Gerald J. Protheroe, 'Limiting America's Engagement: Roger Hilsman's Vietnam War, 1961-1963', *Diplomacy and Statecraft*, 19:2 (2008), p.270.

★38—Busch, *All the Way with JFK?*, p.132; Busch, 'Killing the "Vietcong"', p.146.

★39—Beckett, 'Robert Thompson', p.45; Varsori, 'Britain and US Involvement', p.89

★40—米軍が朝鮮戦争型の戦争を想定していたことについては、松岡完「反乱鎮圧戦略の挫折——ケネディとベトナム戦争・一九六三年」『筑波法政』第三八号（二〇〇五年）、第三節を参照せよ。

★41—Thompson, *Make for the Hills*, p.128.

★42—Shaw, 'Policemen versus Soldiers', pp.56-60; Seth Jacobs, *Cold War Mandarin: Ngo Dinh Diem and the Origins of America's War in Vietnam, 1950-1963* (Lanham: Rowman & Littlefield Publishers, 2006), pp.125-126.

★43—TNA, FO371/166702, 'Vietnam: Need for a General Review with the U.S. Government', 19 March 1962.

★44—Varsori, 'Britain and US Involvement', p.97.

★45—TNA, FO371/170100, 'British Advisory Mission in Vietnam' by Lord Home, 25 February 1963.

★46—TNA, FO371/169678, 'The Situation in South Vietnam with Particular Regard to Mr. Diem's Government and their Problems', undated.

★47—TNA, FO371/170100, 'British Advisory Mission in Vietnam', 12 March 1963.

★48—TNA, PREM11/3736, 'Note of a Conversation at Luncheon at the State Department on 28th April, 1962', 28 April 1962.

★49—谷川編『ベトナム戦争の起源』、二二〇頁。

★50—三野正洋『わかりやすいベトナム戦争——超大国を揺るがせた一五年戦争の全貌』光人社、一九九九年、七六頁。

★51—日本国際問題研究所編『国際年報一九六三-一九六四年』、一九七九年、一七一-一七二頁、今川瑛一『続東南アジア現代史——冷戦から脱冷戦の時代』亜紀書房、一九九九年、一五八-一六〇頁。

★52――TNA, FO371/166706, F. A. Warner to H. A. F. Hohler, 15 August 1962.
★53――McAllister and Schulte, 'The Limits of Influence in Vietnam', pp.29-30.
★54――TNA, FO371/166706, 'President Diem's Regime' by F. A. Warner, 26 July 1962.
★55――TNA, FO371/166707, 'Vietnam: Possible Successors to President Diem' by A. J. Williams, 25 September 1962.
★56――Busch, 'Killing the "Vietcong"', pp.149-150.
★57――TNA, FO371/170100, H. A. F. Hohler to E. H. Peck, 20 March 1963.
★58――TNA, FO371/170102, 'Summary of Differences between Mr. R.G.K. Thompson and H. M. Ambassador, Saigon concerning the Present Situation in South Viet-Nam', undated.
★59――TNA, FO371/170102, 'Report for President Kennedy by Mr. Thompson of BRIAM' by F. A. Warner, 23 October 1963.
★60――SarDesai, *Indian Foreign Policy*, pp.244-245.
★61――Varsori, 'Britain and US Involvement', p.98, 101.
★62――David Kaiser, *American Tragedy: Kennedy, Johnson, and the Origins of the Vietnam War* (Cambridge: The Belknap Press of Harvard University Press, 2000), chapters 8-9; マクナマラ『マクナマラ回顧録』、第三章。
★63――ニューヨーク・タイムス編『ベトナム秘密報告(上)』、二一六―二一七頁。この電報の原文は、以下に所収されている。*FRUS*, 1961-1963, 3, Vietnam, January-August 1963 (Washington: United States Government Printing Office, 1991), 'Telegram from the Department of State to the Embassy in Vietnam', 24 August 1963, pp.628-629.
★64――CIAの関与については、ティム・ワイナー(藤田博司・山田侑平・佐藤信行訳)『CIA秘録――その誕生から今日まで(上)』文藝春秋、二〇〇八年、第一〇章を参照せよ。
★65――Kaiser, *American Tragedy*, p.265, 271, 278.
★66――ニューヨーク・タイムス編『ベトナム秘密報告(上)』、二五七―二六二頁。

第五章　インドシナ問題とマレーシア紛争の連関

一九六三年に入って英外務省が南ベトナム情勢を静観するようになったのは、ジェム政権に対する幻滅が強まったからだけではなかった。その最大の理由は、東南アジアの別の場所で自国の国益に、より直接関わる問題が発生し、その対処に忙殺されていたからであった。イギリスを巻き込んだマレーシアとインドネシアの間の紛争、いわゆるマレーシア紛争の発生である。

マレーシア紛争へのイギリスの対応については、政府史料に基づいてその展開を克明に記した研究がいくつも発表されている。本章では先行研究を参照しつつ、マレーシア紛争とイギリスのインドシナ政策の関連を明らかにしたい。先行研究でもマレーシア紛争とベトナム問題の結びつきは指摘されているが、ここではベトナムのみならず、カンボジアとラオスを含んだインドシナ全体との関連を解明したい。

1　マレーシア紛争

六三年九月一六日、マレーシア連邦の樹立が宣言された。五七年八月にイギリスから独立したマラヤ連邦と、イギリス支配下のシンガポール自治領、ボルネオ島北部植民地のサバ(北ボルネオ)、サラワクを統合した新国家の誕生である［★1］。

ここで、マレーシア連邦の創設過程を簡単に振り返ってみよう。

一九五〇年代中旬以降、反植民地主義・非同盟運動が世界的な潮流として台頭するなか、マクミラン政権は財政負担軽減の観点からスエズ以東地域における帝国支配の再編を迫られた。しかし、マクミランは世界大国としてのイギリスの地位を放棄するつもりはなく、その影響力を何らかのかたちで東南アジア地域でも維持しなければならなかった。その際、影響力維持の鍵となるのが、マラヤ、シンガポールにおける軍と基地の維持であり、マクミラン政権はマラヤ連邦独立時に同国と防衛協定を締結して、マラヤの安全を保証するかわりに英軍の駐留と基地の使用権限を確保した。

ところが、極東最大の英海軍基地があるシンガポールで、五〇年代末から完全独立に向けてのナショナリズムが高まっていった。五九年五月に実施された総選挙で多数党となった人民行動党は、首相リー・クアンユー（Lee Kuan Yew）率いる英語教育エリート集団と華僑集団の共産系グループの共闘組織であったが、六〇年代に入ると両者間でのイデオロギー対立、権力闘争が激化する［★2］。シンガポールの共産化を恐れたリー・クアンユーとマラヤ首相ラーマンはロンドンと連携して国家統合による共産系勢力の拡大阻止を試みた。マクミラン政権は、統合を通じてマラヤとの防衛条約をシンガポールに拡大することでシンガポール基地の継続的利用を図った。加えて、新しく誕生する国家にシンガポールの国内治安も担当させることで、それまでその任に当たってきた英軍を撤退させて財政的負担の軽減を図ろうとした。ただし、中国系住民が多数を占めるシンガポールのみとの統合では人口構成におけるマレー人比率が低下してしまうため、ボルネオ北部植民地（サバ、サラワク、ブルネイ）も同時に統合することによってこの人種比率の問題に対処することになった［★3］。これを受けて六一年五月、ラーマンは新生国家マレーシア連邦構想を内外に宣言した。

この宣言に本格的な反応をいち早く示したのは、マカパガル（Diosdado Macapagal）フィリピン大統領であった。フィリピン政府は、サバに対する歴史的な領有権を主張してマレーシア連邦への併合に反対する。フィリピンの反対も気懸かりであったが、マレーシア連邦構想への最大の反対は、スカルノ支配下のインドネシアから寄せられた。六二年八月にオランダから西イリアンの奪回に成功したスカルノは、マレーシア連邦構想への対決姿勢を次第に鮮明にしていく。同年一二月、ブルネイでアザハリ(A. M. Azahari)指導下の左翼民族主義政党「ブルネイ人民党」が武力反乱を起こしボルネオ英植民三地域による「北カリマンタン国」の独立を宣言した。マクミラン政権はシンガポールからグルカ兵約三〇〇〇名を急派してこの反乱を一週間で鎮圧した。だが、インドネシア政府はアザハリの反乱を公然と支持し、これ以降、マレーシア連邦構想をイギリスによる新植民地主義支配の陰謀として非難するようになる。六三年一月、スバンドリオ(Raden Subandrio)インドネシア外相は、武力を行使してでもマレーシア連邦構想に対峙していくと宣言した[★4]。

インドネシア、フィリピンの要求を容れて行われた国連による調査の結果、北ボルネオ住民のマレーシア連邦への加入支持が確認されたとして、ラーマンとマクミラン政権は冒頭で述べた国家樹立宣言に踏み切った(ブルネイは連邦に加入しなかった)。しかし、インドネシアとフィリピンは国連調査の不備を指摘し、マレーシアの外交承認を拒絶した。九月一八日、インドネシアで、イギリスとマレーシアの大使館が襲撃され、マレーシアはインドネシアとの外交関係を断絶する。

こうして、「マレーシア粉砕」のスローガンの下、「対決政策《コンフロンタシ》」を採るインドネシアとマレーシアの対立が始まった。以後、ボルネオ島の両国国境ジャングル地帯でのゲリラ戦が激化し、インドネシア政府が六六年八月に対決政策の終了を宣言するまで、英政府は五万四〇〇〇人を超える兵力を投入してマレーシアの防衛に心血を注ぐ。これは第二次大戦後イギリスが実施した最大の兵力展開であった。やがてアメリカが南ベトナムへ地上戦闘部隊を派遣してジャングルで解放戦線との戦いに従事するように、英軍も九七〇マイルに及ぶインドネシアとの国境ジャングル地帯でゲリラ軍との戦いに従事し、越境作戦「クラレット」に象徴される「秘密の戦争」を戦っていくのである。

2　シハヌークのカンボジア中立化提案

ヒューム新政権を待ち構えていた東南アジア問題はマレーシア紛争にとどまらなかった。一一月、シハヌークがカンボジアの中立化を提案し［★5］、ジュネーヴ方式による国際会議の開催を求めたのである。シハヌークはラオス中立化の立役者の一人であり、過去にもラオス、カンボジアによるインドシナ中立地帯化を提唱したことがあった。二度のジュネーヴ会議で共同議長を務めたイギリスにとって、シハヌーク提案は無視できない問題であった。

シハヌークの中立化提案の背景には、隣国タイ、南ベトナムとの関係悪化があった。長年カンボジアは両国と国境問題を抱えてきたが、五〇年代にタイがアンコール時代のプレアビヒア寺院を占拠し、両国間の緊張が高まった。この問題は六二年に国際司法裁判所がタイの占拠を不法とする判決を下して一応の決着を見るが、同寺院をめぐる係争関係はその後も続いた。さらにシハヌークは、タイと南ベトナムが彼の政敵であるソン・ゴク・タン（Son Ngoc Thanh）指導下の「自由クメール」を領内に匿《かくま》ってカンボジア政府の転覆を使《し》嗾《そう》していると憤っていた。しかも、それを背後から支援しているのがアメリカであり、いつしかタイと南ベトナムを「侵略基地」にしてアメリカはカンボジアに介入してくると考えていたのである［★6］。

同時に、南ベトナム情勢の悪化も影響していた。米軍の解放戦線討伐作戦が拡大するにつれ、頻繁にカンボジア領土が侵犯されるようになった。カンボジアが国連安保理に提出した調査報告によれば、六三年から六四年初頭にかけて米・南ベトナム軍による国境侵犯は二六一回に上ったという［★7］。

国境侵犯に抗議してシハヌークは、六三年八月末に南ベトナムと政治関係を断絶し、続けてアメリカとも訣別する道を選んだ。一一月一〇日、殿下は国民に向けて次のメッセージを発した。「反政府放送をつづけてきた自由クメール放送が一九六三年一二月末までにその活動を停止しなければ、一九六四年一月一日をもって自由世界、とりわけアメリカからの援助を停止してもらう。われわれは片方の手から食物をもらい、他方の手の剣で脅かされることはもはや、まっぴらである」。ジェムの失脚を見て、アメリカのヒモ付き援助の恐ろしさをシハヌークは痛感していたのであろう。一一月一九日、カンボジア政府は援助の停止を求める覚書をフィリップ・スプラウズ(Philip D. Sprouse)米大使に手交した[★8]。

シハヌークの中立化提案は、カンボジアの生存を確保しようとする「国家的本能」の発露であった[★9]。しかし、西側諸国はこの提案を警戒する。中立化が実現しない場合には、非同盟路線を破棄して共産中国との同盟形成に踏み切るとシハヌークが公言していたからである。シハヌークの対中接近は五〇年代後半から徐々に進み、六〇年に友好不可侵条約を締結、六三年二月の劉少奇国家主席との会談で第四次訪中を数えるまでになった。シハヌークは共産主義イデオロギーに共感していたわけではない。それでも、かつてラオス中立化会議で同席したヒュームに語ったように、「選択を迫られるなら、死ぬより共産化する方がまし」だったのである[★10]。

当時、在カンボジア英大使館に勤務していたレズリー・フィールディング(Leslie Fielding)は、シハヌークのアジア情勢認識を次の五点にまとめている。①中長期的に見て、インドシナ全域が中国の勢力圏となる。②しかし中国が好戦的な姿勢をとることがあっても、実際にはインドシナで軍事的征服や領土拡張を企図しておらず、西側の影響を排除することで満足し、将来中国が繁栄を遂げ保守化すれば、カンボジアは中国支配下のアジアで生存できる。③南ベトナムでアメリカは敗北し、同地域への直接的な影響力を喪失する。④そう遠くない将来、ベトナムは共産主義支配下で統一するであろうが、伝統的に膨張志向を持つベトナムの脅威は、中国が同国の覇権行動を抑制しない限り、いっそう強まる。⑤したがって、カンボジアの生存の唯一の望みは、ベトナム共産主義者と暫定協定を結び、ベトナムの抑制を大国中国に期待することである［★11］。もしこれがシハヌークの見通しだとするなら、西側はカンボジアの対中接近を静観していて良いのか。カンボジアの共産化は、カンボジアへのホー・チ・ミン・ルートの拡張をもたらすにちがいない［★12］。英外務省は、カンボジア中立化を南ベトナム防衛のための重要な戦略問題と認識していた［★13］。

実際、こうした外務省の懸念は現実のものになりつつあった。カンボジア政府は六三年頃から自国内に解放戦線が退避するための「聖域」を設けるようになっていた。また六四年に入ると、中国と秘密合意によって、援助の見返りに戦略物資を解放戦線に運ぶシハヌークビル（現コンポンソム）港からの輸送ルート、「シハヌーク・ルート」を開設していくようになる［★14］。ある試算によると、六五年から六七年にかけて兵士五万人分の武器がシハヌーク・ルートを経由して中国から解放戦線に輸送されていくのである［★15］。

当時、外務省東南アジア局のシハヌーク評価は決して悪くなかった。独立後、国内の紛争に喘ぐラオスや南ベトナムと比べれば、シハヌークは中立路線を掲げてカンボジアの体制安定を維持してきたのである。その点、シハヌークは「東南アジアのほぼ模範的な統治者」とさえいえた［★16］。その彼の提案を無碍《むげ》にあしらって、カンボジアをみすみす中国の支配下に押しやってよいはずがない。そもそも外務省は、五四年ジュネーヴ会議以来、ラオスとカンボジアの中立地帯化を期待していたのであり、シハヌーク提案はその路線とも一致していた。

そのうえ、カンボジア問題はマレーシア紛争とも関連していた。マレーシア紛争と南ベトナム情勢の悪化によって、英米両国とも「東南アジアの別の新たな問題に対処する余裕はなかった」。カンボジア中立化会議には南ベトナムやタイの強い反発が予想されるとはいえ、焦《じ》れたシハヌークの「軽率な行動」によって東南アジアの不安定化要因が増すと、マレーシア防衛に専心できなくなる［★17］。マレーシアの防衛だけでも既に相当な負担であり、「インドシナで東西対決の新たな焦点」を抱え込みたくなかった。したがって、マレーシア防衛に専念するためにも、カンボジア会議の成功はイギリスにとって重要だった。そのためには、たとえ「タイ、ベトナムとの友好関係が多少犠牲」になってもやむを得なかったのである［★18］。

3　パリ英米仏外相会議

カンボジア問題は、一二月一四日からパリで開催された英米仏外相会談で議論された。

カンボジア中立化の推進に積極的なフランスに、バトラー新外相率いる英代表団は警戒心を抱いた。英外務省の警戒は、約四カ月前のド・ゴール声明から始まっていた。アラン・ペールフィット（Alain Peyrefitte）仏情報相が八月二九日の記者会見で発表したド・ゴール声明は、南北ベトナムの統一とその中立化を示唆するものとして西側諸国に衝撃を与えた［★19］。

インドシナへのアメリカの軍事的深入りを防止しようとすることにおいて、英仏は共通の関心を抱いていたといってよい。けれども、その方法としてド・ゴールのようにアメリカを公然と批判しても効果的ではないとロンドンの外交指導者たちは考えていた。アメリカはいったん自ら決断すれば、周りの国々に批判されようとも単独で行動する意志を備えた大国であることを忘れてはならない。アメリカと正面から対峙しても、それはワシントンへの圧力にも影響力にもならない場合がある。

まさに、ド・ゴール外交はその目的と逆の効果を生んでいるように見えた。外務省は、ピアソン・ディクソン（Pierson Dixon）駐仏大使のように、ド・ゴールのインドシナ外交を米ソ「共同支配」への抵抗の一側面と捉えていた［★20］。要するに、ド・ゴールの本当の目的はインドシナ情勢の改善というよりもフランスと彼自身の名声の回復であって、そのためにインドシナ問題を利用しているだけだという見方である。カンボジア会議も、これを起点にしてアメリカが嫌悪するベトナム中立化を実現するためのものであろう［★21］。パリでの三国会談は、ド・ゴールの独走を牽制するための重要な機会だった。

さて、アメリカはカンボジア問題をどう見ていたか。予想通り、米代表団は、南ベトナム、タイへの中立化の波及を懸念してカンボジア会議に難色を示した。ジェムにとって代わったズオン・ヴァン・ミン軍事政権の権力基盤が脆弱なため、カンボジア中立化の余波を受けて南ベトナムでも厭戦気分から中立志向が高まっていくのではないかと気を揉んでいたのである。南ベトナムにとって中立化は「降伏」に他ならず、その「序曲」となるカンボジア中立化は阻止されなければならなかった［★22］。ジョンソン大統領は、六四年新年の挨拶で次のように述べてサイゴン政府の中立志向を牽制した。「われわれはベトナムにアメリカの人員と物資を維持し、貴殿が勝利を達成するために必要な援助をするつもりです……南ベトナムの中立化は容認できません。中立化は共産主義者による政権奪取の別名にすぎないからです」［★23］。

これに対しバトラーは、会議の開催が「シハヌークを満足させ、彼を瀬戸際から引き戻す最善の方法」だと信じていた。しかし、それによってアメリカとの関係を損ねたり、またタイと南ベトナムの立場を傷つけたりしないよう注意を怠ってはならなかった［★24］。

そこでバトラーは、アメリカの要望を容れて妥協策を講じる。すなわち、初めからフランスが提案するような無条件の多国間会議を開催するのではなく［★25］、少数の関係当事国が予備会議を開催して合意形成を図ることを提案した。ラスクは自らが極東担当国務次官補として立案に携わった対日平和条約（サンフランシスコ講和条約）の例に言及しながら、本会議の合意内容を事前に詰めておくことがいかに重要かを強調した。ラスクにとって対日平和条約が手本とすべき成功例であるなら、二度と繰り返してはならない失敗例がラオス中立化会議だったのである。ラスクの脳裏には、同盟国から思うような支援を得られず、アメリカが孤立し「困惑」させられたラオス中立化会議の苦い記憶が蘇っていたのであろう［★26］。

4　ケネディ仲介工作への反発

パリ会談の決定により、英外務省は六四年一月九日に事前協議の提案文書をシハヌークに送付した。ところが、シハヌークの回答を待っている間に英米仏の東南アジア政策に不一致が生じるようになる。一月二七日、フランスが中国と国交正常化し、西側諸国に衝撃が走った［★27］。その四日後、記者会見でド・ゴールは東南アジア諸国の中立を提唱したうえで、中国を除外しての「中立化協定は絶対に考えられない」と宣言する［★28］。さらに二月に入ると仏外務省報道官がオフレコ会見で漏らしたように、ド・ゴール政権は「ベトナム中立化を推進するためにカンボジア会議の利用」を画策するようになった［★29］。英外務省は、ド・ゴールがカンボジアを「橋頭堡」に中立化と中国承認を通じて「インドシナへの回帰」を目論んでいるのではないかと訝《いぶか》った［★30］。

同時に、ロンドンはワシントンとも政策方針の違いを抱えていた。すでに見たように、外務省はケネディ政権のスカルノ融和政策に強い不満を抱いていた。ジョンソン政権期に入ると、米議会によるスカルノ批判の高まりや、ジョンソンのインドネシア独裁者に対する個人的嫌悪、担当国務省高官の交代などによってワシントンの対インドネシア政策は次第に硬化していく。それでも六四年初頭の時点では、こうした政策方針の変更はまだ具現化していなかった。ジョンソンはC130輸送機の売却停止を含む武器弾薬の輸出禁止や新規経済援助の保留を決定しつつもその他の援助を継続して、スカルノとの交渉による問題解決という基本スタンスを維持していた［★31］。

ヒューム政権とて、マレーシア紛争の軍事的解決を望んでいたわけではない。そもそもマレーシア連邦構想は、逼迫する財政事情を背景に自らの影響力を東南アジアに残しつつ、いかに軍事的コミットメントを縮小していくかという課題への対応策だった。結果的に、これがインドネシア、フィリピンとの対立を引き起こすことになったのだが、軍事関与を極力回避しなければならない状況に変わりはなかった。しかも、インドネシアと武力衝突に至った場合、イギリスは新植民地主義批判に燃えるアジア・アフリカ諸国の激しい非難に遭遇して孤立する恐れもあった[★32]。

それゆえ、政治的解決が望ましいのはいうまでもない。しかし、スカルノに対決政策を放棄させるには、ジャカルタを国際的圧力の下に置くことが不可欠だった。その鍵となるのが、ジャカルタに対するワシントンの影響力である。アメリカが圧力を行使し、スカルノがワシントンとの関係断絶を現実の危機と認識するようになるまで、インドネシアとの交渉は全く無駄であった。

こうしたロンドンの思いをよそに、ジョンソンはロバート・ケネディ(Robert Kennedy)司法長官を特使に任命し、マレーシア紛争の調停に乗り出す。一月一七日のスカルノとの東京会談を皮切りに、ケネディはマニラ、クアラルンプール、ジャカルタ、バンコク、ロンドンをめぐる外遊を敢行した。

国務省からの打診もなく、米『ワシントン・ポスト』紙の報道でその計画を知ることとなった英外務省が、ケネディ・ミッションを快く思うはずがなかった。加えて彼らの不快感を強めたのは、マレーシア紛争を「アジアの問題」として解決しようとするジョンソン政権の方針であった[★33]。ケネディ・ミッションはイギリスを除外し、マレーシア、インドネシア、フィリピンのアジア三カ国による問題解決を斡旋しようとしていたのである。

一見、アジア諸国自身による問題解決というのは、たいへん聞こえが良い。しかし、スカルノに融和的なアメリカの仲介で問題解決が図られると、ラーマンが交渉で不利な立場に置かれてインドネシアに不適切な譲歩を与えてしまうかもしれない。外務省はとくに、スカルノが要求する可能性のある、シンガポール海軍基地の利用制限やボルネオからの英軍撤退の言質をラーマンが譲り渡してしまうのではないかと危惧していた。ケネディはスカルノとの会談で、休戦とインドネシア・マレーシア・フィリピン三国会議に対する原則的同意を取りつけた[★34]。ところが、意気揚々、二四日ロンドンに到着した米司法長官を英外務省は冷遇した。英メディアに激しく非難されたケネディは、バトラー外相との会談でも守勢に立たされた。ケネディは終始、「怒りと苦々しい思い」を彼の発言に滲ませていたという[★35]。

ケネディ訪英から数日後、ウォーナーの後任として東南アジア局長に就任したジェームズ・ケーブルはマイケル・フォレスタルとの会談で、ジョンソン政権のインドシナ問題とインドネシア・マレーシア問題への対応の矛盾を指摘し、ケネディ仲介工作に対する不満を示した。これまで米政府はカンボジアについては「事前にその結果が合意される場合のみ」協議に応じるとしてきたにもかかわらず、マレーシア紛争に関しては英外務省に十分相談することもなく一方的に介入して会議の開催を準備している。ラスクにマレーシア・インドネシア・フィリピン三国会議の目的は何かと尋ねても、それは「アジアの参加者次第」で特別「彼らに考えはない」と答える始末だった。カンボジア中立化には前提条件を課しながら、マレーシア問題では当事国イギリスの意向などお構いなしにアジア三国会議を斡旋し、しかもその会議がどうなるかもわからないというのである。ケーブルは、ジョンソン政権の東南アジア政策は「完全な精神分裂」状態に陥っていると批判した[★36]。

このように、六四年初頭、東南アジア政策をめぐる英米仏の見解の相違は広がりつつあった。

5　ヒューム＝ジョンソン首脳会談

アメリカとの溝を埋める機会として、英政府は二月一〇－一一日にワシントンで開催される英・米・豪・ニュージーランド四国会議とそれに続く英米首脳会談に期待した。

四国会談ではマレーシア紛争について、サバ、サラワクからのインドネシア軍の全面撤退と東南アジアにおける基地と防衛協定の維持を確認した他、非アジア諸国の利益に損害を与えないことを前提に、マレーシア、インドネシア、フィリピンが主体となって問題解決を図っていくことで一応の合意を見た［★37］。

しかし、これで四国間の政策に完全な調和がもたらされたわけはなかった。例えば、在米豪大使館からロンドンの豪高等弁務官事務所に送られた電文には次のように記されている。

協議の雰囲気は終始良好であったものの、アメリカとわれわれの間、またいっそう［アメリカと］イギリスの見解の相違が確認された。この相違を簡潔に明示するのは困難であるが、それには以下の点が含まれる。

（a）この問題に関するアメリカの考えは、インドネシアがマレーシアよりも潜在的にずっと強力で戦略的に重要であるとの事実によって影響される傾向にある。おそらく、このアメリカの傾向は、マレーシアのボルネオ領土支配の維持能力に対する彼らの疑念によって強まっている。……

（b）アメリカ人はまだ、世辞、甘言、寛容、忍耐、誘導を織り交ぜることでスカルノに「対処」できるとの信念を抱いているようだ。加えて、彼らは、もっと強硬な方法を行使することが必要となる状況を思い描いたり、そのための計画を立てたりすることに消極的である。

（ｃ）彼らは、適切に対処すれば、やがてスカルノの行動を現在よりも許容できる範囲内にとどめさせられるかもしれないと考えているようだ。彼らとわれわれではタイミングについて考えが同じではない。彼らにはわれわれが現在の状況を見る際に抱く緊迫感がない。アメリカの高官たちは、最終的に首脳会談につながる三国協議を何度か開催するという長丁場を想定している［★38］。

こうした不一致を抱えつつも、ヒュームとジョンソンは緊密なマクミラン＝ケネディ時代の後、英米同盟の意義を改めて世界に示す必要があった。一二日の首脳会談の冒頭ヒュームは、幅広い問題に関して両国の政策を連携させることに今回の訪米の目的があると語った。両国はそれぞれ問題を抱えているが、肝心なことは両国の不和を極小化し、同じ目的に向かって協調していくことである。真に重要な問題が生じた場合には、「これまでもそうであったが、イギリスはいつもアメリカの側に立つ」と表明した。東南アジア問題についてヒュームは、アメリカがインドネシアの共産化阻止に、イギリスがマレーシアの防衛に集中するあまり英米関係が「漂流」する恐れがあったが、そうした懸念も「極めて有意義な」ケネディ・ミッションのおかげで払拭されたとジョンソンに礼を述べている［★39］。

ジョンソンもロンドンの協力を必要とする問題があった。ベトナム問題である。ベトナム問題をめぐるパリとの不和もあって、イギリスの協力が米政府にとってこれまで以上に重要になっていた［★40］。ヒュームとバトラーは、会談の様子からジョンソンとラスクのド・ゴールに対する強い憂慮を感じ取った［★41］。ウィリアム・サリヴァン（William H. Sullivan）などの米国務省高官は、中立志向を持つ政権にグエン・カーン（Nguyen Khanh）軍事政権（六四年一月成立）を取って代わらせるために、フランスがクーデターを画策する可能性さえ警戒していたのである［★42］。

ヒュームは、ＢＲＡＩＭ強化以上のコミットメントを避けつつも、「目下、南ベトナムでアメリカの政策に代わるものはない」とジョンソンへの支持を明らかにした。首脳会談の成果をまとめた共同声明では、東南アジアにおける英米の相互支援、すなわちアメリカの南ベトナム政策に対するイギリスの支援と、マレーシアの平和的独立へのアメリカの支持が謳われた［★43］。

マレーシア問題と南ベトナム問題の関連性や、この二つの問題をめぐる英米の取引については次章で再度論じるが、ここで前もって以下の二点を確認しておきたい。

第一に、この英米の相互支援は明文化された取り決めではなく、不文律の政策指針という程度のものであった。サブリツキーが指摘するように、英米共同声明は、相手への積極的な軍事支援を約束したものではなく、マレーシアとベトナムに関して相手の政策を妨害し挫折させる行動を慎むことを約した政治的合意と解釈するのが妥当だろう［★44］。後にマレーシアと南ベトナムの情勢がさらに悪化すると、理念としての相互協力と実際の協力の差が次第に広がっていくことになる。

第二にヒューム政権は、南ベトナムへ追加支援を行なわなくとも、マレーシア防衛に専念することで東南アジア秩序の安定維持に応分の責任を果たしていると考えていた。例えていうなら、アメリカが南ベトナムで「正面」の、イギリスがマレーシアで「裏口」の東南アジア警備に当たっているという発想である［★45］。この意味において、英米は東南アジア秩序の維持において「相互依存」の関係にあった［★46］。

イギリスの外交指導者たちは、マレーシアの防衛は偏狭な自国の帝国利益の維持にとどまらない、東南アジア全体の安定化に寄与するものだと認識していた。アメリカは南ベトナムでの敗北が東南アジア全体に及ぼす悪影響を指摘するが、「そのドミノ理論は逆の形で」マレーシアにも当てはまった。すなわち、インドネシアによるマレーシアの奪取は「タイ、カンボジア、そして最後にはベトナム自体に影響を及ぼす」問題なのである［★47］。しかし、アメリカのベトナム軍事介入が拡大するにつれ、ジョンソンはマレーシア防衛以上の責任をロンドンに求めていくことになるのである。

6 カンボジア問題への影響

マレーシアと南ベトナム問題の関連については先行研究ですでに指摘されているが、以下では、これまで明らかにされていないマレーシア紛争とカンボジア中立化問題の繋がりを論じてみたい。

前述のワシントン会議で国務省のフォレスタルとヒルズマンは英代表団のペックに、カーン政権への「悪影響」を懸念してカンボジア中立化会議に反対する意向を伝えた。シハヌークを喜ばせる以外に会議開催に何の意義があるのかと疑問を呈するフォレスタルに、ペックはカンボジアの中国衛星化の危険を訴えたが納得させられなかった［★48］。インドネシアの共産化を阻止するためにスカルノとの関係維持が必要というなら、カンボジアの対中接近を防止するためにシハヌーク提案にも善処すべきではないのか。なぜそれをアメリカは理解できないのか。ペックには不可解だった。

とはいえ、当面BRIAMの活動拡大以外に南ベトナムを支援できないのなら、エサリントン・スミス(Gordon Etherington-Smith)駐南ベトナム英大使が本省に警鐘を鳴らしたように、せめてカンボジア問題でワシントンやサイゴンを困惑させる行動は慎むべきだったのである［★49］。

そこで、首脳会談から一週間後、ケーブルは以下のメモを作成してカンボジア問題での妥協を示した。

インドネシアへの援助の停止とともに、米政府から最低でも全面的な道義的・外交的支援を得られなければ、われわれはボルネオのジャングルで果てしなく続くゲリラ戦を回避できる望みはほとんどない。われわれは、［南］ベトナム政府が歓迎しないいかなる譲歩もカンボジアに対して行わないとするアメリカの政策を憂慮するが、それと同じように、アメリカ人はインドネシアと対立するマレーシアを支援するわれわれの政策を憂慮している。ワシントンでの共同声明で、ジョンソン大統領がマレーシア国家の平和的独立に対するアメリカの支援を再度表明した見返りに、［ヒューム］首相はアメリカのベトナム政策へのイギリスの支援を改めて述べたのである。われわれはいかなる軍事支援もできないので、アメリカがわれわれに期待できるのは外交的支援、とくに共同議長の権限におけるそれである。ワシントンで彼らが明らかにしたように、これはとくにカンボジア会議の問題についていえることである。……われわれが［マレーシアで］アメリカの支援を必要とするかぎり、われわれは、アメリカのベトナム政策が不要に稚拙で融通に欠けるものだと感じても、それを支援することによって代償を払わなければならないだろう［★50］。

つまり、カーン政権の先行きが不透明ななか、共同議長の権限を行使してカンボジア会議を回避することこそ、南ベトナムとアメリカに対してイギリスが行いうる「主要な貢献」だというのである［★51］。「われわれがカンボジア会議への支援を取り下げることを条件に米政府がマレーシアに関して全面的な支援提供を約束するなら、それに同意するのは当然」だと思われた［★52］。

さて、こうした状況のなか、シハヌークがカンボジア、タイ、南ベトナム、アメリカの四国会議を提案してきた。英外務省にとってこの提案には幾つかの利点があった。まず、この四国はカンボジアの領土保全・中立化に直接かかわりのある諸国で、「共産主義勢力とフランスの参加を除外」でき、かつ、カンボジアに対して西側が三対一の数的優位に立てる協議枠組みだった。加えて、「この提案には、少なくとも一時的に、われわれをますます困惑させるジレンマ――以前の宣言を反故にしてでもカンボジア会議のアイディアを放棄するか、それとも、アメリカを不愉快にさせても以前の宣言通り［会議を］続行するのか――からわれわれを救い出してくれるというこの上ない利点」があった［★53］。共同議長職と西側同盟国という立場の間での「綱渡り」に苦しんでいた英外務省にとって、四国会議は彼らを「厄介な仲介役」から解放してくれる提案だったのである[★54]。

しかし、これで外務省がカンボジア問題から完全に手を引こうとしていたわけではない。イギリスの直接関与を避けつつも、外務省は駐マレーシア高等弁務官のヘッド卿(Lord Head)を通して四国会議の主催をラーマンに持ちかけた。これには、主催者役を通じてラーマンにアメリカの信用を勝ち取らせ、マレーシア防衛に対するワシントンの協力を取りつけようとする計算も働いていた。ラーマンは、会議が実現の運びとなった際には、その主催者役を買ってでることに同意した[★55]。

だが、こうした矢先の三月一一日、在カンボジア英米大使館がプノンペン市民に襲撃される事件が起きた。事件へのカンボジア政府の関与は明らかだった。一般市民に加えて学童が数千人規模で動員されていたほか、二人の閣僚と多数の情報省関係者が現場で目撃されていた[★56]。

自ら四国会議を提案するなか、シハヌークはなぜ英米大使館の襲撃を許可したのか。これは協議の促進を狙った西側への圧力行使なのか。それとも、中国との連携を決断し西側との訣別を意図したものなのか[★57]。外務省はその真意を掴めずにいたが、在カンボジア大使館からは、シハヌークは「いまではスカルノよりも政治的に悪質」で、カンボジアは西側諸国との関係を断って「一二カ月以内に事実上共産主義陣営の衛星国と化すだろう」と極めて悲観的な報告が届いた[★58]。

バトラー外相は、この襲撃事件によってカンボジア中立化の緊急性を再認識する。秘書官のニコラス・ヘンダーソン(Nicholas Henderson)に対し、彼は以下のように語ったという。「アメリカがカンボジア会議を望んでいないのは承知している。だから、われわれが昨年(一九六三年)一二月に、その開催をアメリカに迫らなかったのは正しかった。だがいまでは、私の政治的な鼻が利き、もうこれ以上会議を引き延ばしてはならないと告げている」[★59]。四国会議の開催にも消極的なアメリカにバトラーは苛立ち[★60]、「何もせず事態を静観」していられないと国務省に詰め寄った［★61］。

三月二二日、ラスクは英外務省に「長文の書簡」を送付し、また翌日には電話会談でバトラーに米政府の立場を説明した。ラスクによると、インドシナに対する米英のアプローチには次のような相違があった。アメリカは南ベトナムの共産化を防ぐため「毎週多くの犠牲を払」っている。また、英仏はSEATO加盟国でありながらタイの安全保障に無関心なため、バンコクはSEATOよりもアメリカとの二国間関係に信頼を寄せている。東南アジアでのこうしたアメリカの役割を考慮すると、「南ベトナムとタイを犠牲」にして英仏と歩調を合わせるわけにもいかない。しかも、アメリカはサイゴンやバンコクに対して絶対的な影響力を持っているわけではない。両国の反対を押し切って強引にカンボジア中立化を認めさせることなどできないのである。むしろインドシナで「最優先されるべきは、カーン政権の命をつなぐ」ことである［★62］。国務次官ジョージ・ボール（George W. Ball）の言葉を借りれば、「米政府は、インドシナ情勢全体の鍵を握っているのは南ベトナムだと考えていた。ラオスやカンボジアも個別の問題を抱えているが、それらは南ベトナム問題と比べれば二義的な問題」で、ラオス、カンボジアの問題は、南ベトナム情勢が改善した後でも対応できるというのである［★63］。

結局、こうした南ベトナム中心主義を採るアメリカに英外務省は譲歩するのであるが、インドシナ問題に対する外務省の異なるアプローチについて付言しておこう。外務省は、アメリカのアプローチには南ベトナム情勢が好転するまで他のインドシナ問題を放置することになるという欠陥があり、南ベトナムに関心を奪われている間にカンボジアやラオスへの対処が手遅れになって、結果的にさらなる混迷が南ベトナムにもたらされると考えていた。カンボジア問題はインドシナという難解な「パズル」の一部分であって、インドシナ問題は「すべての断片がきちんとはめ込まれるまで最終的に解くことができない」のであった［★64］。外務省は米国務省と異なって、必ずしも南ベトナムを優先する方針をとっていなかった。カンボジア中立化の可能性が現実のものとなれば、まずそれに取り組み、カンボジアの安定化を南ベトナム、ラオスのそれに役立てることを期待していた。プノンペンの対中接近の阻止は、サイゴン政府の防衛にとっても極めて重要だとの認識であった。北京とプノンペンの連携が、サイゴン、ビエンチャンの共産化を加速させる危険を秘めていたからである。それでも、マレーシアという重要国益に関わる問題で協力を得るには、インドシナでアメリカと歩調を合わせなければならず、シハヌークが提案した四国会議の斡旋に英外務省は積極的になれなかったのだった。

7 ラオス情勢の暗転

同時に、ヒューム政権はラオス問題でもアメリカとの連携に心を砕くことになる。第三章で見たジュネーヴ協定の発効により、ラオスは中立化によって国内秩序の安定を図るはずであった。ところが、それから二年も経過しない六四年夏までに、プーマ連合政府は事実上崩壊し、再び混乱に陥っていくのである［★65］。

皮肉にも、プーマ中立派の強化を意図した六二年ジュネーヴ協定は、結果として中立派の弱体化と分裂をもたらした。六二年一一月、コン・レ軍に対するソ連の直接支援が終了すると、コン・レ軍にその軍事力を依存していたプーマ中立派の勢力は減退し始めた。六三年に入ると、ジュネーヴ会議で未解決となっていた国軍・警察の創設、またそれに伴う武装解除・復員をめぐって三派間の対立が再燃した。国軍の編成については三派がそれぞれ一万名、警察に関しては二〇〇〇名ずつを均等に供出することで一度は合意を見たが、その細則を詰める段階になって協議は決裂する。

三派間の合意形成に失敗して求心力を失った中立派は、コン・レ中立軍（いわゆる中立右派軍）と中立左派軍に分裂した。六三年二月から四月にかけて、左右に分裂した中立派勢力間で一連の報復的要人暗殺事件が起きる。なかでも、四月一日、中立左派に属すと目されていたキニム・ポルセナ（Quinim Pholsena）外相の殺害によって対立は決定的となった。中立派の分裂はノサワンとスパーヌウォンの権力争いを勢いづかせ、ポルセナ暗殺以降、ジャール平原をめぐる中立派の内紛に、ノサワン軍とパテト・ラオがそれぞれ加勢し、中立右派・ノサワン軍対中立左派・パテト・ラオ軍という対立の構図が出来上がった。両軍の対決は、タケク、サバナケットの南部地方にも拡大していった。六四年五月半ば、北ベトナム軍の支援を得た左派連合軍がジャール平原を制圧した［★66］。

こうして六四年夏までに三派による連合政府は崩壊していくのであるが、存命中ケネディはジュネーヴ協定の存続を表明し続けた。後にロストウは、共産主義者のジュネーヴ協定違反にケネディが迅速な対応をとらなかったことが、六〇年代のアメリカ外交における「最大の過ち」だと回顧している［★67］。ジュネーヴ「議定書」に則り、ケネディ政権は軍事顧問団六六六名と顧問団が雇用していたフィリピン民間技術者四〇〇名の撤退を六二年一〇月七日の期限までに完了したのに対し、ＩＣＣの監視地点を通過して撤退した北ベトナム兵はわずか四〇名であった。北ベトナム軍は撤退期限後もラオスでのホー・チ・ミン・ルートの建設を継続していたのである。

ではなぜ、ケネディ政権は「見せかけ」に過ぎないジュネーヴ協定を維持したのか［★68］。

ケネディは対ソ政策の観点からジュネーヴ協定の存続を望んだ。大統領は、米ソの共同努力によるラオス問題の解決を約したウィーン会談でのフルシチョフとの了解に重きを置いていた。既述のように、この了解はジュネーヴ会議でさらに具体化され、ハリマン提案のもと、ソ連政府はラオスでの北ベトナムと中国の行動に責任を負うことになった。ケネディは六三年四月、国務次官に昇進したハリマンをモスクワに派遣して、フルシチョフとグロムイコにこのソ連の責任を思い起こさせている。軍部などの意に反して中立化を推し進めたラオス問題には、大統領の個人的威信がかかっていた。ラオスでソ連が約束を果たさないなら、キューバからの撤退や部分的核実験禁止条約といったより重大な問題でフルシチョフを信頼できようか、とケネディは部下に問いかけている。ラオス問題は平和共存に対するソ連の真意を確かめるうえでの重要な試金石であった［★69］。

ところで、近年の研究によって、ケネディ政権はジュネーヴ協定の存続を唱える一方で、実はラオスで「秘密の戦争」を敢行していたことが明らかになりつつある。

軍事要員の駐留を禁止したジュネーヴ協定を遵守するため、ケネディは制服着用の軍事顧問をラオスから撤退させた。ただし、正確には、これらの要員はタイのウドン米軍基地に配置転換されただけであり、また平服に身をやつしたCIAの準軍事情報官がラオスに残留していた。CIAは、民間航空会社エア・アメリカ社の輸送機を使ってタイから人員、衣料、食糧、武器弾薬を輸送し、ラオスで活動を続ける米国際開発庁や広報文化局の支局員と連携しながら、これらの支援をパテト・ラオ＝北ベトナム軍と戦うゲリラ部隊に供給していった［★70］。

CIAが支援したラオスのゲリラとは、ヴァン・パオ（Vang Pao）将軍率いる山岳民族のモン族である［★71］。アイゼンハワー政権末期からモン族に対する軍事教練・物資支援は始まり［★72］、これをケネディ政権が引き継いだ。ジョンソン政権期になると、モン族への支援強化に加えて米軍機による共産主義勢力支配地域への爆撃も実施されるなど、秘密の戦争は次第に本格化していく［★73］。ケネディ政権は、ノサワン派にとどまらず、プーマからの要請でコン・レ軍への軍事支援も六三年から実施するようになっていた。

六〇年代後半、CIAビエンチャン支局長代行を務めたジェームズ・リリー（James R. Lilley）は、ラオスでの秘密の戦争は、「明白な地上軍の投入を避けることで、形だけでもジュネーヴ合意を尊重する姿勢を見せながら、ソ連や中国の全面介入を引き起こさずに北ベトナムに大きな打撃を与え」、「親米的なラオス軍にできるだけ支配地域を拡大してもらい、ラオス紛争に政治解決の可能性が浮上してきたら、交渉の上でより有利な立場を確保すること」が目的だったと述懐している[★74]。

ラオス中立破綻の危機をヒューム政権は深刻に受け止めた。ICCは休戦監視、紛争の実態調査に関して三派の了解を得られず、「議定書」に記載された役割をほとんど果たせていなかった。第三章で見たように、ICCの活動にはラオス政府の同意が必要であったが、問題は何をもってラオス政府の同意とするかであった。ソ連政府はポーランドやパテト・ラオの見解を代表して、ICCの活動はその都度ラオス三派すべての承認を必要とすると主張したのに対し、英外務省はインド、カナダとともにプーマ政権の同意のみで十分との立場をとり、両共同議長のあいだで押し問答が繰り返された。また、ジュネーヴ会議後まもなく生じた大規模な中印国境紛争(六二年一〇月)によって議長国インドと中国、パテト・ラオの関係が悪化してラオスでのICCの活動にも支障が出るようになっていた[★75]。

六四年夏の武力衝突によってラオスの中立破綻が明らかになると、ジュネーヴ会議の再招集を共同議長に求める声が国内外で高まった。四月二二日、ラオス危機を自国の中立化の好機と捉えてか、シハヌークがインドシナ問題を討議するジュネーヴ会議の開催を提案した。ラオス会議の再招集にフランス、中国、北ベトナム、インドが賛意を示し、ついにソ連政府も会議の再開を呼びかけるようになる[★76]。

首相のヒュームは、国際会議の再招集に積極的だった。もともと外相時代からヒュームは、インドシナでのラオス、カンボジア、ビルマによる「中立ベルト」地帯の構築に関心を持っていた[★77]。首相となってからもヒュームは「まずラオスを扱い、それからカンボジア、もしかしたら最終的にベトナム」問題も扱えないかと新たな会議に興味を示していた[★78]。

しかし、このように前向きな首相とは対照的に、外務省は慎重だった。外務省は、ソ連のラオス問題に対する関心の喪失や、北ベトナム、中国に対する統制力の低下を懸念し[★79]、ジュネーヴ会議で合意した英ソ共同保証体制は機能していないと見ていた。事実、七月末にバトラーがモスクワを訪問した際、フルシチョフは「貴殿に内密に申し上げるが、私はこの役職［共同議長職］から降りるつもりだ」と語っていた［★80］。フルシチョフはジュネーヴ会議を再招集できなければソ連は共同議長職を放棄するとバトラーを脅したが、それは会議の開催を促すためではなく、共同議長職から退くための口実作りだったと考えられる。

国際会議が開催されずソ連が共同議長職を辞することになれば、当然イギリスもその責任を問われる。それでも外務省は、米国務省が会議開催に付した三つの前提条件、①ラオスでの戦闘停止、②戦闘開始以前の支配地域への後退、③ラオス政府はプーマ首相が代表すること、を支持した。ラスクはバトラー宛の電報で語っているように、アメリカでは「実に多くの人々」が、ウィーン首脳会談での「フルシチョフの約束」や、一九六二年ジュネーヴ会議でのソ連政府の保証に期待するのは「ナイーヴ」なことだと考えていたのである［★81］。

ジョンソンもヒュームに直接書簡を送り、ラオス会議への反対の意を表した。大統領はとくに右記の第三条件に固執していたが、これは当時英外務省が検討していたラオス三派首脳会談を牽制するとともに［★82］、三派すべての代表参加を認めたジュネーヴ会議の轍を踏まないためであった。三条件すべてが満たされない限りアメリカは会議に参加せず、また必要なら「議会への相談なしに米空軍による大規模爆撃を許可する用意」がジョンソンにあるのを知って［★83］、英外務省も国際会議の開催を積極的に推し進めるわけにはいかなくなった。

結局、新たなジュネーヴ会議は開催されず、次章で見るベトナム戦争の進展とともにラオスでの秘密の戦争も激化していくことになるのである。

8 「英米のバランス・シート」

ここまで見てきたように、マレーシア紛争の激化に伴い、対米関係を強化する必要性から、ヒューム政権期のインドシナ政策は大幅に拘束されることになった。マクミラン政権同様、南ベトナムではBRIAM以上の関与を回避しつつ、米政府の政策を公式に支持し続けた。これは、ベトナムの中立化を唱えたド・ゴール仏大統領の姿勢と対照的であった。カンボジア中立化については、バトラーの対応にも見られるように、内心ヒューム政権は積極的であったといってよい。しかし、マレーシアへのジョンソン政権の支援を得る代償としてカンボジア問題では妥協したのである。ラオスでもアメリカの秘密の戦争の拡大とともに、ジュネーヴ会議の再招集によって問題解決を図ることが困難になった。

このように、六四年二月の英米首脳会談での南ベトナムとマレーシアに関する了解は、イギリスの対南ベトナム政策だけでなく、対カンボジア・ラオス政策をも拘束することになったのである。歴代英政府は南ベトナムとカンボジア、ラオスを区別し、後者二国による中立緩衝地帯の形成を期待してきたのだが、アメリカの南ベトナム介入が深まるにつれ、南ベトナムとラオス、カンボジアの問題を切り離して対処することは困難になった。南ベトナム情勢が劇的に好転するか、マレーシア紛争が終息してアメリカへの依存が低下するかしない限り、ヒューム政権はワシントンが快く思わないラオス、カンボジアの中立地帯化を推し進めるわけにはいかなくなったのである。

九月、バトラーが閣議に提出した「英米のバランス・シート」と題する文書は、このマレーシア紛争とインドシナ情勢の交錯を端的に表現している。この文書は世界全体について、イギリスとアメリカがどの地域でお互いどのような協力を必要としているかを総括したものである。まず、イギリスがアメリカの協力を必要とする場であるマレーシアについては以下の記述がある。

われわれは、スカルノ大統領に対決［政策］の中止を説得するために、より多くのアメリカの支援を求めている。アメリカ人は、スカルノ（または、もしスカルノが転覆された場合にはその後継者）を共産主義陣営に追いやるのを恐れて、［われわれに支援を］与えることに消極的であり、そして基本的に、（人口一〇〇〇万人の）マレーシアよりも、（一億人の住民を抱える）インドネシアの将来により大きな関心を抱いているのである。それゆえ、彼らは平和維持に懸命に努め、最終手段としてアンザス条約の下、軍事関与することがあるにしても、彼らは解決を好んで、われわれが望む程度にインドネシアに圧力をかけることには消極的であり続けるだろう［★84］。

八月から一二月かけて、インドネシア軍によるマレー半島上陸やマラッカ海峡でのサボタージュが続発した［★85］。九月にマレーシアでは非常事態が宣言され、ヒューム政権はアメリカの支援をこれまで以上に必要とするようになる。さいわい、ジョンソン米政権の態度に変化が生じた。七月、ワシントンでラーマンとジョンソンが会談し、ジョンソンは、マレーシアの安全と主権の保全努力に対する支持、またアメリカでのマレーシア兵に対する軍事訓練の供与、防衛用軍事装備の信用取引などを約束した［★86］。

他方、アメリカがイギリスの支援を必要とする東南アジアについては、次のように記されている。

アメリカ人は東南アジア、とくに南ベトナム、ラオス、カンボジアでの政策に対するわれわれの支援を必要としている。この地域でのわれわれの国益は少ないものの、アメリカと西側全体の双方にとってのその重要性をわれわれは認識している。さらに、上で見たように、われわれはマレーシアに対する彼らの支援を必要としている。こうした状況下では、たとえアメリカの政策に疑念を抱く部分があっても、われわれは自らの政策と彼らの政策を緊密に調和させ、彼らを一般的に支援してきたのである。［ただし、］これによって、われわれの不偏性（impartiality）に関する評判や、この地域でのわれわれの一般的な影響力、また少なからず彼らアメリカ人に対する影響力も低下させてしまうことになった［★87］。

ジュネーヴ共同議長という不偏の姿勢が求められる立場にありながらも、アメリカのインドシナ政策を支持したことによって、東南アジアでの影響力だけでなく、アメリカに対する影響力をも逆に低下させることになったという苦しい心境が吐露されている。

このように、六四年秋にはヒューム政権のインドシナ政策はマレーシア紛争の激化によって停滞を余儀なくされた。折しも、一〇月に総選挙が実施され、ハロルド・ウィルソン率いる労働党が僅差にて勝利を収めた。

次章以降で見るように、七〇年六月まで続くことになる第一期ウィルソン労働党政権は、ベトナム戦争が拡大・激化していく時期と符合する。ある歴史家の言葉を借りれば、ウィルソン＝ジョンソン政権期に英米同盟は「漂流」の危機に瀕するのであるが［★88］、ベトナム政策をめぐる対立がその主な原因であった［★89］。では次章で、その軋轢の始まりを見ることにしよう。

註

★1——マレーシア連邦の形成過程とマレーシア紛争に関しては、以下の研究を参照せよ。J. A. C. Mackie, *KONFRONTASI: The Indonesia-Malaysia Dispute, 1963-1966* (Kuala Lumpur: Oxford University Press, 1974); John Subritzky, 'Macmillan and East of Suez: The Case of Malaysia' in Richard Aldous and Sabine Lee (eds.), *Harold Macmillan: Aspects of a Political Life* (Basingstoke: Macmillan, 1999); John Subritzky, *Confronting Sukarno*; Jones, *Conflict and Confrontation*; Peter Busch, 'The Origins of *Konfrontasi*: Britain, the Cold War and the Creation of Malaysia, 1960-1963' in Michael F. Hopkins, Michael D. Kandiah and Gillian Staerck (eds.), *Cold War Britain, 1945-1964: New Perspectives* (Basingstoke: Palgrave Macmillan, 2003); John W. Young, *The Labour Governments 1964-1970: Volume 2: International Policy* (Manchester: Manchester University Press, 2003), chapter 3; David Easter, *Britain and the Confrontation with Indonesia, 1960-1966* (London: Tauris Academic Studies, 2004); Will Fowler, *Britain's Secret War: The Indonesian Confrontation 1962-66* (Oxford: Osprey Publishing, 2006); Nick van der Bijl, *Confrontation: The War with Indonesia 1962-1966* (Barnsley: Pen & Sword Military, 2007)。また邦語文献として、鈴木陽一「マレーシア構想の起源」『上智アジア学』第一六号（一九九八年）、同「グレーター・マレーシア一九六一－一九六七——帝国の黄昏と東南アジア人」『国際政治』第一二六号（二〇〇一年二月）、宮城大蔵『戦後アジア秩序の模索と日本——「海のアジア」の戦後史一九五七～一九六六』創文社、二〇〇四年、第二－四章、山本博之『脱植民地とナショナリズム——英領北ボルネオにおける民族形成』東京大学出版会、二〇〇六年、第九章、ジェームス・ルエリン「日本の仲介外交と日英摩擦——マレーシア紛争をめぐる日本外交と日英協議、一九六三－六六年」『国際政治』第一五六号（二〇〇九年三月）。また、当事者の回顧録として、トゥンク・アブドゥル・ラーマン・プトラ（小野沢純監訳・鍋島公子訳）『ラーマン回想録』井村文化事業社、一九八七年、リー・クアンユー（小牧利寿訳）『リー・クアンユー回顧録（上）ザ・シンガポール・ストーリー』日本経済出版社、二〇〇〇年。本小節の記述は、以上の文献に依拠している。

★2——岩崎育夫『リー・クアンユー——西洋とアジアのはざまで』岩波書店、一九九六年、五三－六〇頁。

★3——当時、マラヤ連邦の人口は約七〇〇万人であったが、そのうち五〇パーセントがマレー人、三〇数パーセントが中国系であった。これに人口一五〇万人のうち約八〇パーセントを中国系が占めるシンガポールを統合すると、中国系人口が全体の過半を占めることになり、マレー人主体の国家形成が危うくなる恐れがあった。そこで、ボルネオ島北部植民地をも同時に合併すれば、総人口が約一〇〇〇万人となるマレーシア連邦でマレー系が四割を超え、三割強の中国系を凌駕できた。今川『続東南アジア現代史』、一八六頁。

★4——インドネシアの「対決政策」に関しては、マイケル・リーファー（首藤もと子訳）『インドネシアの外交——変化と連続性』勁草書房、一九八五年、第四章、永井重信『インドネシア現代政治史』勁草書房、一九八六年、第九章

第一〇節参照。

★5――今川幸雄『現代眞臘風土記』ＫＤＤクリエイティブ、一九九七年、一六一頁。

★6――ノロドム・シアヌーク（友田錫・青山保訳）『シアヌーク回想録――戦争…そして希望』中央公論社、一九八〇年、八〇―八一頁、ミルトン・オズボーン（石澤良昭監訳・小倉貞男訳）『シハヌーク――悲劇のカンボジア現代史』岩波書店、一九九六年、一〇五―一〇六、一一九、一八〇―一八一頁; David P. Chandler, *The Tragedy of Cambodian History: Politics, War, and Revolution since 1945* (New Heaven: Yale University Press, 1991), p.132.

★7――日本国際問題研究所編『国際年報一九六三―一九六四年』、一九七九年、四三七頁。

★8――日本国際問題研究所編『国際年報一九六三―一九六四年』、一八八頁、及びKenton Clymer, *Troubled Relations: The United States and Cambodia since 1870* (DeKalb: Northern Illinois University Press, 2007), pp.57-58.

★9――Leslie Fielding, *Before the Killing Fields: Witness to Cambodia and the Vietnam War* (London: I. B. Tauris, 2008), p.41.

★10――Lord Home, *The Way the Wind Blows: An Autobiography* (London: Collins, 1976), p.170.

★11――Fielding, *Before the Killing Fields*, p.44. この五点は以下の文書に記されている。TNA, PREM11/4664, 'Cambodian Neutrality: Its Nature and Prospects', 18 September 1964.

★12――TNA, FO371/170062, FO to Saigon, 29 November 1963.

★13――TNA, PREM11/4663, FO to Washington, 26 November 1963; TNA, FO371/170077, FO to Bangkok, 5 December 1963.

★14――朱建栄『毛沢東のベトナム戦争――中国外交の大転換と文化大革命の起源』東京大学出版会、二〇〇一年、三八八―三八九頁、オズボーン『シハヌーク』、一九三頁。

★15――Zhai, *China and the Vietnam Wars*, p.137.

★16――TNA, FO371/170077, FO to Bangkok, 'Possible Conference on Cambodia', 11 December 1963.

★17――TNA, PREM11/4663, FO to Washington, 26 November 1963.

★18――TNA, FO371/170077, FO to Bangkok, 5 December 1963.

★19――ベトナム戦争をめぐる米仏関係およびフランスの和平外交については、菅英輝「ベトナム戦争をめぐる国際関係」『国際政治』第一〇七号（一九九四年九月）、一一―一六頁、及び鳥潟優子「ドゴール大統領によるアメリカ外交批判――ベトナム戦争と中立化構想・一九六一年五月～一九六五年三月」『国際公共政策研究』第六巻第一号（二〇〇一年九月）、同「冷戦構造とドゴール大統領の『中立化』構想――一九六〇年代・ベトナム戦争をめぐる仏米同盟」『国際公共政策研究』第七巻第二号（二〇〇三年三月）、同「ベトナム戦争批判とドゴール外交の現実――一九六六年九月『プノンペン演説』をめぐる考察」『西洋史学』第二二三号（二〇〇六年九月）、同「ドゴールの外交戦略とベトナム和平仲介」『国際政治』第一五六号（二〇〇九年三月）、Fredrik Logevall, 'De Gaulle, Neutralization, and American Involvement in Vietnam, 1963-1964', *Pacific Historical Review*, 41 (February 1992), pp.69-102; Yuko Torikata, 'Reexamining de Gaulle's Peace Initiative on the Vietnam War', *Diplomatic History*, 31:5 (November 2007).

★20――TNA, FO371/175091, Pierson Dixon to R. A. Butler, 4 May 1964; TNA, FO371/175091, 'Summary of Paris Dispatch No.59 of May 4 French Policy in South-East Asia', 4 May 1964.

★21――フランスのベトナム中立化提案に対する外務省の不信は強く、フランスに対する諜報活動を強化してド・ゴールの動きを注意深く観察する必要があるとしていたほどである。TNA, FO371/175062, 'Record of a Meeting on February 14, 1964', undated.

★22――TNA, FO371/170079, Saigon to FO, 23 December 1963.

★23――マクナマラ編『果てしなき論争』、二二一頁。

★24――TNA, FO371/170079, 'Tripartite Discussion on Cambodia 5.30 p.m. on December 14', 14 December 1963.

★25――TNA, FO371/169681, 'The French Attitude towards Cambodia', undated.

★26――TNA, PREM11/4663, 'Record of a Conversation between the Foreign Secretary, the United States Secretary of State and the French Foreign Minister at the Quai d'Orsay at 5:30 p.m. on Sunday, December 14, 1963'; *FRUS*, 1964-68, 27, Mainland Southeast Asia, Regional Affairs (Washington: United States Government Printing Office, 2000), 'Memorandum of Conversation', 24 January 1964, pp.255-256.

★27――フランスの対中国交正常化と、その国際的影響については、Fredrik Logevall, 'The French Recognition of China and Its Implications for the Vietnam War' in Priscilla Roberts (ed.), *Behind the Bamboo Curtain: China, Vietnam, and the World beyond Asia* (Stanford: Stanford University Press, 2006).

★28――鳥潟「ドゴール大統領によるアメリカ外交批判」、一〇八－一〇九頁。

★29――TNA, FO371/175440, Paris to FO, 7 February 1964.

★30—TNA, FO371/175440, Saigon to Paris, 27 January 1964.
★31—Jones, *Conflict and Confrontation*, pp.239-241; 宮城『戦後アジア秩序の模索と日本』、七八－七九頁。
★32—Jones, *Conflict and Confrontation*, pp.244-245.
★33—Jones, *Conflict and Confrontation*, p.243, 260; 宮城『戦後アジア秩序の模索と日本』、八〇、八八頁。
★34—Subritzky, *Confronting Sukarno*, p.97.
★35—Jones, *Conflict and Confrontation*, pp.250-252; Easter, *Britain and the Confrontation with Indonesia*, pp.80-81.
★36—TNA, FO371/175440, memo by Cable, 27 January 1964.
★37—Jones, *Conflict and Confrontation*, p.259.
★38—TNA, FO371/175090, Office of the High Commissioner for Australia, London: Inward Cablegram from the Australian Embassy, Washington, 12 February 1964.
★39—TNA, FO371/175062, 'Record of Prime Minister's Talks with President Johnson at the White House on Wednesday, February 12, 1964 at 11 a.m.'.
★40—Subritzky, *Confronting Sukarno*, p.103.
★41—TNA, PREM11/4759, 'Record of a Conversation between the Foreign Secretary and the United States Secretary of State at the White House at 3 p.m. on Wednesday, February 12, 1964', 17 February 1964.
★42—TNA, FO371/175062, 'Record of a Meeting on February 14, 1964'.
★43—TNA, FO371/175062, 'Record of Prime Minister's Talks with President Johnson at the White House on Wednesday, February 12, 1964 at 11 a.m.'.
★44—Subritzky, *Confronting Sukarno*, p.124.
★45—TNA, FO371/175062, 'Record of a Meeting on February 14, 1964'.
★46—TNA, FO371/175441, 'Proposed Statement to NATO Council by the UK: Cambodia, Malaysia and Indonesia', undated. 木畑洋一も、「マレーシア紛争でのイギリスの行動は、共産主義の拡大を封じ込める世界大での努力におけるアメリカの重要なパートナーとしてのイギリスの位置に基づいて」いたと指摘している。木畑「イギリス帝国の崩壊とアメリカ」、二九三頁。
★47—TNA, FO371/175090, 'Text of Statement made by Mr. E. H. Peck Assistant Under-Secretary of State in the North Atlantic

Council on Wednesday, February 19, 1964', 19 February 1964.

★48—FO371/175090, 'Quadripartite Talks in Washington: February 10 and 11: Record of Meeting', undated.

★49—TNA, FO371/175444, Gordon Etherington-Smith to J. E. Cable, 1 April 1964.

★50—TNA, FO371/175441, memo by J. E. Cable, 19 February 1964.

★51—TNA, FO371/175445, 'Cambodia' by J. E. Cable, 11 March 1964.

★52—TNA, FO371/175441, 10 February 1964.

★53—TNA, FO371/175441, 'Cambodian Conference' by J. E. Cable, 20 February 1964.

★54—TNA, FO371/175442, 21 February 1964; TNA, FO371/175442, 'Cambodia' by J. E. Cable, 25 February 1964; TNA, PREM11/4664, 'Cambodia', 25 February 1964.

★55—TNA, FO371/175443, D. F. Milton to Sir Neil Pritchard, 9 March 1964.

★56—TNA, FO371/175435, 'Cabinet: Thursday March 12 Cambodia', 12 March 1964.

★57—TNA, FO371/175435, Phnom Penh to FO, 12 March 1964.

★58—TNA, FO371/175435, Phnom Penh to FO, 16 March 1964.

★59—Nicholas Henderson, *The Private Office: A Personal View of Five Foreign Secretaries and of Government from the Inside* (London: Weidenfeld and Nicolson, 1984), p.80.

★60—TNA, FO371/175062, 'Record of a Conversation between the Foreign Secretary and Governor Harriman on March 20, 1964', 24 March 1964.

★61—TNA, PREM11/4664, FO to Washington, 19 March 1964.

★62—TNA, FO371/175444, Dean Rusk to Butler, 22 March 1964; TNA, PREM11/4664, FO to Washington, 23 March 1964; TNA, PREM11/4664, 'Record of a Conversation between the Foreign Secretary and Mr. Dean Rusk on Monday', 23 March 1964; *FRUS*, 1964-68, 27, 'Telegram from the Department of State to the Embassy in the United Kingdom', 22 March 1964, pp.281-285; Arne Kislenko, 'Bamboo in the Shadows: Relations between the United States and Thailand during the Vietnam War' in Andreas W. Daum, Lloyd C. Gardner and Wilfried Mausbach (eds.), *America, the Vietnam War, and the World: Comparative and International Perspectives* (Cambridge: Cambridge University Press, 2003), p.206.

★63—TNA, FO371/175091, 'Record of Conversation at a Working Lunch Given by the Foreign Secretary for Mr. G. Ball at 1,

Carlton Gardens on Monday, June 8', 8 June 1964; Kenton J. Clymer, 'The Perils of Neutrality: The Break in U. S. – Canadian Relations, 1965', *Diplomatic History*, 23:4 (Fall 1999), p.618.

★64――TNA, FO371/175422, J. E. Cable to L. Fielding, 11 December 1964.

★65――ジュネーヴ協定後のラオス情勢に関しては、Stevenson, *The End of Nowhere*, chapter 7; R. B. Smith, *An International History of the Vietnam War: Volume2: The Struggle for South East Asia, 1961-65* (Basingstoke: Macmillan, 1985); Arthur J. Dommen, *The Indochinese Experience of the French and the Americans: Nationalism and Communism in Cambodia, Laos, and Vietnam* (Bloomington: Indiana University Press, 2001). 邦語文献として、桜井・石澤『東南アジア現代史Ⅲ』、第三部第二節。

★66――日本国際問題研究所編『国際年報一九六三―一九六四年』、一九八三年、一九一―一九五、五八六―五六九、六二四―六二八頁。

★67――Walt W. Rostow, *The Diffusion of Power: An Essay in Recent History* (New York: Macmillan, 1972), p.290.

★68――ハンナはジュネーヴ協定を「見せかけ」の合意として、その存続を主張したハリマンやヒルズマンを痛烈に批判している。Hannah, *The Key to Failure*, pp.59-73.

★69――ケネディがソ連との了解に強い関心を寄せていたことは、*FRUS*, 1961-1963, 24, no.438, 445, 450, 452, 455, 457, 458, 459, 460, 462, 464の文書で確認できる。六三年四月二一日、ハリマンに電話をかけたケネディはおどけて「私が話しているのは、ジュネーヴ協定の設計者かね」と尋ねた。ハリマンは、「もしそれが上手くいかなくなったら、自ら進んでその責任をとるつもりだ」と答えている。ケネディがすぐさま「私もその一端を担っている」と話すと、ハリマンは、「私が閣下をお守りしたい」と答えた。ラオス中立化に取り組んだ二人の心境が垣間見えるエピソードである(no.462)。

★70――Stevenson, *The End of Nowhere*, pp.185-186; ウィリアム・E・コルビー(大前正臣・山岡清二訳)『栄光の男たち――コルビー元CIA長官回顧録』政治広報センター、一九七八年、第五章、青山利勝『ラオス――インドシナ緩衝国家の肖像』中公新書、一九九五年、一一八―一二六頁。

★71――モン族とアメリカのかかわりについては、Castle, *At War in the Shadow of Vietnam*; Jane Hamilton-Merritt, *Tragic Mountains: The Hmong, the Americans, and the Secret Wars for Laos, 1942-1992* (Bloomington: Indiana University Press, 1993); Roger Warner, *Back Fire: The CIA's Secret War in Laos and Its Link to the War in Vietnam* (New York: Simon &

Schuster, 1995); Keith Quincy, *Harvesting Pa Chay's Wheat: The Hmong & America's Secret War in Laos* (Washington: Eastern Washington University Press, 2000). 邦語文献として、竹内正右『モンの悲劇――暴かれた「ケネディの戦争」の罪』毎日新聞社、一九九九年。また、タイによるモン族支援については、Sutayut Osornprasop, 'Amidst the Heat of the Cold War in Asia: Thailand and the American Secret War in Indochina (1960-74)', *Cold War History*, 7:3 (August 2007).

★72――ワイナー『CIA秘録(上)』、三〇二頁。

★73――ラオスの「秘密の戦争」が本格化するのは六五年以降である。六四年から六八年にかけて、このラオスでの戦争を指揮したのが、ウィリアム・サリヴァン大使である。サリヴァンは回顧録で、戦争の指揮に関してワシントンから「フリー・ハンド」を与えられていたと語っている。William H. Sullivan, *Obbligato: Notes on a Foreign Service Career* (New York: W. W. Norton & Company, 1984), p.211. ラオスでの戦争がしばしば「サリヴァンの戦争」を呼ばれる所以である。Castle, *At War in the Shadow of Vietnam*, chapter 6.

★74――ジェームズ・R・リリー(西倉一喜訳)『チャイナハンズ――元駐中米国大使の回想一九一六―一九九一』草思社、二〇〇六年、一二六―一二七頁。

★75――SarDesai, *Indian Foreign Policy*, chapter 9.

★76――TNA, PREM11/4762, FO to Certain of Her Majesty's Representatives, 7 June 1964.

★77――TNA, FO371/159935, 'Record of Conversation between the Secretary of State and Mr. Krishna Menon at Coppet on Monday, May 15', 15 May 1961.

★78――TNA, PREM11/4761, D. G. Mitchell to N. M. Fenn, 22 May 1964; TNA, PREM11/4761, D. G. Mitchell to J. N. Henderson, 25 May 1964.

★79――英外務省は六三年春の時点ですでにソ連のラオス問題への関心の低下とアジア共産主義国への影響力の低下を認識していた。TNA, PREM11/4186, Harold Macmillan to Mr. De Zulueta, 20 April 1963; TNA, PREM11/4186, Washington to FO, 27 April 1963; TNA, PREM11/4590, 'Record of a Conversation at Admiralty House at 12 noon on Monday, April 29, 1963'. 六三年五月に会談した際、ヒュームとラスクは、共産主義諸国の行動に対して責任をとるようソ連に申し入れていく必要を確認しながらも、アジアの共産主義諸国に対する「影響力をロシア人は失っているか、または目下この特定の問題で中国人との騒動を避けたがっているようだ」と分析している。TNA, FO371/168422, 'Record of Conversation between the Foreign Secretary and the United States Secretary of State at the U.K. High Commission at Ottawa on Thursday, May 23, 1963'.

★80—TNA, PREM11/4762, Moscow to FO, 28 July 1964; TNA, PREM11/4726, 'Extract from Record of Foreign Secretary's Talk with Mr. Khrushchev in Moscow', 28 July 1964.

★81—TNA, PREM11/4761, FO to Washington, 23 May 1964.

★82—TNA, PREM11/4761, 'The President to the Prime Minister, 25 May 1964.

★83—TNA, PREM11/4761, Washington to FO, 27 May 1964.

★84—TNA, CAB129/118, CP(64)164, 'An Anglo-American Balance Sheet', 2 September 1964.

★85—リーファー『インドネシアの外交』、一五〇頁。

★86—'Joint Statement following Discussions with the Prime Minister of Malaysia', July 23, 1964, *The American Presidency Project* [http://www.presidency.ucsb.edu/ws/index.php?p].（二〇〇八年一〇月二〇日アクセス）

★87—TNA, CAB129/118, CP(64)164, 'An Anglo-American Balance Sheet', 2 September 1964.

★88—Dimbleby and Reynolds, *An Ocean Apart*, chapter 13 'Drifting Apart 1963-1973'.

★89—ジョン・ベイリス（佐藤行雄・重家俊範・宮川眞喜雄訳）『同盟の力学——英国と米国の防衛協力関係』東洋経済新報社、一九八八年、一五〇頁。

第六章　ベトナム和平工作の展開

一〇月一五日、ハロルド・ウィルソン率いる労働党がわずか数議席差で総選挙に勝利し、一九五一年一〇月以来一三年ぶりに政権を奪回した。労働党政権の誕生はベトナム戦争が「アメリカの戦争」と化していく時期と重なり、ウィルソンは歴代保守党政権と異なって戦時下の対米同盟管理という難題に直面する。第一次インドシナ戦争時のチャーチルもラオス内戦時のマクミランも、アメリカが瀬戸際で軍事介入を思い止まったためウィルソンが直面することになる厳しい試練に立ち向かわずに済んだ。ラオス内戦に直面してマクミランは同盟と和平の両立を模索したが、ウィルソンは戦時下というさらに困難な環境下で同じ課題への対処を求められたのである。

本章では、米軍による北ベトナムへの継続的爆撃や地上戦闘部隊の大規模投入などベトナム戦争の「アメリカ化」が進展していくなかで、ウィルソン政権が六五年に行った一連の和平工作の展開を追うことにする。

1　米政府の二段階作戦

六四年八月初旬、北ベトナムに面するトンキン湾で米駆逐艦が北ベトナム海軍魚雷艇による二度の攻撃を受ける事件が起きた。公海上で情報収集を行っていた駆逐艦「マドックス」と「ターナージョイ」が二日と四日に攻撃されたとする事件、いわゆる「トンキン湾事件」である［★1］。七日、ジョンソンは議会に赴き、北ベトナムによる南ベトナム及びラオス奪取の試み、また五四年と六二年の二つのジュネーヴ協定違反を告発して、東南アジア自由諸国の安全を守る権限の付与を要求した。これに対し、上下両院は、「軍事力の行使を含む必要なあらゆる措置」を採る権限を認めた「東南アジア決議」（「トンキン湾決議」）を圧倒的多数（上院八八対二（棄権一〇）、下院四一六対〇）で可決した。

ジョンソン、ラスク、マクナマラの回顧録に記されているように、米首脳たちは一回目の攻撃は確信していた。ところが、現場からの報告に混乱があって二度目の攻撃が実際にあったのかどうか疑念が持たれていた。にもかかわらず、ジョンソンは結局北ベトナムの魚雷艇基地と石油貯蔵施設への報復爆撃（北爆）を敢行した［★2］。

現在では、この二度目の攻撃が実在しなかったことが、マクナマラの呼びかけで一九九〇年代後半に設立された「ベトナム戦争検証プロジェクト」によって指摘されている［★3］。皮肉にもジョンソンは一度目の攻撃は故意によるものではない可能性もあるとして報復を思いとどまったのに対し、「二度目の挑発」によって報復を決断したという［★4］。ラスクも米政府が北爆の口実を探していたとの批判に対して、もしそうであるなら第一攻撃を利用していたはずだと反論し、第二攻撃こそ報復を決断した要因だったと述べている［★5］。

一一月三日、バリー・ゴールドウォーター（Barry Goldwater）共和党候補との大統領選挙で、ジョンソンは四四州での勝利と六一パーセントの得票率を獲得して大勝した。同時に行われた議会選挙の結果、議会上下両院も民主党が支配することになった。

選挙での勝利という重圧から解放されたジョンソンは［★6］、一二月一日、二段階の措置に基づく新たなベトナム政策を決定する[★7]。二段階作戦の内容は次の通りである。まず、第一段階として期間三〇日の予定での「ラオス浸透路に対する武装偵察攻撃の強化」が決まった[★8]。武装偵察にはラオス北部国道七号線沿線地域やパンハンドル地区の浸透路および軍事施設への空爆が含まれ[★9]、一二月一四日から「バレルロール」作戦として実施された。サイゴン政府の士気を高めるためには「米軍機の存在」を「広く知らしめることが重要」であったものの、米軍の活動はラオス政府が許容する以上には公表されないことになった[★10]。前章で述べたラオスでの「秘密の戦争」の本格的始動である。ラスクがパトリック・ゴードン・ウォーカー(Patrick Gordon Walker)英外相に明かした情報によれば、ラオスに潜伏する北ベトナム軍は「六〇〇〇人を下回ったことはなく、当時、約一三ないし一四個大隊」が駐留していたとされる[★11]。事実、六四年秋、北ベトナムは南への連隊規模での正規軍投入を決定し浸透の拡大をはかっていた[★12]。バレルロール作戦の開始はラオスの国際的中立の破綻を告げ、ラオスとベトナムの戦線の一体化を意味するものであった。

次いで第二段階として、北緯一七度から一九度の北ベトナム領内の浸透路及び軍事施設に対する米軍と南ベトナム軍の爆撃が計画された。その目的は空爆を徐々に強化しハノイ指導部に圧力をかけて解放戦線のゲリラ活動を停止させることにあった。この二つの段階の間には大幅な軍事的エスカレーションがあった。そのため、ジョンソンは第二段階の北爆計画を承認しつつも、当面その実施を保留することにした[★13]。

ジョンソンは相も変わらず混迷を極めるサイゴン政府に辟易《へきえき》していた。トンキン湾決議が可決された八月、サイゴンでは改革を要求する仏教徒と学生の反政府運動によってカーン政権の存続が危ぶまれた。カーンは実権を維持したままチャン・ヴァン・フォン(Tran Van Huong)に形式的な政権を樹立させ危機を乗り切ろうと試みるが、抗議運動はなおも続き、一一月末に非常事態を迎えるに至った[★14]。ジョンソンは、北爆は対症療法に過ぎず、いくらハノイを叩いてもサイゴン政府の安定化という真の問題解決にはつながらないと考えていた。そこで大統領は、軍隊・警察部門などの改革を通じてサイゴン政府が安定するまで、本格的な北爆を行う第二段階への移行を見合わせることにしたのである［★15］。

ジョンソンが第二段階の実施を先延ばししたのには、それ以前に同盟国からより多くの協力と理解を取りつけておこうとする意図もあったように思える。三日、英大使のハーレック卿(Lord Harlech)に対しバンディ補佐官は、大統領は今後英政府にサイゴンへのより多くの援助と「現場人員」の供与を「強く求める所存」であると伝えた。加えてバンディは、間近に迫った両国の首脳会談に言及して、ロンドンからの何か有益なベトナム政策提案が会談の良好な雰囲気作りに重要であるとし、来る会談での具体的支援策の提示を促した［★16］。

2 ウィルソン＝ジョンソン首脳会談

米時間一二月七日、ウィルソンはゴードン・ウォーカー外相、デニス・ヒーリー(Denis Healey)国防相を帯同してワシントンでの初の首脳会談に臨んだ。これまで一般的に、ウィルソン＝ジョンソン政権期の英米関係は低調であったと評価されているが、両者による公式・非公式の会談は八回を数え、首脳外交は他の政権期よりも活発に展開されることになるのである［★17］。

会談でウィルソンはジョンソンに対し「統一の目的と目標」を土台とする「緊密」な英米関係の構築を訴えた［★18］。ウィルソンは歴代保守党政権が好んで使った「特別な関係」ではなく、「緊密な関係」という言葉で英米関係を表現したが、アメリカの最良の同盟国であり続けようとする決意を表明したという点において、それまでの政権と何の違いもなかった。

多角的核戦力構想とともに、ベトナム問題は首脳会談の中心議題であった[★19]。予想通り、ジョンソンとラスクはベトナムへの軍事的貢献をウィルソンに求めた。米首脳陣は、南ベトナム防衛をアメリカの単独事業ではなく、同盟国の支援を得た国際的な取り組みにすることを目指していた。これまでもジョンソン政権は六四年春に「モア・フラッグス（more flags）」計画を展開して同盟諸国に対南ベトナム支援を呼びかけてきた。だが、その成果は芳しくなかった。当時、ロンドンの説得にあたった米高官は、ヒューム政権の冷ややかな反応に触れて、「一〇年前のスエズ危機時のアメリカの非協力的な振る舞い」を想起させられたと回顧している[★20]。

会談に同席したラスクは「エンジニアや技術者、軍」の派遣を要請した。アメリカにとって重要なのは、ウィルソン英政権が「旗幟を鮮明にする（showing the flag）」ことだという。「ハノイ、サイゴン、ここアメリカの人々は、他国が何をし、同盟国がどれだけ多くの支援を与えてくれているかに関心」があり[★21]、ジョンソンは「形式程度」の支援で構わないとウィルソンに協力を求めた[★22]。

英政府の見解を代表してゴードン・ウォーカーは、マレーシア紛争とジュネーヴ会議の共同議長職の二つを理由に挙げて軍事協力の要請を断った。そもそも彼には、「ベトナムでのアメリカに匹敵する」関与をイギリスはマレーシアで行っているとの自負があった。既に「ボルネオに八〇〇〇人、マレーシアに合計二万人」の兵力を展開していたのである。ゴードン・ウォーカーはベトナムとマレーシアを一体化した問題として捉える必要性を論じ、イギリスはマレーシアで主導的役割を果たして東南アジア秩序の維持に貢献しているのだと理解を求めた。南ベトナムに対しては、ＢＲＩＡＭの活動に加えてマレーシアの「ジャングル戦訓練所」（表1）での南ベトナム人の受け入れ拡大、サイゴンへの警察顧問及び医療救護隊の人員増加を申し出るにとどまった[★23]。

さらに、ジュネーヴ共同議長の職責が、イギリスの軍事関与を難しくしていたもうひとつの理由であった。

表1 マラヤ(マレーシア)での南ベトナム人訓練(1963年)

1963	訓練内容	人数	訓練場所
3.4-4.27	ジャングル戦術	民間警備隊中隊	Port Dickson
3.25-4.15	諜報コース	民間警備隊員29名	Kuala Lumpur(特殊部門訓練所)
4.7-4.12	マラヤ視察	民間警備隊上官3名、通訳	
7.1-7.20	諜報コース	民間警備隊員30名	Kuala Lumpur(特殊部門訓練所)
7.28-10.5	ジャングル戦術	民間警備隊員16名	Dusun Tua
8.5-9.30	ジャングル戦術	民間警備隊中隊	Port Dickson
9.9-9.14	訓練視察	米軍事顧問2名	Port Dickson; Dusun Tua
9.18-9.26	訓練視察	民間警備隊上官3名、通訳	
10.13-12.21	ジャングル戦術	民間警備隊員16名	Dusun Tua
10.14-11.8	諜報コース	民間警備隊員30名	Kuala Lumpur(特殊部門訓練所)
11月(10日間)	マラヤ視察	警察幹部4名	

出典：The National Archives, England, FO371/170101.

アメリカがベトナムで「節度を越えた報復」を行えば、イギリスは共同議長国として「困難な状況」に置かれてアメリカを弁護できなくなる。この事態を避けるため、ウィルソンとゴードン・ウォーカーはアメリカが過剰反応に走らぬよう抑制を説いた。ウィルソンは、当面、ベトナム問題を協議する国際会議を開催しないことを約束し、その代わりベトナム政策に関して緊密な連携をとるよう米首脳に要請した[★24]。

初の直接会談ということもあって、ジョンソンはイギリスの軍事貢献の問題に深入りしなかった。会談前バンディ補佐官から、現時点でロンドンに軍事貢献を求めるのは困難であると説明を受けていたからである。ただし、北爆の早期開始を主張していたバンディは、「第二段階に入り、合衆国と他国の合同軍の駐留が必要となるとき」、オーストラリア、ニュージーランドとともに「小規模のイギリスの軍隊」を得ようと目論んでいた。その際、彼はウィルソンを説得する材料として、南ベトナムへの軍事貢献の見返りに、例えばインドネシアに米海空軍を展開して「スカルノを冷静にさせる」という取引をも念頭に置いていた[★25]。バンディはハーレック卿と九日に会談した際、次の警句を発した。「過去数日間、大統領は弱い相手[であるイギリス]にパワー・プレーを仕掛けていると思われないように、強く自重されておられた」。しかし、「もし彼の寛大さが誤解されるようであれば、それが今後も続くかどうか、私には疑問だ」[★26]。

ウィルソンは帰国後、米首脳陣と「たいへん親密な雰囲気」の会談を持ち、「防衛に関するわれわれの基本政策を明らかにし、今後のより詳細な協議の準備を整え」ることができたと閣僚たちに報告した。ウィルソンは、「とくにジョンソン大統領と彼の同僚諸氏が、イギリスが果たしている世界大の軍事的役割の価値や、可能なかぎりあらゆる場所で他のコモンウェルス諸国と共同してその役割を継続していくことの重要性を強調」したことに満足感を覚えていた[★27]。「かなり遅ればせながらも」、米政府が世界平和を維持する「力としてのコモンウェルスの役割」を認識するようになったのである。「五年前」のアメリカには、このような考えは全くなかった[★28]。

このウィルソンの発言には、六〇年代に入って拡大を遂げたコモンウェルスとの連携を通じてイギリスの世界的影響力を維持していこうとする意気込みが暗示されている。ウィルソンのコモンウェルスに対する関心は、彼の国際情勢認識と密接に関連していた。ウィルソンは次のように、自らの政権担当期を戦後国際政治の転換期と捉えていた。

一九五五年から一九六五年は、冷戦においてわずかに雪解けが生じた時期であった。……この時期は、別の二つのことによっても特徴づけられる。ひとつは、［東西］両陣営の水素爆弾の攻撃力が凄まじく相互に均衡するようになったため、両陣営とも水爆戦争によって世界が事実上破滅してしまうことを認識するようになったことだ。……この一〇年はまた、世界舞台におけるアジアとアフリカの重要性が増し、それに応じて世界とその諸問題の中心としてのヨーロッパの地位が減退したことによっても特徴づけられる。……次の一〇年を展望すると、おそらく最も重要なのは、危険の諸要因がヨーロッパから第三世界のアフリカ、アジアへさらに移行していくことだろう。……人種や、肌の色や、人間の尊厳を主張する願望が、これから訪れる時代に深刻な問題を同様に提起することになろう［★29］。

ウィルソンは野党時代から、「人種関係が軍備競争よりも中心を占める」ようになるこれからの時代では、「人類史上最大の多人種連合であるコモンウェルス」が「われわれに無限の影響力」をもたらすだろうと考えていた［★30］。第三世界で生起する新しい危機への対処において多様なアジア・アフリカ諸国を内包するコモンウェルスに平和維持の枠組みとして期待していたのである。ベトナム戦争はまさにそうした新時代の危機を予兆する事件であった。後に見るように、彼が調停工作の一環として考案したコモンウェルス平和使節団も、このような認識に根差していたと見るべきだろう。

ウィルソンの右の時代認識は、ゴードン・ウォーカーに代わって外相に就任（六五年一月）したマイケル・スチュワート（Michael Stewart）やヒーリーにも共有されていた。スチュワートは、「支配に基づく旧来の白人＝非白人関係は過去のものとなり、新しい対等な関係」の時代が到来したと考えていた。彼にとって問題は、「この変化が友好的な状況のなかで起きるのか、それとも暴力によってもたらされるのか」であった［★31］。ベトナム戦争はまさに暴力による変革を象徴していたのである。

またヒーリーも次のように述べて、ベトナム戦争と人種問題の関連性を指摘している。「アメリカは、アジア、中東、アフリカからイギリスを追い出そうと過去三〇年間努めてきたのだが、今では必死になってわれわれをつなぎとめようとしている。ベトナム戦争の間、アメリカはベトナム人の土地で有色人種を殺す唯一の国になりたくなかったのだ」［★32］。

3　ベトナム戦争の「アメリカ化」

六五年一月二七日、サイゴンで新たなクーデターが発生し、チャン・ヴァン・フォン文民内閣が崩壊すると、南ベトナム政府の安定化を第二段階への移行条件とするジョンソンの方針は再検討を迫られた。決断を求められたジョンソンは、バンディをサイゴンに派遣して勧告を作成させる。二月七日、南ベトナム中部プレイクにある米空軍基地が解放戦線によって襲撃された。死者九名、負傷者一〇八名を出したこの事件は、まさにバンディの視察途中に起きた。さらに三日後、クイニョンの施設が攻撃され二三名の米兵が命を落とした。

帰朝したバンディは北ベトナムに対する「継続的報復政策」を唱え、第二段階への移行を勧告する[★33]。バンディによれば、サイゴン政府の不安定性はアメリカが直面している問題の「根本原因」ではなく、その「症状」に過ぎなかった。「根本原因は、北緯一七度線以北」、すなわち北ベトナムに存在するというのである[★34]。ハノイによる南ベトナムへの干渉こそが問題の核心であり、サイゴン政府の安定化には北ベトナムへの攻撃が不可欠だと進言した。

ジョンソンは遂に決断を下す。大統領は二度の世界大戦の例を引きながら、より多くの戦争をもたらしてきたのは勇敢な対応を妨げる「臆病な心」であると閣僚たちに語って聞かせた[★35]。そしてプレイクが攻撃を受けると即刻、ジョンソンは北ベトナム軍事施設への攻撃作戦「フレイミングダート」を許可するとともに、一三日、継続的北爆作戦「ローリングサンダー」を決定して、三月二日から爆撃を開始した。サイゴンで安定政府を樹立せぬままでの継続的な北爆は、アメリカが拡大する戦争の主体となることを意味していた。

北爆の開始を憂慮したウィルソンは、二月一一日、直接回線を使ってジョンソンに電話をかけた。米軍の攻撃のエスカレーションに対する英議会・世論の強い反発を伝えた後、ベトナム問題を協議する首脳会談の開催を大統領に申し出た〔★36〕。当時ベトナム戦争の激化とともに、イギリス国内ではメディア、学生組織、労働団体などによるアメリカ批判が高まっていた。ウィルソンは閣内・党内にも彼の対米政策に批判的な勢力を抱え〔★37〕、ベトナム戦争はアトリー政権が直面した朝鮮戦争よりも労働党内に大きな分裂をもたらす危険のある厄介な問題となった〔★38〕。

前回の首脳会談からわずか二カ月、またイギリスの軍事協力が望めない状況でのウィルソンとの新たな会談に大統領は反対した。ジョンソンは国内融和の手段として首脳会談を利用しようとするウィルソンに嫌悪感さえ示した。ジョンソン自身、日々議会への対処に苦心していた。いま「協議したところで、何の役に立つのか」〔★39〕。ジョンソンは激昂し、「私は貴殿にマレーシアの運営について指図するつもりはない。だから貴殿も、ゲリラと戦うために貴国民を派遣する労をとるつもりがないのであれば、ベトナムの取扱いについてわれわれに指図しないでもらいたい」と語気を荒げた〔★40〕。もし私が「明日アメリカの報道陣に向かって、マレーシアでイギリス人を制止するためにロンドンに馳せ参じるつもりだと発表してもよいのか」と、ウィルソンに質したのである〔★41〕。

「言葉よりも実行」を重視するジョンソンは〔★42〕、自らの政権に対する具体的貢献によって同盟国の価値をはかる傾向があった〔★43〕。ウィルソンが他国が抱く懸念に言及すると、大統領はそのような諸国を「一度も偉大な同盟国だと考えたことはない」と断じた。例えば、「われわれにとってフランスは問題であるし、インドが武器を取ってわれわれのために立ち上がったことは一度もない」というのである。大統領の気迫に押されたのか、ウィルソンがアメリカの政策に対する支持を表明すると、「それが友好というものだ」とジョンソンは返答した〔★44〕。

ベトナム戦争をめぐるウィルソンとジョンソンの関係を論じたエリスは、両者の関係を相互に影響を与え合う関係ではなく、米大統領の英首相に対する「一方的」な関係であったと総括しているが、この電話会談はまさにそれを象徴するものであった[★45]。これ以降ジョンソンは、直接協議はおろかウィルソンとの電話会談もできるだけ避けようとして、ロンドンとの連絡は駐英大使のブルースを通した通常の外交ルートにとどめようとするのである[★46]。

英『サンデー・タイムズ』紙のワシントン特派員として、第二次世界大戦から一九八〇年代までの英米関係の内幕を報道し続けたヘンリー・ブランドン(Henry Brandon)によれば、ジョンソンはアイゼンハワーやケネディのようにイギリスに特別な「感情移入」を行わなかった。「ジョンソンは、ウィルソンが自分の政治目的のために彼を操作しようとしていると気づくやいなや、激怒した」。大統領はとくに、ウィルソンが「ホワイトハウスとクレムリンの調停者」を演じようとしたことに「苛立っていた」という。さらに大統領は、ウィルソンが後に下すことになる一連の決定、すなわち、ポンド切り下げ、スエズ以東からの軍事撤退なども不満に思った。先に述べたように、結果としてジョンソンはウィルソンと八回首脳会談を持つことになるのであるが、いつも会談に乗り気でなかった。ある時、ジョンソンはウィルソンとの会談を終えて側近にこう語ったという。「イギリスの首相に二日は使いすぎた。なぜなら、もうイギリスはそんなに重要じゃないからだ」[★47]。

フレイミングダート作戦の実施を受けて、英外務省はベトナム和平を模索し始めた。きっかけは、二月一六日のハンフリー・トレヴェリアン(Humphrey Trevelyan)駐ソ英大使とセルゲイ・ラピン(Sergei Lapin)ソ連外務次官の会談だった。席上、ラピンは米政府を批判しながらも、米軍の侵攻の犠牲者を救済するために「あらゆる手段を用いることが重要だ」として、紛争の政治的解決に前向きな姿勢を示した。後日、この会談の模様をハーレック卿がラスクに伝えた。ラスクはこれに対し、「かくかくしかじかの条件」で交渉すると手の内を明かすことを嫌い、成功する見込みのない交渉にかかわるつもりはないと消極的な態度を見せた［★48］。しかし、米国務省は自らの働きかけを避けながらも、イギリス独自のイニシアチブとしてジュネーヴ会議諸国の反応を探ってはどうかと英外務省に提案した［★49］。この国務省の提案には、外交的解決の雰囲気を醸成することで、アメリカが集中砲火を浴びる恐れのある国連安保理での協議やベトナム国際会議を回避しようとするねらいが込められていた［★50］。この提案を受け英外務省は、二月中旬からソ連政府との連携を模索し始める［★51］。

ところが、この間にも米軍のベトナム介入は拡大していった。三月二日、ローリングサンダー作戦が実施に移され、また八日に海兵隊三五〇〇名がダナンに上陸した。

スチュワートの言葉を引けば、アメリカはベトナムですでに「絶望的」な状態にあった［★52］。「勝利を収められない」だけでなく、「彼らの国際的名声と大統領の国内的立場を傷つけない」方法をいまだ見出せていなかった［★53］。ウィルソンは米軍の行動が次第に「節度を越えた」ものになりつつあることを憂慮していた。外務省も「交渉ではなく共産主義者の完全な降伏」を求めるアメリカの軍事行動を支持していなかった［★54］。これ以上政策の溝が広がれば、両国は「おそらくスエズ以来」の「最大の困難」に直面する可能性もあったのである［★55］。

三月一六日、グロムイコソ連外相と会談したスチュワートは、ベトナム和平調停に対するモスクワの「全く否定的」な態度に驚いた。グロムイコは、北ベトナム側には何の非もなく、責任はすべてアメリカにあって、そのアメリカを「非難」できないのであればイギリスとの連携など考えられないとあしらった［★56］。

なぜ、ソ連政府の態度は硬化したのか。当初ソ連政府はベトナム問題の外交的解決に関心を抱いていた。ところが、先のトレヴェリアン＝ラピン会談が行われた日、ソ連が提案したインドシナ国際会議の開催提案を中国と北ベトナムが拒否していたのであった［★57］。

ガイデュークが指摘するように、ベトナム戦争はアメリカ同様、ソ連にとっても自らの信頼性《クレディビリティ》に関わる問題であった［★58］。駐米ソ連大使を二〇年以上に渡って務めたアナトリー・ドブルイニン（Anatoly Dobrynin）は、当時ソ連共産党指導部が抱えていたジレンマを次のように説明している。

> われわれの指導部は総意として、われわれの国益にとってベトナムはそれほど重要ではなく、アメリカとの関係が優先事項であると認識していた。また、ソビエト人民は、この遠く離れた国のことをあまり知らなかった。したがって、われわれの政治的方向性は明白であったはずなのだが、「ベトナム社会主義共和国との国際的団結」という強力なイデオロギーの要因がクレムリンの指導者たちの心に深く浸透していた。それがアメリカとの関係に影響を及ぼし続け、時折われわれの基本的な国益に害をもたらすことがあったのである。ブレジネフ（Leonid Brezhnev）を含む多くのソ連指導者は、私との私的な会話ではこのことを認めていた。しかし、具体的な行動となると、ソ連はベトナム・シンドロームを抱えていたのであり、それがアメリカとの関係上負担となり続け、われわれの間のデタントをながく妨げていた［★59］。

六〇年代初頭から中ソの対立が次第に熾烈化するなかで、ベトナム戦争は国際共産主義運動または民族解放運動における中ソの主導権争いの場と化した。中ソのどちらが「真の共産主義」を代表しているのかを明らかにする「リトマス試験」として、両国のあいだで北ベトナムに対する援助合戦が繰り広げられた［★60］。北京とハノイの指導部に国際会議提案を拒否されたソ連は、その後しばらく西側からの和平の呼びかけに及び腰になっていく。折しも、クレムリン内でのフルシチョフの失脚によってアレクセイ・コスイギン（Alexei Kosygin）首相とレオニード・ブレジネフ党第一書記を中心とする新指導部が六四年一〇月に誕生したばかりだった。したがって、ソ連の新指導部は中国に「ソ連修正主義」批判の格好の材料を与えることになるベトナム問題での西側との連携は努めて回避しなければならなかったのである。

4 アメリカの「道義的孤立」

ところで、ウィルソンは具体的にアメリカのベトナム政策にどのような懸念を抱いていたのだろうか。

ウィルソンはブルース米大使(三月一二日)、ハリマン(三月二四日)との会談で、対外政策における力の行使(こん棒[club])と外交対話(オリーブの枝[an olive branch])の併用を説き、アメリカのベトナム政策には後者の対話の姿勢が欠けていると指摘した。ウィルソンは、アメリカによる軍事力の行使それ自体を否定したわけではなかった。一二月の首脳会談でも、共産主義者の攻撃に「比例」した軍事的対応には同意を示していた。さらにブルースに対して、アメリカが交渉の用意があることを国際世論に理解させられるなら、「われわれはおそらくアメリカのあらゆる対応の強化」にも歩調を合わせていけるだろうと語った[★61]。

しかしウィルソンは、そうした軍事力偏重の政策が国際社会、とりわけ第三世界で受け入れられず、アジア・アフリカの人々のあいだで「道義的」権威が失墜しアメリカが孤立するのを憂慮していた。イギリスがスエズで経験した国際的孤立を、アメリカはベトナムで味わうことになるかもしれない。アメリカが南ベトナムの死活的重要性をどんなに強調しても、それを守る過程で国際的道義をかなぐり捨てるようでは第三世界諸国の理解は得られない、とウィルソンは考えていたのである[★62]。ベトナム戦争が「人種と肌の色と人間の尊厳」を賭けた闘争の一部であるなら、アメリカが東西イデオロギー対立の論理のみでその軍事力偏重のベトナム政策を正当化するのには限界があった。

このウィルソンの懸念は、四月一日に英米ソ中、南北ベトナム、国連などに送付された非同盟諸国一七カ国によるベトナム和平声明でさらに強まったことだろう。この一七カ国には、インド、ウガンダ、ガーナ、キプロス、ケニヤ、ザンビア、セイロンのコモンウェルス七カ国も含まれており、六月ロンドンで開催予定のコモンウェルス首脳会議でベトナム戦争が主要議題のひとつになることを予感させた。同声明は、ベトナム戦争は「軍事干渉をふくむ各種形態の外国の干渉」に由来するとし、直接の言及を避けながらもアメリカの軍事介入を批判している。「交渉による平和的解決」を唯一の解決策とし、いかなる前提条件も課すことなく可能な限りすみやかに交渉を開始するよう関係諸国に訴えた[★63]。

ジョンソンもこの非同盟諸国声明を真剣に受け止めた。実は、四月七日にジョンソンがジョンズ・ホプキンス大学で行った有名な演説（通称「ボルチモア演説」）には、この声明への回答の意味が込められていた[★64]。大統領によれば、ボルチモア演説の要諦は「三つのD」、すなわち、南ベトナム防衛に対するアメリカの「決意（determination）」、和平のための「無条件協議（unconditional discussions）」への参加、そしてメコン河流域を中心とした東南アジア「開発（development）」への一〇億ドル支援、の三点にあった[★65]。

ボルチモア演説をウィルソンは高く評価した。一五日に再度訪米した彼は、この演説によってアメリカのイメージの損傷と、アメリカに対する非同盟諸国の「幻滅」の危機を乗り越えられたと語った。ウィルソンは、大統領が「交渉（negotiations）」ではなく「協議」という一段低いレベルでの対話を示唆したことには不満であったが[★66]、それでも外交的解決に向けての前向きな姿勢を評価した。

ウィルソンは、国際社会による一方的な批判ではアメリカのベトナム政策を変えられないと感じていた。この点、ウィルソンはド・ゴールの対米政策と自らの政策を対比していた。四月二日の英仏首脳会談でド・ゴールは、「世界の世論が全員一致で変化を強いる」までアメリカの政策は変えられないと説いた[★67]。これに対しウィルソンは、「単にアメリカを非難するだけでは、いっこうに平和に近づかない。そうした宣言は人々の気分を良くさせるかもしれないが、同時に彼らが持つ影響力を失わせる」と答えている[★68]。同様に、四月に新駐米英大使に就任したパトリック・ディーン(Patrick Dean)も、ジョンソン大統領は同盟国の意見に「いつでも耳を傾ける用意があるが、単なる否定的意見によって思い止まったりしない」と本省に注意を促した。大統領とて戦争を欲しているのではなく、できることなら戦いたくないのである[★69]。

つまり、アメリカを和平に導くには批判して孤立させるのではなく、むしろワシントンとの接点を維持し、国際世論と米政府を架橋して相互の理解を促すことが重要だった。そして、ウィルソンはまさにこの役を演じることが自らの使命であると感じていたのである。

ウィルソンは会談でジョンソンに、カンボジア中立化会議を利用したベトナム和平の模索を提案した[★70]。首脳会談の約一カ月前、シハヌークが再度ジュネーヴ会議の招集を訴えた。前章で見たように、これまでシハヌークの呼びかけに対する国際社会の反応は鈍かった。しかし、ベトナムの戦況悪化にともない、和平を模索する道筋として次第にカンボジア会議に期待が注がれるようになる。

四月三日、ソ連政府もカンボジア会議に賛成の意向を表した。ウィルソンはこの好機を捉え、カンボジア会議舞台裏でのベトナム和平の模索を米首脳陣に説いたのである。ボルチモア演説以降、国務省は「軍事プロセスと平行した何らかの政治的働きかけ」を必要と感じ、会議参加の最終判断を保留しながらも、英外務省がカンボジア中立化会議開催に向けて調整に入ることを承諾した[★71]。

ウィルソンの回顧録によると、この二度目の会談で英米両首脳はベトナム政策における「役割分担」に合意したという。すなわちそれは、アメリカが「軍事的任務」を遂行し、イギリスはアメリカの全面的支援を得ながら「和平協議」を模索するというものである[★72]。英米両政府の関係文書を見ても、このような明示的な合意は確認できず[★73]、役割分担は多分にウィルソンの個人的認識であったといえよう。

ただし、次の二点において、この認識は重要な意味を持っていた。

第一は、ウィルソンがベトナムでの米軍の行動を否定していないばかりか、その軍事的関与の継続を是認している点である。武力行使のエスカレーションを憂慮しながらも、ウィルソンは南ベトナム防衛の放棄につながる米軍の即時撤退を求めなかった。彼が繰り返し求めたのは軍事行動と外交交渉の併用であり、節度を保った軍事力の行使であった。現にウィルソンは、「予見しうる将来、アメリカ人がベトナムから撤退できるかどうか疑わしい」とし、ベトナムでの「唯一可能な解決策」は「米軍の長期的関与」をともなう「朝鮮半島」方式の方策だろうと述べていた。この発言は大統領に「強い印象を与えた」[★74]。先述の英仏首脳会談の際にもウィルソンは同じ趣旨の発言をし、ド・ゴールの唱えるインドシナ中立化に疑問を呈していたのである[★75]。実は、アメリカによる早期の南ベトナムからの撤退は、コモンウェルスの安全保障の観点からも望ましくなかった。去る三月三〇日の閣議でも、東南アジアからの米軍の撤退によって同地域のコモンウェルス諸国が「共産主義者の転覆工作や攻撃」に遭うことが懸念されていたのだった[★76]。

第二に、ウィルソンがどれほど自覚していたかはさておき、南ベトナムでの米軍の長期的関与を是認するイギリスの和平工作は、共産主義陣営側の和平案と根本的に対立するものであった。ボルチモア演説の翌日、北ベトナム首相ファム・ヴァン・ドン(Pham Van Dong)が「四項目」の和平条件を提示した。それは、①米軍の撤退・北爆の停止、②軍事同盟の締結禁止、③解放戦線綱領に基づく南ベトナム問題の解決、④南北ベトナムの自決による統一、である[★77]。これ以降、ハノイ政府はこの四項目を和平交渉の前提として堅持していくのであるが、いずれも、南ベトナムにおけるアメリカの軍事プレゼンスを否定するものであった。したがって、後に見るように、米軍の撤退を前提条件として明示しないイギリスの和平提案は、北ベトナムや中国にことごとく拒否されることになるのである。

5　カンボジア会議経由のベトナム和平

さて、米政府の支持を取りつけたウィルソンはワシントンから英外務省に連絡を取り、東南アジア諸国の視察旅行に出ていたゴードン・ウォーカー前外相にカンボジア会議に対する各国の反応を探らせるよう命じた。ヒューム政権時にはアメリカへの配慮から自重してきたカンボジア会議を利用したベトナム和平の模索にこうして乗り出したのである。

スチュワートによれば、イギリスにとって「カンボジア会議は長引くほど好都合」だった。「というのも、共産主義者がベトナム問題を真剣に議論するようになるにはおそらく相当時間がかかるが、それまでカンボジア会議の主な目的は［彼らとの］接触を保つことにあるからである。……いまカンボジア会議を開催できなければ、アメリカの北爆に対する中国やロシアの反応が次第にエスカレートし、後になってからではどんな会議も設定するのが極めて困難になる」と思われた［★78］。

ゴードン・ウォーカー・ミッションの出だしは順調だった。四月一八日、ソ連と北ベトナムがカンボジア会議を支持する共同声明を発表した。ラオス首相プーマとタイ政府からも支持を取りつけた後［★79］、ゴードン・ウォーカーは二四日、和平工作の山場であるファン・フイ・クアト (Phan Huy Quat) 南ベトナム首相との会談に臨む。英政府は東西の仲裁者としてではなく、あくまで西側世界の一員としてベトナム情勢の改善に取り組んでいるのだと念を押し、カンボジア会議を利用して西側諸国がインドシナから退却を図ったり、南ベトナム政府へ圧力をかけたりすることはないと説得した［★80］。翌日の会談でファン・フイ・クアト首相は、ベトナム問題の討議は解放戦線の撤退に基づく休戦の成立まで応じられないとしながらも、カンボジア会議を了承する旨を明らかにした［★81］。

次いで二五日、米国務省もベトナム戦争の抑制を意図してカンボジア会議への参加を正式に表明した[★82]。懸案であったタイ、南ベトナム、アメリカからの同意を得て、英外務省はソ連政府に国際会議の共同招集を呼びかけた。

ところがこの間、シハヌークの態度に変化が生じていた。二三日の演説で殿下は、ベトナム問題を話し合う「口実」としてカンボジア会議を利用することに反対し、加えて、近く訪問予定のゴードン・ウォーカーとの面会も拒否した。翌日さらに、カンボジア政府はアメリカと南ベトナム政府代表の会議参加を認めないとする声明も発表したのである。

ゴードン・ウォーカーがプノンペン入りしていた二六日午後四時、米大使館が「二、三〇〇〇人規模」の群集によって襲撃される事件が起きた。投石により窓ガラスが破壊されたほか、壁には反米スローガンが書きなぐられ、星条旗は焼き捨てられた[★83]。当時の報道によれば、この事件は、米週刊誌『ニューズウィーク』が掲載したカンボジア王室中傷記事に民衆が激怒して企てたとされるが、前年三月の英米大使館襲撃事件同様、カンボジア政府の組織的関与が見られた[★84]。この事件の影響でゴードン・ウォーカーはシハヌークと会談できぬままプノンペンを後にする。五月三日、カンボジア外務省は米国務省に対し外交関係の断絶を通告した。カンボジア会議構想の事実上の破綻であった。

6 拡大する中国の影

国際会議の開催に向け準備が整いつつあったなかで、シハヌークはなぜそれを破綻させる行動に出たのか。殿下の「豹変」は中国の圧力によるものだった[★85]。ゴードン・ウォーカーが東南アジア周遊を続けていた四月一七日、ジャカルタではアジア・アフリカ会議一〇周年記念式典が開催された。この場でシハヌークは、周恩来やファム・ヴァン・ドン、スカルノ、金日成北朝鮮首相など、「ジャカルタ＝プノンペン＝ハノイ＝北京＝平壌枢軸」の指導者たちと会談した。ある時、周恩来が旧知の仲であるシハヌークを脇において、ベトナムの同志たちに不利益をもたらすカンボジア会議のための根回しを行わないでほしいと相談したという［★86］。中国と北ベトナムは、「アメリカの戦争犯罪人たち」と協議するつもりはない。仮に会議が開催されるにしても、南ベトナムを代表するのはサイゴンの傀儡政権ではなく解放戦線でなければならない。英米は実際には「カンボジア問題には全く関心がなく、いったんベトナム協議が始まったらカンボジア問題は忘れ去られる」と周はシハヌークに警鐘を鳴らした［★87］。

当時、中国政府は六月下旬開催予定の第二回アジア・アフリカ会議に向けて活発な第三世界外交を展開していた。周恩来は六三年末から六四年二月の間に、アジア・アフリカ諸国一三カ国の周遊を敢行している。その目的は、反帝国主義・反植民地主義運動の中心としての北京の影響力を拡大し、第三世界でのソ連との競争を有利に展開することであった［★88］。六五年に入ると中国は、マレーシアの国連安保理理事国の選出を不服として一月一日に国連を脱退したインドネシアとの連携を加速した［★89］。両国は、第三世界のなかで新旧の帝国主義・植民地主義の完全なる打倒を叫ぶ急進派の頭目となり、非同盟・平和共存路線を掲げるインドなどの穏健派とも対立していくのである［★90］。

四月、中国は北ベトナムと秘密協定を締結し、ラオス南部での浸透路の建設・補修に人員をとられて兵力不足となる北ベトナム軍に支援部隊を送ることに合意した。これにより、六五年六月から六八年三月まで、北ベトナム領内での防空、通信網の整備、飛行場・鉄道・道路の建設などのために合計約三二万人の中国兵が派兵されることになる［★91］。

さらに五月にガーナで開催された第四回アジア・アフリカ諸国人民連帯大会でも、中国は積極的な支援獲得工作を展開した。同会議で採択された「ウイネバ宣言」は、アメリカによるアジア、アフリカ、ラテンアメリカ諸国への武力干渉を断固排除する決意を示すとともに、「いかなる条件のもとにおいても平和共存は無意味」であり、かつ「被抑圧人民の民族解放闘争を妨害」するものと糾弾した。この宣言は、反米帝国主義のみならず、そのアメリカと平和共存路線を模索するソ連修正主義に対する中国の批判を色濃く反映したものだった。またマレーシアのことも、インドネシアへの脅威としてだけでなく、帝国主義勢力がスエズ以東で利益温存を図るための拠点と位置づけて激しく非難した［★92］。

こうした中国の第三世界への浸透を英外務省は警戒していた。五月一〇日、外務政務次官のウォルストン卿(Lord Walston)はスチュワート外相に次のように注意を促している。

［ベトナムでの］闘争が長引くほど、一般的な政情不安の危機が東南アジア全体で高まります。これらの地域ではアメリカ帝国主義のイメージがより恐怖を与えることになり、アフリカや他の非同盟諸国でのプロパガンダにおいて共産主義者はより優位に立つことになるでしょう。……中国帝国主義の影は、［南ベトナムにおける］アメリカ帝国主義の物理的プレゼンスによって覆い隠されることになるでしょう。

東南アジアにおける最も強力な力のひとつはナショナリズムであります。われわれは、この力をわれわれの側につなぎとめられるよう政策を立案しなければなりません。現在中国は、アメリカを新興独立諸国の敵に仕立て上げて、このナショナリズムを自分に都合よく利用しています。われわれは、［これらの］諸国が社会主義や共産主義の政策を採用しても過度に恐れてはなりません。われわれが警戒すべきことは、これらの諸国が中国のさらなる侵攻の拠点となることのみです。

端的にいえば、問題は、「中国が東南アジアや世界の他の場所でかなり賞賛を得ている一方で、アメリカの株がアジア・アフリカ諸国で下落」していたことであった。ウォルストン卿は、アメリカが単に爆撃を強化するだけでは「この状況はほとんど変わらないだろう」と考えていた。彼は、西側の「力の誇示」に加えて、「西側の側に世界世論を動員する」ことが重要だとし、この観点から、西側による交渉提案が重要だと説いた。もし中国が交渉提案を拒絶するのなら、誰が原因で戦争が続いているのかを世界に明らかにすることができ、その結果、西側が主導権を握れるようになるのであった[★93]。このウォルストン卿の提言は、先に見たアメリカの政策と第三世界諸国との架橋の必要性を説いたウィルソンの見解と合致するものだった。次節で見るように、イギリスの和平提案は中国にすべて拒否されることになるのであるが、こうした国際世論対策の観点からみても、それらは決して無意味なことではなかったのである。

7 コモンウェルス平和使節団構想

五月一三日から五日間、米政府は北爆を停止した。これは国内リベラル派知識人や議会議員の批判を和らげることを目的としたもので、必ずしも和平交渉の開始を意図したものではなかった[★94]。むしろ、アメリカは爆撃を停止したにもかかわらず、ハノイの浸透工作はいっこうに止む気配のないことを米国内外の世論に知らしめて北爆の継続を正当化する意図が込められていた。

六月一一日、サイゴンではジェム失脚後一九回目の政変が発生し、グエン・ヴァン・ティエウ(Nguyen Van Thieu)とグエン・カオ・キ(Nguyen Cao Ky)の軍事政権が誕生した。ウィルソンはカンボジア会議計画の破綻、サイゴンの政情不安を受けて、次の一手を探り始める。週末を首相別邸チェッカーズで過ごした彼は、一四日月曜日の朝、デレック・ミッチェル(Derek Mitchell)首席秘書官、オリヴァー・ライト(Oliver Wright)外務担当秘書官との会話のなかでコモンウェルスによるベトナム平和使節団の創設を思いついたという［★95］。ロンドンでのコモンウェルス二一カ国による首脳会議の開催を三日後に控えての発案だった。

ある外務省文書が振り返るように、コモンウェルス首脳会議は「アフリカ首脳たちに独占された」［★96］。ウィルソンは、一九五〇年代以降アジア・アフリカ諸国を加えて拡大したコモンウェルスの多様性こそ、ベトナム和平を推進する上での強みであると考えていた。国連加盟国一一七カ国の約六分の一を包摂し、世界総人口の約四分の一を占めるコモンウェルスは、まさに「国連や世界そのものの縮図」だった［★97］。コモンウェルス内にはオーストラリア、ニュージーランドのようなアメリカの戦争協力国もあれば、共産主義陣営と関係を持つ諸国、また非同盟の立場をとる国もあり、その多様性ゆえに公正なベトナム和平仲介が可能だと思われたのである。

一七日午後に開幕した首脳会議でウィルソンは早速平和使節団の創設を提案し、一般的支持を取りつけた。翌日、彼は自らを団長に、ガーナ、トリニダード＝トバゴ、ナイジェリアの首脳によって構成される使節団の、アメリカ、ソ連、中国、南北ベトナムへの訪問計画を発表する［★98］。

使節団のメンバー構成に関して、当初、ウィルソンはイギリスの他に、アジア代表としてパキスタンを、アフリカ代表としてタンザニアを想定していた。とくにタンザニアについては、中国とのつながりが深いニエレレ（Julius Nyerere）大統領の北京に対する「有益な影響力」に期待していた［★99］。

ところが、皮肉なことに、そのニエレレがコモンウェルス平和使節団に最も強く反対する「問題児（enfant terrible）」となったのである［★100］。さらにジョモ・ケニヤッタ（Jomo Kenyatta）ケニヤ大統領の代理で出席していたジョセフ・ムルンビ（Joseph Murumbi）副大統領がウィルソンの団長就任に難色を示した。両国の反対は中国への配慮からであった［★101］。中国とタンザニアは六四年の国交樹立に続き、六五年二月に友好条約を締結、さらにコモンウェルス首脳会議の直前に周恩来がタンザニアを訪問していた。ある会談で周はニエレレに、いくらアメリカが大国であってもその力を分散させれば弱体化できるので、アメリカがベトナムに釘付けになって身動きとれなくなることが世界の民族解放運動にとって望ましいと述べている[★102]。この発言は、中国が早期のベトナム和平を想定していないことを暗示していた。さらに共同声明でも「双方は、外部からの干渉に反対して英雄的に奮闘しているベトナム人民に崇高な敬意」を払うと同時に、「ベトナム北部を爆撃し、インドシナ戦争を勝手気ままに拡大している」アメリカの行動を強く非難し、ベトナムからの「帝国主義の軍隊」の撤退を要求した[★103]。

タンザニアやガーナ、インドを初めとするコモンウェルス一三カ国代表は、中国が主導権争いに躍起になっている第二回アジア・アフリカ会議(開催地アルジェリア)への参加を予定していた[★104]。ニエレレとムルンビが平和使節団構想に否定的であったのも、この会議の開催前に中国の反感を買いたくないとの思惑からであった[★105]。

しかし、六月一九日未明、開催国アルジェリアで軍事クーデターが発生し、中国、インドネシアとともにアジア・アフリカ会議を推進してきたベン・ベラ(Ben Bella)大統領が失脚する事件が起きる。中国は新軍事政権をいち早く承認し、二一日には外相陳毅をアルジェリアに派遣して会議破綻の危機に対処させる。

だが二一日、タンザニアも含めたコモンウェルス一三カ国はアルジェリア会議への不参加を決定した。『ニューヨーク・タイムズ』紙の報道によれば、駐英中国外交官が、少なくともクワメ・エンクルマ(Kwame Nkrumah)ガーナ大統領と三回、アユーブ・ハーンパキスタン大統領と二回、ムルンビと一回会談して説得工作を展開したとされるが[★106]、奏功しなかったのである。クーデターによる政権奪取への反感や中国の強硬路線に対する警戒心の高まりなどが不参加の主な理由であった[★107]。クーデターによって首脳会議の開催は不可能になり、結局第二回アジア・アフリカ会議は流会となる。

アジア・アフリカ会議の破綻による中国の影響力低下は、コモンウェルス和平工作の進展にはつながらなかった。この構想が発表されるとすぐ、中国、北ベトナム、ソ連の共産主義諸国は使節団の受け入れを拒否した。共産主義諸国の受け入れ拒否が明らかになると、当初理解を示していたジョンソン米政権の態度にも変化が生じる。西側諸国のみへの訪問によってアメリカに国際的批判が集中する事態を恐れたのである〔★108〕。ウィルソンは北ベトナム政府との政治的パイプを持つ年金国民保険省政務次官のハロルド・デイヴィスをハノイに派遣して状況の打開を試みるが、結局デイヴィスは、ホー・チ・ミンやファン・ヴァン・ドンとの面会を果たせなかった〔★109〕。

さらに八月、ガーナ政府による北京への接近に一縷の望みをかけたが、これも中国政府の受け入れるところとならず挫折してしまった。当時北京がイギリスの和平工作をどう捉えていたかは、中国外交部所管の『世界知識』誌に掲げられた次の一節に端的に示されている。「旧来の植民地主義国家が新たな植民地主義国家と結託している。〔英国〕労働党は、イギリスが創出した新植民地主義の産物であるマレーシアへの支援を勝ち取るために、アメリカのベトナム政策を支援しているのである」〔★110〕。中国がインドネシアと急速な接近を遂げるなかで、マレーシア紛争へのイギリスの軍事的関与がベトナム和平調停者としての信頼性を損なわせていたのだった。

8　米地上軍の大規模投入と英米の「暗黙の了解」

六月二二日に大蔵省主計長官ジョージ・ウィッグ（George Wigg）に宛てた文書で、ウィルソンはベトナム情勢を以下のように観察した。「どちら側もこの闘争で勝利を期待できない。同様に、どちら側も敗北を予期する必要もない。ベトナムにアメリカは国益を保持していないのである。……威信を喪失せずに済むなら、彼らには［ベトナムから］撤退する用意がある」［★111］。

皮肉にも、この約一月後の七月二八日、ジョンソンは南ベトナム駐留米軍の一二万五〇〇〇名への増強を発表し、必要に応じてさらなる増派の可能性も示唆した。この決定によって、それまで南ベトナム政府軍への軍事顧問と基地の警護であった米軍の主任務が「索敵撃滅《サーチ・アンド・デストロイ》」へと変更され、地上での戦闘行為に直接関与していくことになった。ベトナム戦争がいよいよアメリカ主体の戦争になったのである［★112］。

増派発表の直前、ジョンソンはイギリスを含む二九カ国の首脳にサイゴン政府への支援を要請するメッセージを送っていた［★113］。これと時を同じくしてロンドンを訪れたリチャード・ノイシュタット（Richard E. Neustadt）大統領顧問によると、大統領は「アメリカ人とともにベトナムでイギリス兵が殺害され」、その写真がアメリカで報道されることによって「主要同盟国が共同努力に貢献している」さまを米世論に知らしめることを望んでいるという［★114］。大統領の要請に対しウィルソンは、「軍事的勝利」という幻想をハノイに抱かせないためには、南ベトナム駐留軍の強化というアメリカの政策に「代わるものはない」として一般的支持を表明しつつも、イギリスによる軍事支援の供与は拒否した［★115］。

大規模な米軍の介入が始まったことで先に見たアメリカの道義的孤立がさらに高まる危険が生じたため、ウィルソンはワシントンと西側同盟諸国、また第三世界諸国とを架橋するには、アメリカとの軍事的一体化を避けなければならないと考えた。同じくスチュワートも、イギリスが軍事的関与を控えることが、むしろアメリカに有利に働くと考えた。というのも、イギリスが米軍に加担するようになれば、ヨーロッパやコモンウェルス諸国の懸念が増幅してアメリカのベトナム政策に対する批判がさらに激しくなる可能性があったからである［★116］。換言すれば、外交的解決に向けてイギリスがアメリカの説得を続けることが周りの関係諸国の不安を和らげ、対米批判の抑制につながると考えられたのである。

アメリカによる地上軍の大規模投入の決定は、イギリス経済の停滞、ポンド通貨危機と重なっていた［★117］。

ウィルソン政権は発足時から財政健全化、ポンド安定化策の一環として軍事装備と対外関与の見直しによる国防費の削減を検討してきた。財務・経済関係省庁の計画によれば、向こう一〇年間、国防費の上限を年二〇億ポンドに抑制する必要があった。そのためには、およそ年四億ポンド予算を削減しなければならなかったのである。装備面においては、超音速新型攻撃機TSR－2の開発中止が決定された。しかしそれでもまだ二億ポンド相当の削減が必要であり、対外関与の縮小にも着手せざるを得なかった。こうして、六八年一月に正式発表されるまでウィルソン政権内部ではスエズ以東からの軍事的撤退が議論されていくことになる[★118]。

当時ジョンソン政権は、ウィルソン政権が一方的な対外関与の縮小を進め、その結果アメリカが単独で国際平和の維持にあたらなければならなくなるのを恐れていた。そこで、ジョンソン政権内部では六五年夏、ポンド支援策と引き換えに、イギリスに世界的な防衛コミットメント、とくにスエズ以東地域での軍事プレゼンスを維持させるという取引が盛んに論じられた。先行研究によれば、七月から九月にかけての英米高官の会談で、この二つの問題をリンクさせる「暗黙の了解」が合意されたという。実際九月一〇日に、アメリカが四割を負担する三〇億ドルの英ポンド防衛協定が発表され、同月末までにポンドは安定を取り戻した[★119]。ただし、この了解は公式化・明文化されなかった。そのため、この了解にどれほどの拘束力があったのか定かでない。そもそもウィルソン政権自身、マレーシア紛争が解決を見るまでスエズ以東からの本格的な撤退は不可能だと考え[★120]、必ずしもワシントンからの圧力によって海外プレゼンスの維持を検討していたのではなかった。また、ウィルソン政権は、六六年二月発表の『国防白書』で一九七〇年までのスエズ以東からの撤退方針を打ち出したが、これはアメリカに十分相談し理解を得た上での決定ではなかった。

米政府高官のなかにはマクナマラのように、イギリス「一個旅団につき一〇億ドル」の支援供与を露骨に語る者もいた。だが九月九日にボール米国務次官との会談で確認しているように、ウィルソンはポンド防衛支援とベトナム戦争の問題を切り離し、ポンド救済の代償として南ベトナムへの追加支援を行なうつもりはなかった[★121]。ポンド防衛の見返りとしていったんベトナムへの軍事協力に応じると、情勢が悪化するにつれ、さらなる関与の増大を求められることをイギリスの指導者たちは懸念していたのである。

ドクリル(Saki Dockrill)は、この英米の了解によってウィルソン政権がアメリカの一方的な圧力下に置かれたわけではないと指摘する。圧力をかけすぎると、ロンドンの政策決定者がドルの安定に悪影響を及ぼすポンドの切り下げに走ったり、対外関与の縮小を単独決定したりするのではないかとアメリカ側も危惧していた。したがって、英政府との駆け引きにおいてポンド救済はそれほど強力な外交カードになっていなかったという。ポンドの安定とイギリスの対外関与の継続はアメリカ自身の利益のためにも必要であり、ジョンソンはポンド支援の見返りにイギリスに南ベトナム支援を必ずしも強く迫れなかったのである[★122]。

以上のように、和平工作の失敗、ポンド通貨不安などにより、六五年後半、ウィルソンはベトナム政策の再考を迫られることになった。だが翌年になると、次章で見るようにウィルソンは再び和平工作に積極的に乗り出していくのである。しかしそれはやがて、一九五六年のスエズ戦争以来の関係悪化を英米の間に引き起こしていくことになる。

註

★1――北ベトナム政府は、米軍の活動が自国領海内で行われたと主張した。米政府の見解との食い違いは、当時アメリカが領海三マイル説、北ベトナムが一二マイル説を採用していたことによる。吉澤南『ベトナム戦争――民衆にとっての戦場』吉川弘文館、一九九九年、八二頁。

★2――ジョンソン、ラスク、マクナマラとも二度目の攻撃が実際にあったかどうか疑問が生じていたことを認めている。Lyndon Baines Johnson, *The Vantage Point: Perspectives of the Presidency 1963-1969* (New York: Holt, Rinehart and Winston, 1971), pp.114-115; Rusk, *As I Saw It*, p.444; マクナマラ『マクナマラ回顧録』、一八四－一八六頁。しかし、現場からの報告に基づき検討を重ねた結果、二度目の攻撃があったと結論づけた。マクナマラ『マクナマラ回顧録』、一八六頁。

★3——マクナマラ編『果てしなき論争』、六三七－六三八頁、東大作『我々はなぜ戦争をしたのか——米国・ベトナム敵との対話』岩波書店、二〇〇四年、白井洋子『ベトナム戦争のアメリカ——もう一つのアメリカ史』刀水書房、二〇〇六年、六五－七四頁。

★4——Johnson, *The Vantage Point*, pp.113-114.

★5——Rusk, *As I Saw It*, p.444.

★6——ゴールドスタインは、ジョンソンが大統領選での勝利を何よりも優先した結果、アメリカのベトナム政策は、一九六四年の間、一連の「不決定(nondecisions)」に終始したとする。すなわち、軍事的撤退でも拡大でもなく、また中立化でもない、何ら具体的な方向性が示されなかったという。Gordon M. Goldstein, *Lessons in Disaster: McGeorge Bundy and the Path to War in Vietnam* (New York: Times Books, 2008), p.132.

★7——二段階作戦の作成過程については、Lloyd C. Gardner, *Pay Any Price: Lyndon Johnson and the Wars for Vietnam* (Chicago: Ivan R. Dee, 1995), pp.152-153; Kaiser, *American Tragedy*, chapter 12.

★8——*FRUS*, 1964-1968, 1, Vietnam, 1964 (Washington: United States Government Printing Office, 1992), 'Telegram from the Department of State to the Embassy in the United Kingdom', 4 December 1964, p.979.

★9——TNA, PREM13/692, Washington to FO, 3 December 1965.

★10——ニューヨーク・タイムス編『ベトナム秘密報告(下)』、四二八頁。

★11——TNA, PREM13/692, 'Record of Conversation between the Secretary of State and Mr. Dean Rusk at the State Department on Tuesday, October 27, at 11 a.m.'.

★12——古田元夫『歴史としてのベトナム戦争』大月書店、二〇〇三年、二七頁。

★13——オーバードーファー『マイク・マンスフィールド(上)』、三七二頁。

★14——谷川編『ベトナム戦争の起源』、二五〇－二五三頁。

★15——ニューヨーク・タイムス編『ベトナム秘密報告(下)』、三七八－三八三頁; Johnson, *The Vantage Point*, p.120.

★16—TNA, PREM13/692, Washington to FO, 3 December 1965.

★17—ウィルソンとジョンソンのサミット外交に焦点を当てた研究として、Jonathan Colman, *A 'Special Relationship'?*.

★18—Harold Wilson, *The Labour Government 1964-1970: A Personal Record* (Middlesex: Penguin Books, 1974), p.80; ベイリス『同盟の力学』、一四七頁; Dickie, *'Special' No More*, p.135.

★19—多角的核戦力構想については、以下の文献を参照せよ。橋口豊「冷戦の中の英米関係——スカイボルト危機とナッソー協定をめぐって」『国際政治』第一二六号(二〇〇一年二月)、同「ハロルド・ウィルソン政権の外交一九六四－一九七〇年——『三つのサークル』の中の英米関係」『龍谷法學』第三八巻第四号(二〇〇六年三月)、六九－七二頁、芝崎祐典「多角的核戦力(ＭＬＦ)構想とウィルソン政権の外交政策、一九六四年」『ヨーロッパ研究』第三巻(二〇〇四年)。

★20—Cooper, *In the Shadows of History*, pp.222-223.

★21—*FRUS*, 1964-1968, 1, 'Memorandum of a Conversation, White House, Washington, December 8, 1964, 4 p.m.', pp.985-986.

★22—Wilson, *The Labour Government*, p.79.

★23—TNA, FO371/175095, 'Record of Conversation between Mr. Gordon Walker and Mr. Rusk during the Talks between the Prime Minister and President Johnson at the White House, Washington, at 4.00 p.m. on Tuesday, December 8, 1964'.

★24—*FRUS*, 1964-1968, 1, 'Memorandum of a Conversation, White House, Washington, December 8, 1964, 4 p.m.', p.986; TNA, FO371/175095, 'Record of Conversation between Mr. Gordon Walker and Mr. Rusk during the Talks between the Prime Minister and President Johnson at the White House, Washington, at 4.00 p.m. on Tuesday, December 8, 1964'.

★25—*FRUS*, 1964-1968, 1, 'Memorandum from the President's Special Assistant for National Security Affairs (Bundy) to the President', 5 December 1964, pp.981-982.

★26—Colman, *A 'Special Relationship'?*, p.48.

★27—TNA, CAB128/39, CC(64)14th conclusions, 11 December 1964.

★28—TNA, FO371/180206, 'Extract from a Record of a Conversation between the Prime Minister and the Australian Prime Minister, Sir Robert Menzies at 4.00 p.m. at No.10. Downing Street on Thursday, January 28, 1965'.

★29—TNA, PREM13/1216, 'Record of a Meeting between Wilson and Kosygin at 10 a.m.', 22 February 1966.

★30—Harold Wilson, *Purpose in Politics: Selected Speeches by Rt Hon Harold Wilson* (London: Weidenfeld and Nicolson, 1964), p.7.

★31—Michael Stewart, *Life and Labour: An Autobiography* (London: Sidgwick & Jackson, 1980), p.143.

★32—Denis Healey, *The Time of My Life* (London: Politico's, 2006), pp.280-281.

★33—ニューヨーク・タイムス編『ベトナム秘密報告(下)』、四八〇―四八六頁、Goldstein, *Lessons in Disaster*, pp.156-158.

★34—Andrew Preston, *The War Council: McGeorge Bundy, the NSC, and Vietnam* (Cambridge: Harvard University Press, 2006), p.165.

★35—*FRUS*, 1964-1968, 2, Vietnam January-June 1965 (Washington: United States Government Printing Office, 1996), 'Memorandum for the Record', 6 February 1965, p.160.

★36—Wilson, *The Labour Government*, p.116.

★37—ウィルソン政権に対する国内圧力に関しては、以下の文献を参照せよ。John W. Young, 'Britain and "LBJ's War", 1964-68,' *Cold War History*, 2:3 (April 2002); Ellis, *Britain, America, and the Vietnam War*.

★38—Richard Crossman (Introduced and edited by Anthony Howard), *The Crossman Diaries: Selections from the Diaries of a Cabinet Minister 1964-1970* (London: Hamish Hamilton and Jonathan Cape, 1979), p.79.

★39—*FRUS*, 1964-1968, 2, 'Memorandum of Telephone Conversation between President Johnson and Prime Minister Wilson', 10 February 1965, pp.230-231.

★40—ベイリス『同盟の力学』、一五一頁; Wilson, *The Labour Government*, p.116. 米政府側の記録では、ジョンソンの発言は 'Why don't you run Malaysia and let me run Vietnam?' とされている。*FRUS*, 1964-1968, 2, 'Memorandum of Telephone Conversation between President Johnson and Prime Minister Wilson', 10 February 1965, p.231.

★41—*FRUS*, 1964-1968, 2, 'Memorandum of Telephone Conversation between President Johnson and Prime Minister Wilson', 10 February 1965, p.231.

★42—LBJLM, Oral History Collection, Dean Rusk, Interview 1, Tape 1, p.2. [http://www.lbjlib.utexas.edu/johnson/archives.hom/oralhistory.hom/rusk/rusk01.pdf].(二〇〇八年四月六日アクセス)

★43—Jonathan Colman, 'The London Ambassadorship of David K. E. Bruce during the Wilson-Johnson Years, 1964-68',

Diplomacy and Statecraft, 15:2 (2004), p.334.

★44—*FRUS*, 1964-1968, 2, 'Memorandum of Telephone Conversation between President Johnson and Prime Minister Wilson', 10 February 1965, p.232.

★45—Sylvia A. Ellis, 'Lyndon Johnson, Harold Wilson and the Vietnam War: A Not So Special Relationship?' in Hollowell (ed.), *Twentieth Century Anglo-American Relations*, p.185.

★46—Ellis, *Britain*, p.51.

★47—Henry Brandon, *Special Relationships: A Foreign Correspondent's Memoirs from Roosevelt to Regan* (New York: Atheneum, 1988), pp.209-210.

★48—*FRUS*, 1964-1968, 2, 'Memorandum of Conversation', 17 February 1965, pp.313-315.

★49—*FRUS*, 1964-1968, 2, 'Drafted Paper by the Assistant Secretary of State for Far eastern Affairs (Bundy)', 18 February 1965, p.316.

★50—*FRUS*, 1964-1968, 2, 'Memorandum of Telephone Conversation between the Under Secretary of State (Ball) and Secretary of Defense McNsmara', 18 February 1965, p.137.

★51—このソ連との連携の模索については、以下の文献が詳しい。Rolf Steininger, '"The Americans are in a Hopeless Position": Great Britain and the War in Vietnam, 1964-65', *Diplomacy and Statecraft*, 8:3 (November 1997), pp.255-261; Ellis, *Britain*, chapter 2.

★52—Steininger, '"The Americans are in a Hopeless Position"', p.237.

★53—TNA, PREM13/693, 'Vietnam', Stewart to Wilson, 1 March 1965.

★54—TNA, PREM13/693, J. O. Wright to J. N. Henderson, 11 March 1965; Steininger, '"The Americans are in a Hopeless Position"', p.259.

★55—TNA, PREM13/693, 'Record of a Conversation between the Prime Minister and the United States' Ambassador, Mr. David Bruce, at 12.15 p.m. at 10, Downing Street on Friday, March 12, 1965'.

★56—TNA, PREM13/693, 'Gromyko Meeting,' undated; TNA, FO371/180583, 'Cabinet, Thursday, 18 March, 1965', 17 March 1965; TNA, CAB128/39, CC(65)17th conclusions, 18 March 1965; Ilya V. Gaiduk, *The Soviet Union and the Vietnam War* (Chicago: Ivan R. Dee, 1996), p.41.

★57――Zhai, *China and the Vietnam Wars*, p.150, 158; Yang Kuisong (translated by Qiang Zhai), 'Changes in Mao Zedong's Attitude toward the Indochina War, 1949-1973', *Cold War International History Project*, working paper no.34 (February 2002), p.32. [http://www.wilsoncenter.org/topics/pubs/ACFB04.pdf].(二〇〇八年四月六日アクセス)

★58――Ilya V. Gaiduk, 'Peacemaking or Troubleshooting?: The Soviet Role in Peace Initiatives during the Vietnam War' in Lloyd C. Gardner and Ted Gittinger (eds.), *The Search for Peace in Vietnam, 1964-1968* (College Station: Texas A & M University Press, 2004), p.261.

★59――Anatoly Dobrynin, *In Confidence: Moscow's Ambassador to America's Six Cold War Presidents* (Seattle: University of Washington Press, 1995), p.140. 引用中に「ベトナム社会主義共和国」という名称が出てくるが、これは一九七六年以降の名称である。ベトナム戦争中、ソ連が支援したのはベトナム民主共和国(北ベトナム)である。

★60――本稿の考察期間におけるベトナム戦争と中ソ対立の関連については、古田元夫「ベトナム戦争と中ソ対立――六三年〜六五年のベトナム労働党の政策展開と中国・ソ連」『国際政治』第九五号(一九九〇年一〇月)、菅「ベトナム戦争をめぐる国際関係」、栗原浩英「ベトナム戦争と中国・ソ連」『アジア研究』第四六巻第三・四号(二〇〇〇年六月)、朱『毛沢東のベトナム戦争』を参照せよ。戦後の中ソ対立の展開を広く概観した研究として以下の文献が有益である。中嶋嶺雄『中ソ対立と現代――戦後アジアの再考察』中央公論社、一九七八年、毛里和子『中国とソ連』岩波新書、一九九〇年。

★61――TNA, PREM13/693, 'Record of a Conversation between the Prime Minister and the United States' Ambassador, Mr. David Bruce, at 12.15 p.m. at 10, Downing Street on Friday, March 12, 1965'; TNA, DEFE13/750, 'Record of a Conversation between the Prime Minister and Harriman at 10 Downing Street at 5.30 p.m. Wednesday March 24 1965'.

★62――TNA, PREM13/693, 'Record of a Conversation between the Prime Minister and the United States' Ambassador, Mr. David Bruce, at 12.15 p.m. at 10, Downing Street on Friday, March 12, 1965'; TNA, FO371/180585, 'Record of a Conversation between the Prime Minister and the President of Italy, Signor Saragat, at the Quirimale in Rome, on Wednesday, April 28, 1965'; TNA, FO371/180584, 'Record of Conversation between the Prime Minister and Signor Malfatti at 10, Downing Street at 3.45 p.m. on Tuesday, April 6'; Wm. Roger Louis, 'The Dissolution of the British Empire in the Era of Vietnam', *American Historical Review*, 107:1 (February 2002), p.24.

★63――岡倉古志郎・土生長穂編訳『非同盟運動基本文献集』新日本出版社、一九七九年、五五―五六頁。この声明の原

文は以下を参照せよ。*Department of State Bulletin*, vol.52, 26 April 1965, pp.611-612.

★64—橋口「ベトナム戦争とコモンウェルス・ミッション構想」、二三九頁。

★65—Wilson, *The Labour Government*, p.136. ボルチモア演説の全文については、以下を参照せよ。[http://www.lbjlib.utexas.edu/johnson/archives.hom/speeches.hom/650407.asp].（二〇〇八年四月六日アクセス）

★66—Wilson, *The Labour Government*, p.136.

★67—TNA, PREM13/693, 'Record of a Conversation between the Prime Minister and the President of France at the Elysee Palace at 11 a.m. on Friday, April 2, 1965'.

★68—TNA, FO371180584, 'Record of Conversation between the Prime Minister and Signor Malfatti at 10, Downing Street at 3.45 p.m. on Tuesday, April 6'.

★69—TNA, PREM13/694, 'Condensed Record of the Meeting with President Johnson at the White House on April the 13th on Presentation of His Credentials by Sir Patrick Dean'.

★70—カンボジア会議とベトナム和平の関連については、Steininger, '"The Americans are in a Hopeless Position", pp.266-274; 橋口「ベトナム戦争」、二三五―二三七頁。

★71—TNA, FO371/180488, 'Record of a Meeting at the White House at 2.30 p.m. on Thursday, April 15, 1965', 15 April 1965; TNA, FO371/180487, FO to Bangkok, 17 April 1965; *FRUS*, 1964-68, 27, 'Memorandum of Conversation', 15 April 1965, pp.344-345; Clymer, 'The Perils of Neutrality', p.623; Steininger, '"The Americans are in a Hopeless Position"', p.269.

★72—Wilson, *The Labour Government*, p.136.

★73—John W. Young, 'The Wilson Government and the Davies Peace Mission to North Vietnam, July 1965', *Review of International Studies*, 24 (1998), p.548.

★74—TNA, PREM13/694, 'Record of Meeting between the Prime Minister and President of the United States at the White House on Thursday, April 15, 1965'.

★75—TNA, PREM13/693, 'Record of a Conversation between the Prime Minister and the President of France at the Elysee Palace at 11 a.m. on Friday, April 2, 1965'.

★76—TNA, CAB128/39, CC(65)18th conclusions, 30 March 1965. また、次の文書も参照せよ。TNA, CAB128/39, CC

(65) 19th conclusions, 25 March 1965.

★77——遠藤『ベトナム戦争を考える』、四三-四四頁。

★78——TNA, FO371/180487, FO to Bangkok (Foreign Secretary's Distribution), 20 April 1965.

★79——TNA, FO371/180487, Moscow to FO, 19 April 1965; TNA, FO371/180209, 'Record of Mr. Gordon Walker's Meeting with Prince Souvanna Phouma at Vientiane, 19 April 1965', 20 April 1965.

★80——TNA, FO371/180209, 'Record of Conference at Prime Minister's Office at 11.45 a.m., 24 April 1965', 24 April 1965.

★81——TNA, FO371/180209, 'Note on Conversation over Lunch at the Prime Minister's House on the 25th of April, 1965', 25 April 1965.

★82——TNA, FO371/180487, Washington to FO, 23 April 1965; *FRUS*, 1964-68, 27, 'Memorandum from the Assistant Secretary of State for Far Eastern Affairs (Bundy) to Secretary of State Rusk', 21 April 1965, p.346.

★83——TNA, FO371/180474, Phnom Penh to FO, 26 April 1965.

★84——Fielding, *Before the Killing Fields*, pp.112-113.

★85——TNA, PREM13/694, Phnom Penh to FO, 25 April 1965.

★86——オズボーン『シハヌーク』、一九二頁; Clymer, 'The Perils of Neutrality', pp.628-629; Steininger, '"The Americans are in a Hopeless Position"', p.272.

★87——Fielding, *Before the Killing Fields*, p.102.

★88——この点に関しては以下の研究を参照せよ。浦野起央『アフリカ国際関係論』有信堂、一九七五年、第四章第三節、喜田昭治郎『毛沢東の外交——中国と第三世界』法律文化社、一九九二年、第二章第七節、青山瑠妙『現代中国の外交』慶應義塾大学出版会、二〇〇七年、第三章第二節、Alaba Ogunsanwo, *China's Policy in Africa 1958-71* (Cambridge: Cambridge University Press, 1974), chapter 4. 中国のアフリカ進出には、国連での台湾との代表権争いにおける新興アフリカ諸国からの支持を取りつけようとする思惑もあった。この点に関しては、張紹鐸『国連中国代表権問題をめぐる国際関係(一九六一-一九七一)』国際書院、二〇〇七年、第二章参照。

★89——リーファー『インドネシアの外交』、一五四-一五五頁、永井『インドネシア現代政治史』、三〇一-三〇二頁。

★90——第三世界諸国内における「急進派」と「穏健派」の対立については、定形衛「アジア・アフリカ連帯運動と中ソ論争——アジア・アフリカ会議と非同盟会議のはざまで(一九六四-六五年)」『国際政治』第九五号(一九九〇年一〇月）を参照せよ。

★91―Xiaoming Zhang, 'The Vietnam War, 1964-1969: A Chinese Perspective', *The Journal of Military History*, 60:4 (October 1996), p.759; Zhai, *China and the Vietnam Wars*, pp.133-135; Kuisong, 'Changes in Mao Zedong's Attitude toward the Indochina War', p.33; Jian, *Mao's China and the Cold War*, p.219, 221; 栗原「ベトナム戦争と中国・ソ連」、一一五頁、朱『毛沢東のベトナム戦争』、第九、一〇章。

★92―浦野起央編『アフリカ政治関係文献・資料集成（Ⅱ）』アフリカ協会、一九六五年、一三五－一三七頁、浦野『アフリカ国際関係論』、三四七－三四八頁。

★93―TNA, FO371/180586, Walston to Secretary of State, 10 May 1965.

★94―マクナマラ『マクナマラ回顧録』、二五〇頁; Johnson, *The Vantage Point*, p.136; Allan E. Goodman, *The Lost Peace: America's Search for a Negotiated Settlement of the Vietnam War* (Stanford: Hoover Institution Press, 1978), p.28.

★95―Wilson, *The Labour Government*, p.150.

★96―TNA, PREM13/190, 'Commonwealth Prime Ministers' Meeting'.

★97―Wilson, *The Labour Government*, p.150.

★98―会議の詳細に関しては、Ellis, *Britain*, pp.101-109; 橋口「ベトナム戦争」、三四〇－三四一頁。

★99―TNA, DO169/390, 'Note of a Meeting held at 10 Downing Street, S.W.1, on Wednesday, 16th June, 1965, at 11.30 a.m.', 16 June 1965; TNA, PREM13/190, 'Note of a Meeting in the Prime Minister's Room at the House of Commons at 5.00 p.m. on Tuesday, June 15, 1965',15 June 1965.

★100―TNA, PREM13/190, 'Commonwealth Prime Ministers' Meeting'.

★101―Wilson, *The Labour Government*, p.154.

★102―Odd Arne Westad, Chen Jian, Stein Tonnesson, Nguyen Vu Tungand and James G. Hershberg (eds.), '77 Conversations between Chinese and Foreign Leaders on the Wars in Indochina, 1964-1977', *Cold War International History Project*, working paper no.22 (May 1998), 'Zhou Enlai and Tanzanian President Julius Nyerere, Dar es Salaam, 4 June 1965', p.86. [http://www.wilsoncenter.org/topics/pubs/ACFB39.pdf]（二〇〇八年四月六日アクセス）; Zhai, *China and the Vietnam Wars*, p.166.

★103―中国経済新聞社（森下修一編訳）『周恩来　中国の内外政策（下）』一九七三年、五四七頁。

★104—中国にとっての第二回アジア・アフリカ会議の重要性については、太田勝洪「アジア近接諸国との関係」岡部達味編『中国をめぐる国際環境』岩波書店、二〇〇一年、二一一−二一二頁。

★105—TNA, CAB128/39, CC(65)34th conclusions, 24 June 1965.

★106—Bruce D. Larkin, *China and Africa 1949-1970: The Foreign Policy of the People's Republic of China* (Berkeley: University of California Press, 1971), p.81.

★107—日本国際問題研究所編『国際年報一九六五−一九六六年』一九六九年、八八−八九頁。

★108—Ellis, *Britain*, p.106.

★109—デイヴィス・ミッションに関しては、Young, 'The Wilson Government'; 橋口「ベトナム戦争」、三四二−三四三頁。

★110—Zhai, *China and the Vietnam Wars*, pp.160-162.

★111—TNA, PREM13/695, Wilson to Paymaster General, 22 June 1965.

★112—この後のジョンソン政権のベトナム軍事政策に関しては、福田茂夫「ジョンソン大統領のベトナム戦争——一九六六−六八年の戦争継続政策」草間秀三郎・藤本博編『二一世紀国際関係論』南窓社、二〇〇二年、第五章を参照せよ。

★113—TNA, FO371/180542, Johnson to Prime Minister, 26 July 1965.

★114—TNA, FO371/180543, 'The Anglo-American Relationship and Viet Nam,' 28 July 1965'; TNA, FO371/180542, 'Viet-Nam', 26 July 1965.

★115—TNA, PREM13/697, 'Message from Prime Minister to President Johnson, August 2, 1965'.

★116—TNA, PREM13/696, Stewart to Dean, 30 July 1965.

★117—ウィルソン政権期の財政問題、ポンド危機については、芝崎裕典「第二次ＥＥＣ加盟申請とその挫折一九六四−七〇年——イギリスの緩やかな方向転換」細谷編『イギリスとヨーロッパ』、第五章を参照せよ。

★118—スエズ以東撤退問題に関する最も包括的な研究は、Saki Dockrill, *Britain's Retreat from East of Suez: The Choice between Europe and the World?* (Basingstoke: Palgrave Macmillan, 2002)である。邦語では、永野による一連の研究を参照せよ。永野隆行「イギリスの東南アジアへの戦略的関与と英軍のスエズ以東撤退問題」『英語研究』第五三号（二〇〇一年三月）、同「東南アジア安全保障とイギリスの戦略的関与——歴史的視点から」小島朋之・竹田いさみ編『東アジアの安全保障』南窓社、二〇〇二年、同「東南アジア国際関係の変容とオーストラリア——オーストラリアにとっての英米軍事プレゼンス」『国際政治』第一三四号(二〇〇三年一一月)。

★119——Ellis, *Britain*, pp.118-127; Dockrill, *Britain's Retreat*, pp.100-101.

★120——Dockrill, *Britain's Retreat*, chapter 5.

★121——Ellis, *Britain*, p.123, 126.

★122——Dockrill, *Britain's Retreat*, pp.119-121.

第七章 ベトナム和平工作の挫折

1 米政府の平和攻勢

六五年末、ウィルソンがベトナム政策を練り直している頃、米政府による和平の模索が始まった。マクナマラ国防長官などの勧めに応じて[★1]、ジョンソンはクリスマス・イヴから翌年一月末まで三七日間北爆を停止した。この期間に大統領は、ヒューバート・ハンフリー(Hubert Humphrey)副大統領の他、ハリマン、アーサー・ゴールドバーク(Arthur Goldberg)国連大使を同盟国や共産圏諸国など一〇〇カ国以上に派遣してアメリカへの理解を求めると同時に、ビルマを舞台にハノイとの接触(暗号名「ピンタ」)も試みた。これに合わせてラスクは、ベトナム和平に関する「一四項目」提案を行い、「無条件」の交渉や協議に応じる構えや、ハノイの四項目についても協議する用意を示した[★2]。

ところが、ボールが批判したように、この平和攻勢は、後の軍事措置の拡大を正当化するための「ジェスチャー」の意味合いが強かった[★3]。こちら側の十分な働きかけにもかかわらず、ハノイが和平の呼びかけに応じないため、米政府はやむを得ず拡大措置をとるのである。こうした論拠によって、国内外の批判をかわそうと意図していた。北爆が停止されたとはいえ、この間、ラオスでのホー・チ・ミン・ルートへの爆撃と南ベトナム内での地上作戦は、ともに強化されていたのである[★4]。

アメリカの和平工作は何の進展ももたらさなかった。もともと北爆停止に懐疑的だったジョンソンは[★5]、今回の経験を通じて和平工作に対する幻滅を強め、その後の和平工作にいっそう消極的になっていく[★6］。ジョンソンにしてみれば、今回の北爆停止は単に北ベトナムの浸透を拡大させただけの結果に終わった。成果のないままこれ以上北爆の停止を続けても、それはただ「ハノイの過激主義者を活気づけ」て、北ベトナムを和平に引き込む長期的な可能性を減少させるだけのことである。ジョンソンは一月下旬にウィルソンに宛てた電報で、北爆の停止によってアメリカの兵士たちが「片手を後ろ手に縛られ」て戦わなければならない状況をいつまでも続けるわけにはいかないと語った[★7]。

さらに、当時、米国内ではベトナムからの撤退を求める声に加えて、それとは逆に大規模軍事介入による問題解決を唱えるタカ派の勢いが強まっていた[★8]。北爆を長期間停止して結局ハノイから何の反応も得られなかったら、強硬派が主張する拡大路線を退けられなくなる[★9]。したがって、一見逆説的だが、ベトナム戦争の拡大を抑えるためにも、ジョンソンは北爆の停止をいつまでも続けるわけにはいかなかった。

しかし、北爆が再開されると、イギリス国内でアメリカ批判が一気に高まった。北爆が再開された一月三一日、労働党議員九〇名が連名でジョンソン政権のベトナム政策を批判する文書をウィリアム・フルブライト(James William Fulbright)米上院外交委員会委員長に送付した。この影響を受けウィルソンは二月初めの一〇日間、彼のベトナム政策に対するこれまでで最も厳しい党内からの批判にさらされることになった[★10]。労働党内のベトナム反戦派の勢いは相当なものであり、ウィルソン＝スチュワートの執行部は、米政府と党内反対派との間で苦しい板挟みにあった。

アメリカのベトナム政策に対するイギリス国民の支持率は下降傾向にあった。世論調査によると、六五年初頭の時点ではアメリカの政策の支持者が不支持者を上回っていたが、同年四月以降、不支持者の割合が優勢になり、六六年末には不支持者が過半数の五一パーセントを占めて、三〇パーセントの支持者をはるかに凌ぐようになる［★11］。

それでも、ベトナム問題は六六年三月末の総選挙で政権の浮沈を左右する争点にはならず、労働党は野党に九七議席の大差をつけて勝利した。これでウィルソンは当面、議会での与野党の逆転を心配する必要はなくなった。しかし、政権崩壊の危険が去ったことで、党内の「バック・ベンチャー」たちは執行部の対米政策を容赦なく批判できるようになり［★12］、ウィルソンの頭痛の解消にはつながらなかった［★13］。

2 ウィルソンの訪ソ（六六年二月）

新年早々、ウィルソンは新たにベトナム和平を模索する。六六年一月二日、彼はコスイギン宛に書簡をしたため、ジュネーヴ会議共同議長としてベトナム和平に全力を尽くすよう訴えかけた［★14］。ウィルソンは英ソ首脳会談の開催を持ちかけたが、それには次の二つの理由があった。

第一に、ウィルソンは自らの訪ソによってアメリカの平和攻勢を補強しようとしていた。アメリカの平和使節の訪問はハンガリー、ポーランド、ユーゴスラビアなど東欧諸国に集中し、ソ連が蚊帳の外に置かれていた。アメリカの意図を東欧衛星国政府を通じて知らされるという侮辱にクレムリンは「憤慨」しているのではないか。ウィルソンは自らのモスクワ訪問によってジョンソン政権のベトナム政策の欠落を補い、英米の外交努力の統合を試みた。具体案として彼は、英米による「二重行動」、すなわち、アメリカが外相レベルで、イギリスが首脳レベルでソ連と接触してジュネーヴ会議を再招集することを計画していた［★15］。

もっとも、ジョンソン政権もソ連政府を軽視していたわけではない。ハリマンによれば、アメリカの使節がモスクワ訪問を控えたのは、それによって中国の米ソ「共謀」批判が強まって[★16]、ソ連がベトナム和平にますます関与できなくなるのを恐れたからである。現にソ連政府は、東欧諸国が主導して西側諸国と接触するのを望み、北爆停止期間中、アメリカと北ベトナムの仲介にポーランドとハンガリーを当たらせていた[★17]。

第二に、共産主義陣営のなかでウィルソンがベトナム問題を協議できる可能性があったのはソ連をおいて他になかった。前章で見たように、六五年前半の一連の和平工作は、北ベトナムと中国にことごとく拒否された。この経験から、ウィルソンはとくに中国を和平の障害と見なすようになる。「中国は、交渉に完全に心を閉ざし、あらゆる影響力を行使して戦争を継続」しようとしている。六五年末までにウィルソンは、ソ連との接触の「インパクト」を弱めてしまうので「どんな形式であっても中国へ接近を試みるのは間違い」だとの結論に至った。今後は、「ハノイとモスクワにわれわれの努力を集中」させることにしたのである[★18]。

二月二二日、英外交団がモスクワに到着した。コスイギンとの対談でウィルソンは、戦後国際政治における英ソ関係の重要性を説いた。端的にいえば、英ソが協調する時代は世界情勢が安定し、両国が対立すると世界が不安定化するというのである。英ソ関係は「つねに世界の総体的な関係を象徴」し、世界情勢の「好転と悪化」を引き起こす根本的要因であった。英ソが同盟国として戦った第二次大戦によって世界平和が回復された。ところが、戦後両国が対立関係に入ると世界は冷戦時代を迎えることになったのである[★19]。この説明にウィルソンは、英ソが協調することによってベトナム和平の実現も可能になるとのメッセージを込めていたのだろう。

ウィルソンは、ベトナムの「危険な紛争」を終結させなければならない三つの理由をソ連首相に語って聞かせた。第一に、この紛争は両陣営に多大な「犠牲者」を生みだしている「酷い戦争」である。第二に、ベトナム戦争は「大規模なアジアの地上戦にエスカレートする危険」がある。そして第三に、ベトナム戦争によって「東西関係改善の希望に暗雲が立ち込める」恐れがあった。英ソの見解が異なっているからといって「共同議長としての両国の有用性は減じるのではなく」、むしろ、互いに「異なる立場」にあるがゆえに、自陣営の利益を勘案しつつ東西間で調停役を演じることができると説いた［★20］。

ウィルソンは記者会見やテレビ演説でソ連国民に次のように語った。

われわれは、［あなたがたが］そうであるように、われわれの同盟と友人に忠実でありますし、これからもそうあり続けるつもりです。われわれが行う提案はすべて、われわれの同盟の立場を率直に表したものです。しかし、友人に忠実であるわれわれと［あなたがた］は、世界の現実を踏まえて架け橋を築き世界の好機を掴むことができるのです［★21］。

ウィルソンの訴えにもかかわらず、コスイギンは従来の不関与方針を繰り返した。北ベトナムの要請がない限り、ソ連政府は外交的関与を行わないというのである。会談の一カ月前、北ベトナム政府はハノイを訪問したシェレーピン(Alexander Shelepin)ソ連共産党幹部会員に軍事的勝利を優先する方針を伝え、援助の拡大を求めていた［★22］。コスイギンはウィルソンに、「可能なあらゆる支援」を北ベトナムに続ける意向を明かした［★23］。首脳会談と平行してモスクワで開催された外務担当国務相チャルフォント卿(Lord Chalfont)と駐ソ北ベトナム高官との秘密の接触も不調に終わった［★24］。

それでもウィルソンは、将来の英ソ協力の発展に期待を抱いてモスクワを後にする。そもそも今回の訪問の目的はソ連新指導部、とりわけコスイギンとの人間関係の構築にあった。アトリー政権の商務相として貿易交渉に携わって以来、ウィルソンはコスイギンと顔見知りであったが、今回の訪問によってクレムリンの指導者たちについて「ずっと明瞭な知見」を得ることができた。ジョンソン宛の書簡でウィルソンは、コスイギンを「非常にタフであまりユーモアのない管理者タイプ」、ブレジネフを「たいへん印象的でより外向的な人物」と評している。現在ソ連が調停に消極的なのは、ベトナム和平に関心がないからではなく、コスイギン＝ブレジネフ体制にとって「処女公演」となる第二三回ソ連共産党大会を控えて「資本主義世界の宥和」と誤解される行動を避けなければならないからであった［★25］。

本心かどうか定かでないが、ジョンソンはウィルソンの尽力に感謝の意を表し、和平努力の継続を要請した［★26］。五月初旬ロンドンを訪れたハリマンは、他のヨーロッパ諸国と比べて、大統領がどれほどイギリスの支援に感謝しているかを力説した。ウィルソンは、彼が「大統領と素晴らしいインフォーマルな関係」にあることを喜んだ［★27］。

3 ハノイ・ハイフォン空爆

六六年夏、ウィルソン＝ジョンソン政権期の英米関係はひとつの転換点を迎える。先述のように、この年の二月、英政府は『国防白書』を発行して一九七〇年までのスエズ以東からの撤退方針を発表した。この決定が可能となったのは、ひとつには、前年秋にインドネシアでいわゆる「九・三〇事件」が発生しスカルノ支配が終焉に向かい始めたことによる。この事件以後、スカルノの対決政策に対する国内支持は次第に弱まり、六六年八月一一日、インドネシアとマレーシアは和平協定に調印してマレーシア紛争は正式に終結した。

マレーシア紛争の終息は、ベトナムに対するイギリスの関与の拡大をワシントンに期待させた。五月になると米国務省は、サバ、サラワクからの撤退を睨んで、英外務省に南ベトナムへの文民トラック部隊の派遣とタイへの軍事用ヘリコプターの供与を要請した。だが、ラスクと六月一〇日にロンドンで会談したウィルソンとスチュワートは、国内の反発を理由にこの支援要請を断った。タイへの支援をきっかけに南ベトナムへの軍事関与に巻き込まれるのを避けたいというのが本心だった［★28］。

この一件にとどまらず、六月に英米関係をさらに冷却化させる出来事が起きた。二九日、米軍がハノイとハイフォン近郊の石油貯蔵施設を爆撃したのである［★29］。

実は、六月初めの時点で、ウィルソンはこの爆撃計画について連絡を受け、この作戦についてジョンソンと書簡で何度も意見交換していた。三日付の電報でウィルソンは、この爆撃がもたらす軍事的利益は、その政治的損失を上回るものでは決してないと説いた。爆撃が予定通り敢行された場合、「われわれはそれと関係を絶た」ざるを得ず、またこのことを予め米政府に伝達しておいたことを公表しなければならなくなると警告した［★30］。ジョンソンはこの発言に不快感を示した。だが、二九日、ハノイ、ハイフォンが爆撃されると、ウィルソンはジョンソン米政権のベトナム政策一般を支持しつつも、人口の密集する都市近郊への「このような類の行動」と彼の政府は無関係であると議会で宣言した［★31］。

モスクワへの二度目の訪問を七月に控えて、ウィルソンはジョンソンとの協議を希望していた。ワシントンの見解を十分に把握してソ連を訪問した方が、調停者としてのイギリスの信頼を高められるからである。ところが、ジョンソンは日程の調整がつかないとの理由で英首相の訪問を断った。確執を抱えた両首脳には、冷静さを取り戻す時間が必要だった。

4　二度目の訪ソ（六六年七月）

七月一六日、二度目の訪ソを果たしたウィルソンを待ち構えていたのは、コスイギンによる激烈な対米批判だった。ジョンソンを「狂人」呼ばわりし、米軍のハノイ・ハイフォン爆撃を一九三〇年代のアビシニア戦争におけるムッソリーニの「無辜《むこ》の民」に対する殺戮行為になぞらえた〔★32〕。

ベトナム問題に関してソ連指導者の見解は二月会談時と何ら変わっていなかった。調停に前向きな姿勢を見せるどころか、コスイギンはアメリカの侵略行為を非難できないウィルソンにも批判を浴びせた。対米自立路線を採るド・ゴールを引き合いに〔★33〕、コスイギンはウィルソンにアメリカとの訣別を勧めた。そうすることでイギリスはワシントンに対する梃子を強め、ひいては東西の仲介者としての信頼性も高められるという。さらに続けて、ウィルソンにこういった。「首相はイギリスの役割を過小評価しておられるようだ。アメリカと親しい大国のイギリスが公然とアメリカに異論を唱えたら、世界の世論に広範かつ深い影響を与えられるでしょう」。もしこのまま黙従を続ければ、アメリカはロンドンの見解に「何ら注意を払う」必要がないと考えるようになるでしょう〔★34〕。

これに対し、ウィルソンは次のように反論した。「アメリカはフランス人に何の関心も払っていない」。アメリカにどれだけ影響を与えられるかは、「アメリカの政策全般にどの程度一般的支援を与え」られるかにかかっている。もしイギリスがアメリカと完全に関係を絶っていたら、「米政府はイギリスのいうことにもはや何の注意も払わなくなっていただろう」。もし軍隊を派遣することが可能だったら、イギリスは「もっと米政府に対して影響を与え」られていただろう〔★35〕。

このウィルソンの見解には、ラオス内戦に対処したマクミランの対米観と共通する要素がある。両者に共通しているのは、アメリカを公に批判して直接対峙するのではなく、まずアメリカの味方に立ってその懐に入り、ワシントンの外交政策を健全な路線に軌道修正していこうとする姿勢であった。

二月会談同様、ウィルソンは英ソ協調の可能性に希望を残した。まだ具体的な合意には達していないものの、「こうした定期的な政府首脳間の意見交換には意義」があり〔★36〕、両国指導者間で芽生えつつある人間関係がやがて「現実的な価値」を持つようになるとの「確信」を今回の会談で深めた［★37］。八月からスチュワートに代わって外相に就任したジョージ・ブラウン（George Brown）が回顧するように、もともとウィルソンは「他の誰にもない特別なロシア人との交渉力」を持っていると自負し［★38］、それもあってか、ソ連指導者との「時間をかけた私的な会話」が、「いつか何らかの具合でベトナム和平の目的に役立つ」と信じていた［★39］。

ウィルソンは非公式会談でのソ連指導者の「率直さ」に心を動かされていた［★40］。私的会談でコスイギンはベトナム戦争に対するソ連の深い憂慮をくり返し示した。共産主義イデオロギーに固執する公式発言と異なって、ソ連指導者はインフォーマルな会談では話のできる相手だった。これは歴代首相のチャーチル、イーデン、マクミランが共通して抱いていた印象でもある［★41］。

この七月会談でウィルソンが確認したもうひとつの重要な点は、中国に対するソ連指導部の強い敵愾心である。中国政府は「ベトナム人の血の最後の一滴が流れるまで戦争を継続する」つもりではないかとウィルソンが問いかけると、コスイギンは「真実はまるっきり逆である。危険なのは、中国が想像もつかない数の義勇兵で［ベトナムに］介入してくることである」と答えた［★42］。ウィルソンは回顧録に次のように記している。「［今回の会談によって、］以前からたびたび思っていたあることが確認できた。それは、ジュネーヴ会議再招集に対するコスイギン氏の拒絶反応である。ソ連がその場に最もいてほしくないのは中国だろう」［★43］。

こうして和平調停にソ連の協力を取りつけるには、中国が同席する会議を避けることが必要になった。ブラウンがジュネーヴ会議の再招集に意欲的だったのに対し、ウィルソンは後に見るように六七年に入っても英ソ二国間交渉で問題解決の糸口を探ろうとするのであるが、それにはこの七月会談の印象が作用していたのであろう［★44］。

5 「マリゴールド」和平工作

モスクワ訪問後、ウィルソンは四度目の訪米に出かけた。モスクワ会談の内容をウィルソンが報告すると、ジョンソンはいつものように英政府の努力に謝意を表明するとともに、両国の「緊密な協力」を改めて訴えた[★45]。

さらに、六月のハノイ・ハイフォン爆撃をめぐる険悪な雰囲気の払拭をねらっていたのであろう。大統領は次のようにウィルソンの機嫌をとっている。

パーマストン卿(Lord Palmerston)はかつてイギリスには永続的な友邦などいない――ただ永続的な利益があるのみだと喝破した。あの有名なイギリスの政治指導者にしかるべき敬意を払いつつも、私は異議を唱えなければならない。アメリカ人にとってイギリスは永続的な友邦であり、断つことのできない両国の繋がりがわれわれの永続的な利益である[★46]。

しかし、こうして目的の一致を再確認したにもかかわらず、この七月会談以降、ベトナム問題をめぐる英米の対立は悪化の一途を辿る。六六年後半には、ジョンソン政権がイギリスを出し抜く形で自らベトナム秘密和平工作に乗り出し、ジョンソンがウィルソンの調停外交にほとんど信頼を置いていないことが明らかになっていく。

ジョンソン政権はウィルソンの対ソ接近とは別に、独自にソ連政府と接触を図っていた[★47]。一〇月一〇日グロムイコ外相と会談したジョンソンは、大統領就任以来米ソ関係が最も良い状態にあるとの印象を抱いた[★48]。この会談の意義は、グロムイコが初めてハノイに対するモスクワの影響力を認め、米軍の爆撃停止を条件に、その影響力の行使を示唆したことだった[★49]。ソ連の友好的な姿勢に応えてジョンソンは、米ソ間にベトナム問題をめぐる「根本的な利益衝突」は存在しないとコスイギンに書簡で強調した[★50]。ソ連との関係改善が進むなか、米政府は六六年後半、「マリゴールド」と銘打つ秘密和平工作を展開していく[★51]。

ことの発端は、六月末、駐南ベトナム伊大使ジョヴァンニ・ドルランディ(Giovanni D'Orlandi)仲介のもと、ロッジ米大使がハノイと政治的パイプを持つICCポーランド代表ヤヌシュ・ルワンドフスキ(Janus Lewandowski)と接触を開始したことに遡る。一一月、ハノイを訪問することになっていたルワンドフスキにロッジはベトナム和平に関する米政府の条件を提示する。ラスクの「一四項目」に加え、ロッジは「段階A－段階B(Phase A – Phase B)」と呼ばれる方式の和平提案を手渡した。「段階A－段階B」方式とは、米政府が爆撃を停止し(段階A)、アメリカと北ベトナム双方が合意可能な一定の期間を経た後、相互に合意した軍事縮小措置を両政府が採る(段階B)、という提案である[★52]。

ハノイからルワンドフスキは、ワルシャワを舞台とする協議にハノイが前向きであるとの朗報を持って帰ってきた。すぐさま北ベトナムとの協議に備えて、国務省はワルシャワでポーランド政府と準備会議を開催したが、マリゴールド和平工作は北ベトナムとの本交渉に発展することなく終わりを迎えることになる。

マリゴールドの破綻には、いくつかの理由がある。ひとつは、仲介にあたったルワンドフスキがアメリカの和平条件をハノイに伝える際に正確さを欠き、誤解を生んでいたとの指摘がある[★53]。また「ベトナム戦争検証プロジェクト」によれば、アメリカと北ベトナム代表が会談場所を間違え、北ベトナム代表団はワルシャワの自国大使館で待機し、米代表団はポーランド外務省で北ベトナム代表団の到着を待っていたのだという[★54]。

しかし、こうした連絡上の不手際もさることながら、やはり最大の要因は、一二月前半に数度に渡って実施された米軍の北爆に求められよう。アダム・ラパツキ(Adam Rapacki)ポーランド外相の仲介で両者の接触が模索されていたまさにそのときに、アメリカは北爆を続行していたのである。これらの爆撃は、一一月に実施予定であったものが悪天候によって一二月にずれ込んだのだと米政府は弁明した〔★55〕。

しかし北ベトナムは一三日、アメリカとの協議の無期限延期をポーランド外務省に通告した。国務省は「ハノイ市中心部から半径一〇マイル以内」の爆撃停止を確約して協議の開始を訴えたが、その効果はなかった。進展の兆しが見られぬなか、ラパツキは一二月末に調停を断念した〔★56〕。

さて、ウィルソンであるが、この工作について事前にアメリカから連絡を受けていなかった。ウィルソンがマリゴールドの存在を初めて確認したのは、翌年一月初旬になってからである。ラスクは、ポーランドと北ベトナム政府が「完全な秘匿」を求めたため英政府に相談できなかったと釈明し、遺憾の意を表した〔★57〕。アメリカにしてみれば、何もイギリスだけに秘密にしていたのではなく、他の同盟諸国にもこの件は伏せていた。つまり、イギリスを軽視したのではなく、特別扱いしなかっただけなのである。米政府内でさえ、大統領の指令によって「[マリゴールド]関連の電報を読むことが許された者は大幅に制限」されていたのだった〔★58〕。ワルシャワでの接触は極秘に行われたため、その交渉に北爆がどのような影響を及ぼすのかという発想などペンタゴンにはなかったのである〔★59〕。

ウィルソンとブラウンはラスクの説明では納得できなかった。彼らには、アメリカの行動はイギリスへの背信と映った。なぜなら、実はアメリカは事前の説明もなく彼らをマリゴールド工作に巻き込んでいたからである。ベトナム和平に積極的だったブラウンは、一〇月に訪米した際、翌月のモスクワ訪問時に米政府のベトナム政策をソ連側に伝達する役を買って出た〔★60〕。ジョンソンは英外相に「もしベトナム問題解決の見通しが立てば、いつでもどこでも会談に応じる用意がある」ことを伝えて構わないと述べていた〔★61〕。

こうしてブラウンは、米政府からソ連への伝達を依頼された「段階A－段階B」提案を携えて、一一月二二日にモスクワを訪問する。ところが、先ほど見たように、ソ連政府はこの時すでに「段階A－段階B」案をワルシャワ経由で承知していたのである［★62］。

このことを翌年になって知ったウィルソンとブラウンは激怒した。すでにソ連政府が承知している話を極秘提案かのようにブラウンが提示したとは、何とも「滑稽」な話であった［★63］。英米間に政策の連携などなく、イギリスの調停工作はワシントンの信任を得ていないとクレムリンは考えるようになったのではないか［★64］。いったん、こうした印象を抱くと、ソ連は今後イギリスの働きかけに見向きもしなくなるかもしれない。駐米大使ディーンを通してブラウンはアメリカに抗議した。抗議があまりにも激しかったため、ふだんイギリスに「冷淡な」ホワイトハウスの高官たちさえ、「怒り心頭の同盟国」をなだめることが必要だと認めたという［★65］。

ただし、英政府内部にも外務事務次官ポール・ゴア・ブース（Paul Gore-Booth）のように、この件で冷静な反応を示した者がいた。ウィルソンとブラウンはアメリカがイギリスとポーランドに二股をかけたことに憤ったのであるが、ゴア・ブースは、イギリスとポーランドによる同時仲介は「段階A－段階B」提案の信頼性を高めたとし、これによってブラウンの役割が減じたわけではないと考えていた［★66］。

マリゴールド工作が発覚する直前の一二月末、ラスク、ハリマン、ロストウ（国家安全保障担当大統領補佐官に六六年四月就任）と面会したディーンは、彼らから次のような助言を得ていた。「もし英政府が大統領への影響力を維持しようとするなら、アメリカの政策との『絶縁』を口にしないことが最も重要」である。「大統領と関係を断とうとする者は、彼に対して大きな影響を与えることは期待できない」。国内の各方面、とりわけ強硬派からの強い圧力に直面している大統領に穏健路線を説きたいなら、その「最善の方法」は、「彼に同調し、支援する」ことである［★67］。

おそらく、こうしたディーンからの報告もあってのことだろうが、ウィルソンはアメリカとの関係改善を探った。ウィルソンの要請に応えて米政府は国務省官僚チェスター・クーパー(Chester Cooper)をロンドンに派遣し、マリゴールドの経緯を説明させた。それでも、当時のウィルソンの正直な胸のうちは、結局送付を断念した大統領宛の電報に以下のように記されている。

われわれの関係全般や相互の支援・協議……、そしてパートナーシップの鍵となるのは、紛れもなく、われわれの間の完全な信頼感であります。たいへん率直に申し上げれば、今回の件では、この信頼感が欠如しているように思えてなりません[★68]。

6 英ソ首脳会談(六七年二月)――「サンフラワー」和平工作の一側面

マリゴールドで傷ついたイギリスの威信を、二月のコスイギンとの首脳会談で回復すべくウィルソンは意気込んでいた。コスイギンの訪英はベトナムの旧正月(テト)と重なったため、テトの戦闘停止を利用した和平の進展が期待されていた。

二月六日から一週間開催された英ソ首脳会談は[★69]、「サンフラワー」と命名された和平工作の一部を形成し、ウィルソン政権による最後の本格的な調停工作となる。サンフラワーは、アメリカによる在ソ連北ベトナム大使館との接触、ジョンソンからホー・チ・ミンへの親書送付、そしてロンドンでの英ソ首脳会談の三つの接触から成っていた[★70]。以下に見るように、サンフラワーはベトナム和平をもたらさなかっただけでなく、マリゴールドよりも深刻な英米対立を引き起こすことになる。

二月六日、首脳会談初日は、コスイギンによる中国批判によって幕を開けた。コスイギンは、中国国内で吹き荒れる文化大革命に言及して、中国の現状を「完全な無政府状態」、「赤衛兵」を「単なるフーリガン」と罵倒した［★71］。いったん中国がベトナムに介入すると、「ベトナムのみならず、東南アジア、そしてアジア全体」を支配するようになる。したがって、ソ連政府が武器や食糧、経済援助を北ベトナムに供与することは、中国に対抗する上で重要だというのである。興味深いのは、コスイギンがアメリカのベトナム介入を、中国の域外膨張を誘発するとの理由から批判している点である。コスイギンの発言には、東西対立よりも中ソ対立の論理が色濃く滲み出ていた［★72］。

コスイギンのあまりにも激しい中国批判に、ウィルソンは驚いた。コスイギンは公式の場では、アメリカの「極悪非道ぶり」を強調していた。しかし非公式の場では、アメリカ批判には言葉を慎重に選んだのに対し、中国には辛辣な非難を浴びせた。コスイギンは中国問題に「脅迫観念」を抱いていた。ウィルソンは、中国を「イデオロギー的原則なき組織的軍事独裁」と激しく批判するコスイギンほど、一国の最高指導者が他国を強い調子で非難するのを過去に聞いたことがなかった［★73］。

同時にこの会談でウィルソンは、コスイギンがワシントンとのチャンネルとしてイギリスの有用性を認めているとも感じた。表向きには、コスイギンはアメリカとの訣別を彼に勧めながらも、本心は「われわれにアメリカとの関係を断ったり、傷つけたりしない」よう望んでいるように見えたのである［★74］。

ウィルソンは会談初日から、「段階A－段階B」方式をコスイギンに伝えてソ連の協力を求めていった。

ここでウィルソンが提示した「段階A－段階B」提案について、その内容を確認しておこう。

まず、七日付のウィルソン宛書簡でジョンソンは、「段階A－段階B」方式を、北ベトナム政府が「南ベトナムへの浸透の確実な停止（assured stoppage）に同意すれば、われわれは北爆を停止し、南ベトナムでの米軍のさらなる増強を停止する」という内容のものだと説明していた［★75］。

彼の回顧録で述べているように、ウィルソンはこの「段階A－段階B」方式は「二つの段階」と「三つの要素」から構成されるものと理解した。まず「段階A」でアメリカが爆撃を停止し、それに続く「段階B」でアメリカと北ベトナム・南ベトナム解放戦線双方がそれぞれ縮小措置を採る。すなわち、「段階Aでアメリカが行動し、段階Bで双方が行動する」という理解である[★76]。

ただし、この段階区分には問題があった。アメリカが先行して「段階A」を実施しても、北ベトナムが「段階B」を実施する保証がないことである。もしそうなれば、爆撃停止期間に北ベトナムの浸透が拡大するだけの結果になってしまう[★77]。

そこでウィルソンは、まずアメリカが先に北爆を停止することとしながらも、後の浸透停止を北ベトナム政府に前もって約束させ、北爆停止後その約束を履行させることにしたのである。しかも、ハノイに配慮して、この事前の約束は非公式なもので構わないとした。こうすることで、六五年四月の「四項目」の発表以来、北爆停止を和平の条件としてきたハノイの要求を満たし、同時に北ベトナムによる「段階B」の不履行というアメリカの懸念にも対処しようとしたのである[★78]。

ウィルソンが提示した「段階A－段階B」方式にコスイギンが本格的な興味を示したのは、一〇日金曜日午前の会談であった[★79]。ウィルソンは、この和平方式を再度文書にて提示することをコスイギンに約束し、ゴア・ブースなどの外務省高官とワシントンから派遣されていたクーパーをその作成に当たらせた。文書が完成すると、ウィルソンはクーパーに米政府の承諾を得るよう依頼した。

ところが、承諾の催促にもかかわらず、国務省からは何の返答もなかった。そこでクーパーは、これを了承の意味と理解する[★80]。

同日夕刻、ウィルソンは「段階A－段階B」提案を記した次の内容の文書を携えて在英ソ連大使館のレセプションに出かけていった。

（a）合衆国は、北ベトナムから南ベトナムへの浸透が停止されることを確信でき次第（as soon as they are assured that the infiltration from North Vietnam to South Vietnam will stop）、北ベトナムへの爆撃を停止する……。
……

（b）爆撃停止から数日以内（爆撃停止前に両者の合意で設定される期間とともに）に、合衆国は南ベトナムでの軍のさらなる増強を停止し、北ベトナムは南［ベトナム］への浸透と軍の移動を停止する。

（c）北ベトナムに対する爆撃の停止と南［ベトナム］での米軍の増強停止は即刻明白になる行動である。

（d）浸透停止は、世界が認識するのがより困難である。にもかかわらず、合衆国は北ベトナムからいかなる公式の声明も要求しない。

（e）ハノイからのあらゆる秘密の保証は、直接合衆国にでも、ソ連チャンネルを通してでも、またソ連政府や英政府を経由して届けられるのでもよい。これは北ベトナムが決定することである［★81］。

ウィルソンはこの文書を提示する際、「ドラマチック」な提案を行った。アメリカと北ベトナムを交渉テーブルに着かせるために、英ソ首相がハノイを、両国外相がワシントンを訪問して説得するという計画である。ソ連政府がこれに応じないのであれば、ウィルソンはブラウンと二人でハノイを訪問する用意もあると語った。これに対しコスイギンは、「ベトナム人は彼らの正面（米軍）だけでなく、背後（中国人）にも注意しなければならないのだと説いて、この提案を退けている。アメリカの忠実な同盟国を自任するイギリスと、中国と対立しているソ連首相の訪問をハノイが受け入れるはずがなかったからである。中国のベトナム介入を警戒していたコスイギンは、自らの訪問が中国を刺激し、かえってそのベトナム介入を助長することになるのを危惧していたのだろう［★82］。コスイギンはウィルソンにハノイへの「段階A－段階B」の伝達を約束し、会談は終了した。

ところが、この後事態が急転する。コスイギンとの会談で意を強くしたウィルソンに、先ほど彼が手渡したものと異なる「段階A－段階B」提案がワシントンから送られてきたのである。

夜一〇時半に届いた新提案には二つの大きな変更点があった。第一に、新方式では、「合衆国は、北ベトナムから南ベトナムへの浸透が停止されたことを確信でき次第(as soon as they are assured that the infiltration from North Vietnam to South Vietnam *has stopped*)、北ベトナムへの爆撃停止を命令する(強調筆者)」ことになった。つまり、ウィルソンがコスイギンに渡したバージョンの(a)項では、北ベトナムは、米軍の北爆停止後に南ベトナムへの浸透を停止する(will stop)という将来の行動を約束すれば良かったのが、新方式では、北爆停止以前に浸透行為の停止が完了(has stopped)していなければならなくなったのである[★83]。換言すれば、新方式では「段階Aと段階Bの順序が逆にされ」[★84]、まず北ベトナムの浸透停止が先に行われ、それを確認してから米軍に北爆停止命令が下されることになった。

第二に、ウィルソンがコスイギンに渡した方式の(d)項では、北ベトナム政府はその浸透停止を公式に発表する必要がないとされていたのが、新方式ではそれが必要になった。公式に宣言することになれば、北ベトナムの浸透停止が本当に実施されたのか国際監視の眼が厳しくなるため、ハノイにはより承服しがたい提案になったのである[★85]。

ウィルソンたちはこの変更に愕然としたが、あれこれ問答している時間はなかった。週末をスコットランドで過ごす予定のソ連外交団一行が、ロンドン・ユーストン駅からまもなく出発するところだったのである。ウィルソンは慌てて秘書官のマイケル・ホールズ(Michael Halls)をユーストン駅に派遣し、新提案をコスイギンに届けさせた。

翌日、英米同盟に深刻な危機が訪れた。クーパーは彼の外交経歴において、このときのウィルソンほど怒りに震える人間を見たことがないと述懐する[★86]。米政府は変更の理由として、北ベトナムによる浸透工作の拡大を挙げたが、ウィルソンは納得しなかった。マリゴールド工作に続き、またもやイギリスの面目は丸つぶれとなり、仲介者としての信頼性が大きく傷ついた。ジョンソンが北爆の再開を検討していることを知ると、ウィルソンは米大使ブルースに、「われわれはアメリカ人のすることを何でも自動的に支援しなければならないわけではない」と憤って、ワシントンから「より独立した路線を公式に」とる構えさえほのめかした。ウィルソンは閣議を招集してもう少しでワシントンとの「絶縁」を決断するところだった[★87]。

英米の関係悪化は、戦後両国が直面した最大の危機であるスエズ危機の再来を予感させた。「一〇年前のスエズ危機」同様、「私の眼前で再び英米関係が瓦解していくのを実感」したとクーパーは語っている[★88]。ウィルソンも「もう二度と元には戻らないかもしれない。信頼が壊れてしまった」と嘆いた[★89]。ジョンソンへの抗議の意味を込めてウィルソンは、英ソは「それぞれの同盟国に忠実」でありながらも、今後同盟国と「距離を置く見解」をとることもありうると脅した[★90]。

この脅しにジョンソンは怯まなかった。大統領にとって「動詞の時制」の変更はそれほど大きな問題ではなかった。もしハノイが「段階A－段階B」方式に関心があるなら、マリゴールドのときからその意思を示す機会はいくらでもあった。今回の変更の前に十分時間がありながらも何ら建設的な対応を見せてこなかったのは、ハノイが和平交渉に関心を抱いていないからにちがいない。さらにジョンソンは、ウィルソンをも批判した。彼が七日付の電報で「確実な停止(assured stoppage)」と表現していたのを、ウィルソンが勝手に「浸透を停止する(will stop)」という未来の出来事と解釈したのが間違いの始まりだというのである。ジョンソンは英政府がアメリカ側に立ってくれていることを「いつも嬉しく」思いながらも、誰にもアメリカの外交権限を「委任」するつもりはなかったのである[★91]。

大統領の反論に、ウィルソンは対抗した。もともとこうした誤解を避けるため、クーパーに米政府の承認を求めさせていたのであり、返事を寄こさなかったのはアメリカの責任である。後の調査で明らかになったように、クーパーが承認を求めた電報は国務省で放置されて大統領などの首脳部にしばらく渡っていなかった[★92]。

和平提案の変更だけでも、ウィルソンがアメリカに腹を立てるのに十分な理由であったが、さらに両国の信頼関係を根本から揺るがす問題が発覚した。ジョンソンが八日にモスクワ経由でホー・チ・ミンに秘密書簡を送付していたことが明らかになったのである[★93]。その書簡で大統領は、ウィルソンが一〇日夜に受け取った新方式と類似の提案を北ベトナム政府に行っていたのだった[★94]。ウィルソンはこれで、コスイギンがなぜ自分が提示した「段階A－段階B」案に関心を示すようになったのかが理解できた。ジョンソンのホー・チ・ミン宛書簡の内容よりも、ウィルソンが提示した案の方が北ベトナムにとって有利な内容だったからである[★95]。

おそらく、ウィルソンにとって、「時制の変更」よりも、この秘密書簡の方がより深刻な問題だっただろう。米政府が北ベトナム政府と接触を図ろうとしていることはウィルソンも承知しており、英ソ首脳会談によってそのお膳立てに一役買おうとしていた[★96]。だからこそ、なぜ大統領が八日の書簡送付を秘密にしておく必要があったのか理解できなかったのである。普通に考えれば、ジョンソンのホー・チ・ミン宛書簡と英ソ会談での和平提案の内容は一致していなければならないはずである。であるなら、ホー・チ・ミンへの通知と同時に、当然それを彼にも連絡すべきだろう。マリゴールドの教訓が全く活かされなかったのである。ウィルソンは今回の問題を単なる連絡の不手際という問題に矮小化してはならないと考えた。

英ソ会談最終日(一二日)午後の会談は、首相別邸のチェッカーズで行われた。スコットランドから戻ったコスイギンは、アメリカの新「段階A－段階B」案に特段言及しなかった。しかし、コスイギンの関心の低下は、最終コミュニケに英ソの共同和平努力を記すことに反対したことに表れていた[★97]。

同日夕方、クーパーの発案で最後の和平努力が試みられる。米軍の北爆がまもなく再開予定であることを知り、クーパーは北ベトナムによる浸透停止の約束と交換にテト休戦の延長を提案した［★98］。

夜になり、首相官邸に戻ったウィルソンにジョンソンからメッセージが届いた。その内容は以下のようなものだった。英時間で翌日一三日午前一〇時までに浸透停止の確証がハノイから得られれば北爆の再開を見送る。また、その後「数日以内（within a matter of days）」に軍事増強を停止する。そして、軍事的縮小措置の実施後、北ベトナムと「無条件交渉」を「中立の場所」で行うこととする［★99］。

深夜一時、ウィルソンとブラウンは、このメッセージを携えてソ連外交団が宿泊するクラリッジホテルを訪れた。ベトナム和平はもうすぐそこまで来ている、「世界の命運」はわれわれの手中にあると、ウィルソンは気乗り薄なコスイギンを説得した。コスイギンはハノイへのメッセージの伝達を約束して、その場を収めた［★100］。

ハノイの返答に与えられた時間は短すぎた。ウィルソンはかねがね、共産主義諸国との交渉には時間がかかることを大統領に説いてきた。「共産主義者、とくに北ベトナム人のような比較的洗練されておらず警戒心の強い共産主義者が、新たな事態を調査し、彼らの間で議論を尽くし、彼らの同盟国と協議した上で、南ベトナムにいる彼らの軍隊に新たな決定を伝達するのに必要な時間を、西側のわれわれは安易に軽く見積もる」傾向があったのである［★101］。ウィルソンは、ブルース、クーパーの協力を得て、さらに六時間の期限延長を取りつけた［★102］。

一三日午前、ウィルソンたちはハノイからの返答を固唾をのんで待った。正午前、ソ連政府一行がロンドンを後にする。依然、ハノイからは何の応答もない。午後四時過ぎ、ワシントンから一本の電話がかかってきた。望みは潰えた。国務省からの連絡で、北爆の再開を知らせるものであった［★103］。後年明らかになったように、ソ連政府からのメッセージはハノイに届いていた。しかし、北ベトナム指導者たちは、これを

「侮辱的な最後通牒」と解して退けていたのである[★104]。

7　サンフラワー工作失敗の波紋

それにしても、なぜ米政府は和平提案の内容を変更したのか。ウィルソンは、英ソ会談後この謎の解明に固執した。これ以上追及して大統領を「不要に怒らせる危険」を避けるべきだとブラウンが諭したのに対して、ウィルソンは「大統領を怒らせようが怒らせまいが」、今回の事態の深刻さをワシントンに理解させる必要があると考えていた[★105]。ウィルソンは四月に訪英したハンフリー米副大統領に、今後英政府はこれまでよりも東西間で「幾分『中間的』ポジション」をとる意向だと語った。これに応えてハンフリーは、ロンドンが「ワシントンから離れてハノイに接近」することに警鐘を鳴らした。大統領はそのような行動をウィルソンの「裏切り」と捉えて「激しい」反応を示す恐れがある。大統領が「本当に頼りにできる」同盟国指導者は、ハロルド・ホルト(Harold Holt)豪首相とイギリスの首相だけなのだと、ハンフリーはウィルソンをなだめた[★106]。

ところが、当のジョンソンはイギリスの仲介を評価しているようには見えなかった。報道によると大統領は、ウィルソンの調停努力は国内での得点稼ぎが目的だと批判していたのである[★107]。さらに、ウィルソンの見解とは異なって、大統領は英ソ会談で失われた平和の機会などないと考えていた[★108]。

ウィルソンは回顧録に英米の不一致の理由として次の三点を挙げている。①「信じたくない」理由であるが、米政府が彼とコスイギンを「騙した」。②「もっとも可能性の高い」理由として、ワシントン内部の「タカ派」の見解が優勢となり押し切った。③米政府内部で混乱が生じて英米間の連絡に誤解が生じた[★109]。

アメリカによる和平案の変更は、ロストウを中心に強硬派によって進められた。テト休戦を利用して北ベトナムが南部浸透工作を継続しているとの現地報告に基づいて政策の変更が行われたのであった。ジョンソンは進展のない和平工作をいつまでも続けるわけにはいかなかった。彼は回顧録のなかで次のように語っている。

必死に和平方式を見つけ出そうと尽力している人々のほとんどは、ベトナムや東南アジアで日々主要な責任を抱えているわけではなかった。この〔責任の〕欠如によって、彼らは戦闘から距離を置くスタンスをとることができた。例えば、もし英軍の一旅団でもベトナムの非武装地帯のすぐ南部に駐留していたら、〔ベトナム〕戦争や平和的解決策に対する英政府の一般的なアプローチが相当違っていたことは間違いないだろう〔★110〕。

先のディーンとの会談でも述べていたように、ジョンソンは米政府内の連絡ミスさえ認めようとしなかった〔★111〕。間違いがあったとするなら、それは彼が七日にロンドンに送ったメッセージをウィルソンが早合点したことにあるというのである〔★112〕。

後に回顧録でクーパーが、こうした連絡ミスは、ジョンソン政権が終始英ソ首脳会談をサンフラワー工作の「余興」程度に扱い、ほとんど関心を払っていなかったことに起因していたと分析している。マリゴールドであれ、サンフラワーであれ、いったん自ら和平工作に着手すると、アメリカはウィルソンの調停努力を目障りとさえ感じていたのだった。ウィルソンの調停活動には「自分自身とイギリスの名声」を高めようとする「下心」があって、大統領と平和の「手柄」を競い合っているとの印象が持たれていた〔★113〕。

英ソ首脳会談後ジョンソンは、第三国による紛争調停は「アメリカと北ベトナムの間であろうと米ソ間であろうと、逆効果をもたら」し、またアメリカの政策を「世界世論」が「誤解」する原因を作り出していると考えるようになる。仮に将来和平を模索するにしても、その「最良」の方法はハノイとの「直接接触」であると判断するようになった[★114]。ウィルソンが依然として「平和の鍵」は、ロンドンからモスクワ、モスクワからハノイという外交ルートにあると主張したのに対し[★115]、マクジョージ・バンディ大統領特別顧問などは、「ジョンソン−コスイギンが、ジョンソン−ウィルソン−コスイギンよりもはるかに好ましいチャンネル」だと勧告した[★116]。大統領自身、「もしハノイが受諾する和平方式がソ連人にあるなら、彼らは第四者を経由するよりも直接われわれと取引するだろう」と考えるようになった[★117]。

実際、六七年夏、米ソの直接対話が実現する。六月二三日から二五日にかけて、ニュージャージー州グラスボロでジョンソンにとって初となるコスイギンとの米ソ首脳会談が開催された。両者は、ベトナム戦争が米ソデタントの障害となっていることを認め、戦争の解決が国際秩序の安定という両国の共通利益にとって重要であることを確認した[★118]。

さらに、八月からジョンソンはパリを舞台とする北ベトナムとの秘密接触(「ペンシルヴェニア」)を開始すると同時に、九月二九日テキサス州サンアントニオで、ハノイが爆撃停止期間を軍事的に利用せず、また即刻実質的な交渉を開始することを条件に、北爆停止の可能性を言明した。

8　ベトナム戦争の終結

こうしたアメリカによる直接行動によって、イギリスの仲介外交の余地は次第に失われていった。六八年一月、ウィルソンは再度モスクワを訪問するが、ソ連指導部にベトナム問題を彼と真剣に議論しようとする姿勢は見られなくなっていた［★119］。

しかし、仲介者の役割を失った後も、ウィルソンの対米政策に根本的な変更はなかった。ジョンソン政権との絶縁を避けつつ、軍事的エスカレーションに警鐘を鳴らして和平交渉の推進を米政府首脳部に呼びかけていったのである。その後、七〇年六月の退陣までの間、少なくとも二度、ウィルソン政権内では米政府との絶縁が議論の俎上に乗った［★120］。一度目は、六八年一月末から二月下旬にかけて起こった解放戦線の総攻撃、いわゆる「テト攻勢」の後であり、二度目は七〇年五月、ニクソン（Richard Nixon）米政権（六九年一月誕生）によるカンボジア爆撃のときである。閣僚のなかには、テト攻勢による解放戦線の攻撃を受けて、ジョンソン政権が再度軍事拡大路線を採用していくのではないかと強く懸念する者がいた。前節末で見た米政府の和平工作が失敗に終わると、米国世論の北ベトナムに対する「融和姿勢」が後退して、「軍事努力の強化」を求めるようになるのではないか、「その際、われわれは自動的にアメリカの側につくわけにはいかない」ので、前もってアメリカと距離をとる準備を進めていかなければならないとの見解である［★121］。

同じ懸念がカンボジア爆撃の際にも閣僚から表明された［★122］。ニクソンはベトナム戦争の「ベトナム化」によるインドシナからの「名誉ある撤退」を模索し、六九年一月からはパリで「拡大四者会談」（アメリカ、北ベトナム、サイゴン政府、解放戦線）が開催された。また同月、ヘンリー・キッシンジャー（Henry Kissinger）大統領補佐官とレ・ドゥック・ト（Le Duc Tho）北ベトナム代表による秘密の接触も始まった。しかし、交渉に具体的進展が見られぬなか、ニクソンはカンボジア領内に設けられた解放戦線の「聖域」への攻撃を七〇年五月に実施し、ラオスに対しても同種の軍事作戦を七一年二月に実施した［★123］。

このような越境作戦は、ニクソンが公約として掲げている軍事撤退に逆行する軍事拡大路線への回帰と見てとられた。カンボジア爆撃の最中に開かれた閣議の記録によれば、ある閣僚は、「ヨーロッパ人として、またアメリカの同盟者として、米政府に彼らの政策変更がもたらす結果について注意を喚起し、結局破滅的な間違いとなるかもしれない［アメリカの］行動と公式に関係を絶つことが、われわれの義務であると同時にわれわれの利益にも適う」との意見が提示された［★124］。

このように閣僚からアメリカとの絶縁が提起されるたびに、ウィルソンはそうした路線転換の提案を諫めた。ベトナム戦争は軍事力の行使だけでは解決できないことが戦争の経過とともにいっそう明らかになっている以上、イギリスがアメリカに抑制を説く重要性はますます高まっているのである。絶縁を宣言しても何の政策効果もない。別のある閣僚が指摘したように、「これまでつねに、ベトナムに関してわれわれがアメリカとの関係断絶を控えてきたのは、もしそうすればわれわれがベトナム紛争に関してワシントンやモスクワに対して影響を与えられなくなる、というのが基本的な理由であったが、それはいまでも以前同様有効な」考えであった［★125］。ウィルソンはベトナム戦争中、「完全な中立」の姿勢をとることを避け、「同盟国に注意を促し助言を与える友人の立場」を堅持したのである［★126］。

テト攻勢のさなかの六八年二月、ジョンソンと最後の会談を持ったウィルソンはホワイトハウスで行ったスピーチで、解放戦線への報復や戦争の拡大を求める国内世論に押し流されぬよう、次のように大統領に語りかけていた。

政治的手腕《ステイツマンシップ》のなかでもっとも難しいのは、こうした激昂の状況のなかで、抑制を示すことであります。［報復］行動の要求は理解できるものであっても……予想もできない影響をもたらすことになるかもしれません……。……

大統領、貴殿もつねに認識されていらっしゃるように、軍事的解決の押しつけでは、ベトナム問題の永続的かつ公正な解決は決して実現されません。

ここ数日の出来事によって、この問題に対する純粋な軍事的解決などなく、平和の獲得を決意して人々が交渉テーブルに着くまで解決などあり得ないことが再び明らかとなりました。

私はたびたび、平和の手段としてイギリスの政府がアメリカの行動と関係を絶ち、とくにあらゆる爆撃の無条件停止を要求すべきだと強く求められております。

大統領、私は、もしそうすることで本当に、この戦争が一日でも早く終わり、また達成される平和が少しでも長持ちし、わずかでもより公正なものになると確証できるなら、わたしは求められるままに行動するつもりだと、私の国や西ヨーロッパ、クレムリンでこれまで繰り返し申しあげてきました。……

過去三年間私は、戦場から抜け出し交渉テーブルに集結することを目的に重ねられてきた交渉や協議、接触や討議の経緯をたいへん良く知る立場にありました。

……これら［和平の試み］は、現在までのところ解決策を見出すにはいたっておりません。しかし、それは、われわれ全員が試み、また試み続けてきたことが間違いだったということを意味するものではありません［★127］。

「戦争の拡大を希望する『タカ派』が優勢」になりつつあるアメリカにおいて、このスピーチでウィルソンは大統領「自身がいえないこと」を代弁したつもりだった。「米政府と緊密な接触を保つ以外に、アメリカの雰囲気の変化を防ぐためにわれわれができることはほとんどなかった」のである［★128］。北ベトナム、解放戦線との交渉に乗り出したアメリカにウィルソンが及ぼしうる影響力はもはやほとんどなかっただろう。しかし、アメリカ自身が交渉に乗り出したときだからこそ、同盟国としてイギリスはアメリカとの接触を維持しながら、その傍らで和平努力を支えていかなければならなかったのである。

七二年二月のニクソンの電撃訪中による米中和解、米ソデタントという国際政治の大変動を受けて、七三年一月二七日、ようやくパリ協定が調印され、停戦と米軍のインドシナ撤退が決まった。だが、パリ協定の内実は、「紛争を一時的に凍結させることでアメリカ敗北の衝撃をやわらげ、南ベトナム喪失の日を先延ばしにする時間稼ぎでしかなかった」[★129]。

予想された通り、米軍の撤退によって生じた力の空白は、北ベトナム軍と解放戦線によって埋められることになる。七五年四月三〇日、入城を果たした北ベトナム軍と解放戦線軍の手によってサイゴンは陥落した。翌年七月、北ベトナムが南ベトナムを武力統一するかたちでのベトナム社会主義共和国の樹立が宣言された。同年、ドミノが倒れるように、共産化の波はカンボジア、ラオスに波及した。第一次インドシナ戦争開始以来の「三〇年戦争」は、こうしてインドシナの全面共産化によってその幕を閉じたのである。

註

★1—LBJLM, Oral History Collection, McGeorge Bundy, Interview 2, p.23. [http://www.lbjlib.utexas.edu/johnson/archives.hom/oralhistory.hom/McGeorgeB/McGeorge.asp].（二〇〇八年四月六日アクセス）; Johnson, *The Vantage Point*, p.235.

★2—「一四項目」については、Rusk, *As I Saw It*, pp.464-465.

★3—George W. Ball, *The Past Has Another Pattern: Memoirs* (New York: W. W. Norton & Company, 1982), p.404

★4—マクナマラ『マクナマラ回顧録』、三〇八、三一一頁。

★5—Johnson, *The Vantage Point*, p.234.

★6—Rusk, *As I Saw It*, p.466; LBJLM, Oral History Collection, Dean Rusk, Interview 2, Tape 1, p.23. [http://www.lbjlib.utexas.edu/johnson/archives.hom/oralhistory.hom/rusk/rusk02.pdf].（二〇〇八年四月六日アクセス）

★7—TNA, FO371/186311, FO to Washington, 24 January 1966.

★8—TNA, DO169/389, 'Discussion in the United States Embassy, New Delhi, 12 January 1966'.

★9—LBJLM, Oral History Collection, George Ball, Interview 2, Tape 1, p.5. [http://www.lbjlib.utexas.edu/johnson/archives.hom/oralhistory.hom/Ball-G/Ball-g2.pdf].（二〇〇八年四月六日アクセス）

★10——Ellis, *Britain*, pp.151-153.

★11——Young, 'Britain and "LBJ's War"', p.76.

★12——Ellis, *Britain*, p.154; Colman, *A 'Special Relationship'?*, p.102.

★13——ウィルソンのベトナム和平工作と労働党内政治の関連については、以下の研究を参照せよ。Rhiannon Vickers, 'Harold Wilson, the British Labour Party, and the War in Vietnam', *Journal of Cold War Studies*, 10:2 (Spring 2008).

★14——TNA, PREM13/1271, Wilson to Kosygin, 2 January 1966.

★15——TNA, PREM13/1271, Note of a Conversation between Wilson and Goldberg, 3 January 1966.

★16——TNA, PREM13/1271, 2 January 1966; W. Averell Harriman, *America and Russia in a Changing World: A Half Century of Personal Observation* (London: George Allen & Unwin, 1971), p.118; Gaiduk, *The Soviet Union and the Vietnam War*, pp. 82-83.

★17——Gaiduk, 'Peacemaking or Troubleshooting?', p.270; James G. Hershberg, 'Peace Probes and the Bombing Pause: Hungarian and Polish Diplomacy during the Vietnam War, December 1965 – January 1966', *Journal of Cold War Studies*, 5:2 (Spring 2003).

★18——TNA, PREM13/1271, Wilson to Johnson, 31 December 1965; TNA, PREM13/1271, Wilson to the President of Italian Republic, 6 January 1966.

★19——TNA, PREM13/1216, Record of a Meeting between Wilson and Kosygin at 10 a.m., 22 February 1966.

★20——TNA, PREM13/1216, Record of a Meeting between Wilson and Kosygin at 10 a.m., 22 February 1966.

★21——Wilson, *The Labour Government*, p.279. 外相のスチュワートも同様に、共同議長であってもイギリスは東西間での「公正な審判(impartial judges)」を演じる必要はなく、イギリスとソ連はそれぞれの陣営の「補佐役(seconds)」として振舞うべきだと考えていた。Stewart, *Life and Labour*, p.152.

★22——Gaiduk, 'Peacemaking or Troubleshooting?', p.268.

★23——PREM13/1216, 'Record of a Meeting between the Prime Minister and the Chairman of the Council of Ministers of the USSR at the Kremlin, Moscow, at 10 a.m. on Tuesday, 22 February, 1966'.

★24——PREM13/1216, 'Record of a Meeting between the Minister of State for Foreign Affairs and the North Viet-Namese Charge d'Affaires in Moscow', 23 Februry 1966.

★25――TNA, PREM13/1272, Wilson to Johnson, 23 February 1966; TNA, PREM13/1216, Text of Personal Message from Wilson to Johnson, 26 February 1966; TNA, PREM13/1273, Record of a Conversation between Wilson and Harriman, 4 May 1966.

★26――TNA, PREM13/1216, Johnson to Wilson, 3 March 1966.

★27――TNA, PREM13/1273, Record of a Conversation between Wilson and Harriman, 4 May 1966.

★28――Ellis, *Britain*, pp.156-159.

★29――この空爆事件をめぐる英米関係の詳細に関しては、Ellis, *Britain*, pp.160-179; Colman, *A 'Special Relationship'?*, pp.102-110.

★30――TNA, PREM13/1273, Wilson to Johnson, 3 June 1966.

★31――*House of Commons Parliamentary Debates: Weekly Hansard*, no.692, 29 June 1966, col.1796.

★32――TNA, PREM13/1218, Record of a Conversation between Wilson and Kosygin at 5.15 p.m., 16 July 1966; TNA, PREM13/1276, Record of a Conversation between Wilson and Kosygin before Lunch, 18 July 1966.

★33――当時ソ連政府はアメリカからの独立路線をとるフランスに大きな関心を払っていた。Gaiduk, *The Soviet Union and the Vietnam War*, pp.77-78, 268（note11）. 六六年に入ると、アメリカのベトナム政策に対するド・ゴールの批判はさらに高まった。その絶頂は、九月のプノンペンでの演説に見られる。鳥潟「ベトナム戦争批判とド・ゴール外交の現実」参照。

★34――TNA, PREM13/1218, Record of a Meeting between Wilson and Kosygin at 10 a.m., 18 July 1966; TNA, PREM13/1276, Record of a Conversation between Wilson and Kosygin before lunch, 18 July 1966.

★35――TNA, PREM13/1276, Record of a Conversation between Wilson and Kosygin before Lunch, 18 July 1966; TNA, PREM13/1276, Record of Conversation between Wilson and Kosygin at 5:00 p.m., 18 July 1966.

★36――TNA, PREM13/1218, Wilson to Kosygin, 19 July 1966.

★37――TNA, PREM13/1218, Text of a Message from Wilson to Johnson, 19 July 1966.

★38――George Brown, *In My Way: The Political Memoirs of Lord George-Brown*（New York: St Martin's Press, 1971）, p.144.

★39――TNA, PREM13/1218, Note by Wilson, 3 August 1966.

★40――TNA, PREM13/1218, Extract from Record of Meeting between Wilson and Johnson, 29 July 1966.

★41—チャーチル、イーデン、マクミランもソ連指導者との非公式な対話を重要視していた。Young, *Winston Churchill's Last Campaign*; Eden, *The Memoirs*, p.291; *FRUS*, 1955-1957, 5: Austrian State Treaty, Summit and Foreign Ministers Meeting（Washington: United States Government Printing Office, 1988）, Macmillan to Dulles, 29 May 1955, p.205.

★42—Wilson, *The Labour Government*, p.330; TNA, PREM13/1218, Record of a Meeting between Wilson and Kosygin at 10 a.m., 18 July 1966.

★43—Wilson, *The Labour Government*, pp.330-331.

★44—ウィルソンとブラウンは党首選で争った関係にあり、両者の確執がベトナム問題を含む外交政策の立案に影を落としていたといわれている。British Diplomatic Oral History Programme（BDOHP）, interviews with Michael Palliser, Churchill Archives Centre, Churchill College, Cambridge University, U.K.; Geraint Hughes, 'A "Missed Opportunity" for Peace? Harold Wilson, British Diplomacy, and the *Sunflower* Initiative to End the Vietnam War, February 1967', *Diplomacy and Statecraft*, 14:3（September 2003）, p.115.

★45—*FRUS*, 1964-1968, 12: Western Europe（Washington: United States Government Printing Office, 2001）, 'Circular telegram from the Department of State to Posts in NATO Capitals', 30 July 1966, p.558.

★46—*Public Papers of the Presidents of the United States: Lyndon B. Johnson* 1966, part 2（Washington: United States Government Printing Office, 1967）, 29 July 1966, p.791.

★47—ベトナム問題をめぐる米ソの接触については、John Dumbrell, *President Lyndon Johnson and Soviet Communism*（Manchester: Manchester University Press, 2004）, chapter 4 & 5.

★48—*FRUS*, 1964-1968, 14: The Soviet Union（Washington: United States Government Printing Office, 2001）, 'Memorandum of Conversation', 14 October 1966, p.427.

★49—*FRUS*, 1964-1968, 14, 'Memorandum from the Ambassador at Large（Thompson）to Secretary of State Rusk', 14 October 1966, p.428; Gaiduk, *The Soviet Union and the Vietnam War*, p.89.

★50—*FRUS*, 1964-1968, 4: Vietnam 1966（Washington: United States Government Printing Office, 1998）, 'Letter from President Johnson to Chairman Kosygin', 6 December 1966, p.908.

★51—マリゴールドに関する米政府文書は以下に所収されている。George C. Herring（ed.）, *The Secret Diplomacy of the Vietnam War: The Negotiating Volumes of the Pentagon Papers*（Austin: University of Texas Press, 1983）; *FRUS*, 1964-

1968, 4. マリゴールドに関する現時点での最も詳細な研究は、James G. Hershberg, 'Who Murdered "Marigold"?: New Evidence on the Mysterious Failure of Poland's Secret Initiative to Start U.S.-North Vietnamese Peace Talks, 1966', *Cold War International History Project*, working paper no.27 (April 2000), [http://www.wilsoncenter.org/topics/pubs/ACFB26.pdf].（二〇〇八年四月六日アクセス）

★52—Goodman, *The Lost Peace*, pp.41-42; Herring (ed.), *The Secret Diplomacy*, pp.263-270.

★53—Rusk, *As I Saw It*, p.467.

★54—東『我々はなぜ戦争をしたのか』、一六二－一六三頁。

★55—マクナマラ『マクナマラ回顧録』、三三四頁。

★56—*FRUS*, 1966, 4, 'The Embassy in Poland to the State Department', 13 December 1966, p.933; *FRUS*, 1964-1968, 4, 'The State Department to the Embassy in Poland', 23 December 1966, p.969; *FRUS*, 1964-1968, 4, Rostow to Johnson, 30 December 1966, p.983.

★57—TNA, PREM13/1917, Washington to FO, 3 January 1967.

★58—Chester L. Cooper, *The Lost Crusade: America in Vietnam* (New York: Dodd, Mead & Company, 1970), p.335.

★59—Cooper, *In the Shadows of History*, p.247.

★60—Brandon, *Special Relationships*, pp.212-213.

★61—Ellis, *Britain*, p.201.

★62—Gaiduk, *The Soviet Union and the Vietnam War*, pp.91-92.

★63—Brown, *In My Way*, p.1142.

★64—TNA, PREM13/1917, 'Vietnam', 4 January 1967.

★65—Cooper, *The Lost Crusade*, p.343.

★66—Paul Gore-Booth, *With Great Truth and Respect* (London: Constable, 1974), p.357.

★67—TNA, FO371/186313, Patrick Dean to Sir Paul Gore-Booth, 29 December 1966; TNA, FO371/186313, Patrick Dean to Sir Paul Gore-Booth, 30 December 1966.

★68—TNA, PREM13/13/1917, Second Draft of Wilson's Message to Johnson, undated.

★69—この英ソ首脳会談の詳細に関しては、以下の文献を参照せよ。John Dumbrell and Sylvia Ellis, 'British Involvement in Vietnam Peace Initiatives, 1966-1967: Marigolds, Sunflowers, and "Kosygin Week"', *Diplomatic History*, 27:1 (January 2003); Hughes, 'A "Missed Opportunity" for Peace?'; Ellis, *Britain*, chapter 5; Colman, *A 'Special Relationship'?*, chapter 6.

★70—マクナマラ『マクナマラ回顧録』、三三五頁。

★71—TNA, PREM13/1840, Extract from a Conversation between Wilson and Kosygin, 6 February 1967.

★72—TNA, PREM13/1917, Record of Conversation between Wilson and Kosygin at 3:30, 6 February 1967.

★73—TNA, PREM13/2408, Wilson to Johnson, 11 February 1967.

★74—TNA, PREM13/2408, Wilson to Johnson, 11 February 1967.

★75—Herring (ed.), *The Secret Diplomacy*, p.437.

★76—Wilson, *The Labour Government*, p.445.

★77—Herring (ed.), *The Secret Diplomacy*, p.438; Ellis, *Britain*, p.220.

★78—Wilson, *The Labour Government*, p.449.

★79—TNA, PREM13/1918, Record of a Private Conversation between Wilson and Kosygin after the Morning Plenary Session, 10 February 1967.

★80—Cooper, *The Lost Crusade*, p.360.

★81—TNA, PREM13/1918, 'Vietnam', 10 February 1967.

★82—TNA, PREM13/1918, Record of a Conversation between Wilson and Kosygin at the Soviet Embassy Reception, 10 February 1967.

★83—TNA, PREM13/1918, Wilson to Kosygin, 10 February 1967.

★84—Cooper, *The Lost Crusade*, p.361.

★85—TNA, PREM13/1918, Wilson to Kosygin, 10 February 1967.

★86—Cooper, *The Lost Crusade*, p.362.

★87—TNA, PREM13/1918, Record of a Meeting at 10 Downing Street at 10:40 p.m., 11 February 1967.

★88—Cooper, *The Lost Crusade*, p.363.

★89—TNA, PREM13/1918, Record of a Meeting at 10 Downing Street at 10:40 p.m., 11 February 1967.

★90—TNA, PREM13/1918, Wilson to Johnson, 12 February 1967.

★ 91—TNA, PREM13/1918, Johnson to Wilson, 12 February 1967.

★ 92—Cooper, *In the Shadows of History*, p.263.

★ 93—Cooper, *The Lost Crusade*, p.363; Dobrynin, *In confidence*, p.155.

★ 94—Herring (ed.), *The Secret Diplomacy*, pp.440-441.

★ 95—TNA, PREM13/1918, Wilson to Johnson, 12 February 1967.

★ 96—Wilson, *The Labour Government*, pp.443-444, 446; Cooper, *In the Shadows of History*, p.250.

★ 97—Ellis, *Britain*, p.235.

★ 98—Dumbrell and Ellis, 'British Involvement', p.142; Ellis, *Britain*, p.235.

★ 99—TNA, PREM13/1918, Johnson to Wilson, 12 February 1967; Herring (ed.), *The Secret Diplomacy*, p.467.

★ 100—TNA, PREM13/1918, Record of a Conversation in Claridges at 1:00 a.m., 13 February 1967.

★ 101—TNA, PREM13/1271, Wilson to Johnson, 31 December 1965.

★ 102—Herring (ed.), *The Secret Diplomacy*, p.469; Nelson D. Lankford, *The Last American Aristocrat: The Biography of Ambassador David K. E. Bruce, 1898-1977* (Boston: Little, Brown and Company, 1996), p.335.

★ 103—Wilson, *The Labour Government*, pp.467-468; Cooper, *The Lost Crusade*, p.367.

★ 104—Cooper, *In the Shadows of History*, p.258; Gaiduk, *The Soviet Union and the Vietnam War*, p.106.

★ 105—TNA, PREM13/2458, 'Vietnam', Brown to Wilson, 14 March 1967; TNA, FCO15/633, Brown to Johnson, 14 March 1967; TNA, PREM13/2458, Wilson to Brown, 15 March 1967; TNA, PREM13/2458, Wilson to Johnson, 17 March 1967.

★ 106—TNA, FCO7/776, 'Record of a Conversation between the Prime Minister and the Vice President of the United States of America at Chequers on Sunday, April 2, 1967 at about 10:30 p.m.'; TNA, PREM13/1919, Record of a Conversation between Wilson and Humphrey, 4 April 1967.

★ 107—*The Observer*, 5 March 1967.

★ 108—Johnson, *The Vantage Point*, p.255.

★ 109—Wilson, *The Labour Government*, pp.457-458.

★ 110—Johnson, *The Vantage Point*, p.255.

★111—TNA, PREM13/2458, Vietnam and Kosygin's Visit, 10 April 1967.

★112—Johnson, *The Vantage Point*, p.254.

★113—Cooper, *The Lost Crusade*, pp.355-356, 367-368.

★114—TNA, PREM13/1918, Extract from a Conversation between Palliser and W. W. Rostow, 23 February 1967; TNA, PREM13/1918, Record of a Conversation between Wilson and Rostow, 24 February 1967.

★115—*FRUS*, 1964-1968, 12, 'Telegram from the Embassy in the UK to the Department of State', 4 April 1967, p.565.

★116—*FRUS*, 1964-1968, 14, 'Memorandum from the President's Special Consultant (Bundy) to President Johnson', 21 June 1967, p.499.

★117—Johnson, *The Vantage Point*, p.253.

★118—*FRUS*, 1964-1968, 14, 'Memorandum of Conversation', 23 June 1967, pp.531-536.

★119—TNA, PREM13/2402, Record of a Meeting between Wilson and Kosygin at 5 p.m., 22 January 1968; TNA, PREM13/2402, Record of a Meeting between Wilson and Kosygin at 10 a.m., 23 January 1968.

★120—ここで取り上げる二つのケース以外に、六八年一〇月二四日の閣議でもアメリカとの「絶縁」が議論されている。TNA, CAB128/43, CC(68)43rd conclusions, 24 October 1968; Crossman, *The Crossman Diaries*, p.477.

★121—TNA,CAB128/43, CC(68)25th conclusions, 2 April 1968; TNA,CAB128/45, CC(70)20th conclusions, 5 May 1970.

★122—カンボジア爆撃に関するウィルソン政権内の議論については、Alexander J. Banks, 'Britain and the Cambodian Crisis of Spring 1970', *Cold War History*, 5:1 (February 2005)を参照せよ。

★123—遠藤『ベトナム戦争を考える』、四七－五〇頁。

★124—TNA,CAB128/45, CC(70)20th conclusions, 5 May 1970.

★125—TNA, CAB128/43, CC(68)25th conclusions, 2 April 1968.

★126—Crossman , *The Crossman Diaries*, p.637.

★127—Wilson, *The Labour Government*, pp.633-634.

★128—CAB128/43, CC(68)13th conclusions, 15 February 1968.

★129—松岡完『ベトナム戦争——誤算と誤解の戦場』中公新書、二〇〇一年、五〇－五一頁。

終章

戦後インドシナ紛争と英米同盟

太平洋戦争の終結からベトナム戦争まで、戦後イギリスは旧仏領インドシナで何を目的とし、どのような役割を果たしてきたのか。また死活的国益の存在しないインドシナにイギリスの歴代政府を関与させた要因とは何だったのか。そして、インドシナ紛争をめぐるイギリス外交は、戦後英米同盟関係にとってどのような意義をもっていたのだろうか。

イギリスの歴代政府は、主に東南アジアの植民地防衛、アジア・アフリカのコモンウェルス諸国との関係、対米同盟関係という三つの観点からインドシナ政策を立案、遂行した。本書を締めくくるにあたって、これら三つの要因を軸にここまでの議論を整理してみたい。

太平洋戦争終結後、アトリー政権は自ら望んで仏領インドシナに関与していったわけではなかった。ポツダム会談の決定により、北緯一六度以南の東南アジア暫定統治にあたったイギリスは、フランスのインドシナ復帰を後押ししつつ、同地域からの速やかな撤退を望んでいた。ベトミンとの対立が第一次インドシナ戦争に発展した後も、アトリー政権は軍事的な関与にも、積極的な外交調停にも打って出ることはなかった。フランスが独力で問題解決にあたるなら、それが軍事的手段を講じるものであっても口を挟むつもりはなかったのである。

しかし、こうした態度にも徐々に変化が生じ始める。その直接の契機となったのが、四八年初めから激化したマラヤ共産党による武装蜂起である。帝国からのインドの離脱後、イギリスにとってマラヤ植民地の持つ重要性は、政治、経済、軍事の各分野において相対的に高まった。四八年六月の非常事態宣言以後、アトリー政権、またそれに続くチャーチル政権は、マラヤ防衛の観点から仏領インドシナの戦略的重要性を再認識するようになり、インドシナとマラヤを連動する問題としてとらえるようになった。万一フランスが敗北した場合、共産主義の脅威はタイを経由して南下し、これがやがてマラヤの共産ゲリラと呼応してイギリス支配を打倒する危険が生じた。したがって、アトリー、チャーチルの両政権にとって、中国の共産化、朝鮮戦争の勃発以降、トルーマン米政権がインドシナの仏軍支援に積極的に乗り出すようになったのは望ましいことだった。

しかし、このアメリカの関与の拡大が、イギリスをインドシナ戦争に引き込む危険をもたらすことになる。五四年春、ディエンビエンフーでの仏軍の劣勢を挽回すべく、アイゼンハワー政権は「統一行動」による西側の軍事介入への参加をロンドンに強く求めた。自ら直接介入することなくアメリカの力を用いてインドシナ問題の解決を図ろうとしていたチャーチル政権の目論見が裏目に出る格好となった。

アメリカにとってイギリスが統一行動に参加するかどうかは、他の西側諸国に及ぼす影響を考慮すると決定的な重要性を持っていた。しかし、チャーチル政権は統一行動にも、またアメリカの単独介入にも賛成しなかった。アメリカの軍事介入は、インドシナでの局地戦争を世界レベルの戦争、究極的には東西全面核戦争へとエスカレートさせる危険を孕んでいた。また、アメリカとの共同介入は、インドシナ和平を訴えるアジアのコモンウェルス諸国との分裂を覚悟しなければならなかったのである。英米同盟の堅持か、それともコモンウェルスとの連帯かという不可能な選択を回避し、両者との関係を併存させるには、インドシナでの和平を実現し、軍事介入を不要にする以外方途はなった。そこでチャーチル政権は、短期的なアメリカとの摩擦を覚悟しつつ、和平の推進に主導権を発揮したのである。

五四年ジュネーヴ会議でイーデンは、共産主義の拡大を防止し、よってマラヤの安全を維持しつつ、大国、とりわけアメリカ、中国の介入を防止する体制の構築に尽力した。この課題を達成するために、イーデンは共同議長の立場を駆使してモロトフや周恩来に積極的に働きかけ、中ソの圧力をベトミンの説得に利用した。イギリスの代表団はジュネーヴ会議で、ベトナムの南北分割とカンボジア、ラオスの中立緩衝地帯化によるマラヤの防衛を目的としていたが、その希望はほぼ達成された。またジュネーヴ協定では、インドシナにおける外国軍基地の設置及び軍事同盟の締結が禁止され、域外大国の干渉を防止する体制の構築にも部分的に成功した。

しかし、すべてイギリスの思惑通りにインドシナ和平が進んだわけではなかった。最大の問題はアメリカがジュネーヴ協定への調印を拒否してその枠外にとどまったことである。また、SEATOの設立において、英代表団はマニラ条約第四条に三項を追加するなどしてアメリカの介入に歯止めをかけながらも、結局、インドシナ三国を保護対象地域に指定することを認めざるを得ず、将来的な介入の余地を残した。カンボジア、ラオスからベトミン軍を撤退させる上で、イーデンはインドシナへのアメリカの干渉を否定することによって周恩来の協力を得ていたため、それと矛盾するSEATOの設立は、中国のイギリスに対する信頼を低下させる原因ともなった。

さらに、イーデンはジュネーヴ会議やSEATOに可能な限り多くのアジア諸国の参加を期待していたが、インドがICC議長国になったこと以外、その目的をほとんど達成できなかった。イーデンの狙いとは裏腹に、パキスタン以外、コロンボ諸国の参加を欠いたSEATOの設立は、アジア諸国とアメリカの反目を強め、両者の距離をいっそう広げる結果となった。

マラヤ防衛の観点からすれば、チャーチル政権にとって南ベトナムよりもラオス、カンボジアの方が戦略的に重要な地域であったといえるが、ジュネーヴ会議後、そのラオスでインドシナにおける東西対立の第二幕が切って落とされた。アメリカで大統領が交代しケネディ政権が誕生すると、マクミランは再度ジュネーヴ方式の国際会議によるラオス内戦の外交的解決を積極的に推し進めた。だが、イギリスは共同議長職とSEATO同盟国という二つの立場の間で和平と同盟の両立に苦しむ。

こうしたジレンマのなかで、マクミランが選択した道は現実的かつ賢明なものだったといえよう。第二章、第三章で繰り返し指摘したように、マクミランとヒュームはあくまでラオス内戦の外交的解決を最優先課題とした。しかし、同時にその外交交渉が共産主義陣営側の責任で破綻した際の担保としてアメリカとの共同介入をケネディに約束したのである。

先行研究のなかには、アメリカの圧力に屈してマクミランが軍事介入の約束を譲り渡したと見るものもあるが、本書は、この約束に込められたマクミランの意図を次のように解釈する。マクミランは「交渉」と軍事的「行動」の準備を同時に進めるケネディ政権を外交交渉に引き込むには、イギリス自身の最終的な軍事行動の決意を示すことが不可欠と考えた。最終的な軍事行動を約すことによって、むしろその前段階の外交局面の拡大を意図していたのである。それに、マクミランが軍事介入を決断した背景には、アメリカの要請のみならず、彼自身が第二次大戦の経験から学んだ宥和の教訓もあった。マクミランは、共産主義諸国が和平の構築に全く興味を示さずその妨害に出るなら、そのときは交渉に見切りをつけて対峙する覚悟だったのである。ただし彼は、イギリスが共同介入に安易に同意することでアメリカの性急な軍事介入を助長するようなことがあってはならないと警戒していたのである。

さらに、マクミランやヒュームは、第一次インドシナ戦争時のチャーチル政権同様、ラオス内戦への対処において対米同盟とコモンウェルスとの関係のバランスをどうとるかという問題に苦慮した。従来の研究では、マクミラン政権の対ラオス政策を分析する際にコモンウェルスとの関係は検討されず、もっぱらケネディ米政権との関係の観点から論じられてきたが、本書で示したようにマクミラン政権はつねにラオス政策の立案過程でコモンウェルスのアジア・アフリカ諸国の動向に神経を尖らせていたのである。コモンウェルスのアジア・アフリカ諸国の軍事介入批判を想定し、マクミランはいっそう深く外交的解決の重要性を認識した。また軍事介入の実施が避けられない場合を想定して、マクミランはキーウェスト首脳会談で、アメリカ、イギリス、タイの三国による限定的軍事行動を提案し、パキスタン、オーストラリア、ニュージーランドの参加を極力回避してコモンウェルスの連帯の維持に努めた。

マクミランはマクドナルドにラオス中立化会議の舵取りを委ねた。五四年ジュネーヴ会議同様、中国、北ベトナムの説得をソ連に託し、マクドナルドは米代表ハリマンと連携してラオス中立化に取り組んだ。英代表団の最大の目的は、五四年会議の教訓を活かし、アメリカが正式に関与する安全保障体制を構築することであった。幸運にもハリマンは、ダレスやベデル・スミスとは異なって、国内の強硬派からの激しい抵抗を受けながらもケネディが掲げるラオス中立化の実現に精力を注いだ。第三章で論じたように、ケネディ、ハリマンなどの穏健派を擁護するため、彼らに向けられる強硬派の批判の身代りになることも英政府は厭わなかった。

六二年七月のラオス協定によってマクミラン政権は五四年以来のラオス中立化という目的を達成した一方で、アメリカとの関係に大きなしこりを残すことになった。そのアメリカとの関係改善を、マクミランは南ベトナムで実現しようとしたのだった。第四章では、ブッシュの議論を吟味しながらマクミラン政権の対南ベトナム政策の意図を検証した。本書は、マクミラン政権がアメリカとともに共産ゲリラに対する軍事的勝利を追求したとするブッシュとは見解を異にし、南ベトナムおいてもマクミラン政権は対米関係の維持と紛争の拡大防止の二つの目的を同時に追求していたと主張した。一見、イギリスのＩＣＣに対する干渉やＢＲＩＡＭの派遣は米軍の解放戦線討伐への戦争協力と思われがちだが、そこにはアメリカの行動を抑制して南ベトナム内戦の大規模化を防止しようとする意図があった。イギリスが自ら積極的に申し出た

ＢＲＩＡＭの派遣には、機先を制することでアメリカの支援要請に歯止めをかける思惑もあった。アメリカに協力を示しつつも、その行動に全面的に巻き込まれることを防ぐための先行投資だったのである。

アメリカに対する協力とインドシナの和平の両立という課題は、ヒューム政権期にいっそう困難となる。アメリカでジョンソン政権が誕生し、南ベトナムへの軍事関与を拡大していくなか、イギリスへの軍事支援要請も高まった。折しも、マレーシア紛争の発生によって、ヒューム政権はインドネシアへの対抗上、ワシントンへの依存を高めた状態にあった。第五章では、以前から指摘されていた南ベトナム問題とマレーシア問題に関する英米の非公式取引を紹介したうえで、さらに、この取引とカンボジア、ラオス問題の関連性を指摘した。第一章から繰り返し指摘したように、歴代英政府はラオスとカンボジアによる中立緩衝地帯の形成を期待し、ヒュームと外相のバトラーもシハヌークによるカンボジア中立化構想に関心を示していた。しかし、南ベトナムに対するカンボジア中立化の悪影響をジョンソン政権が危惧したため、ヒューム政権はアメリカのマレーシア問題における協力の代償としてカンボジア中立化の推進を自重しなければならなくなったのであった。また、同様にラオスにおいても、ヒューム政権はアメリカの「秘密の戦争」を事実上黙認し、自ら主体となって構築したラオスの国際的中立を切り崩すという自己矛盾を招いたのである。

換言すれば、ヒューム政権はマレーシアにおける帝国の再編を優先した結果、ラオス、カンボジアの中立地帯化を通じてインドシナ情勢の安定化を図るという五四年ジュネーヴ会議以来の自己の目的を犠牲にしたことになる。そして、このヒューム政権の対ラオス・カンボジア政策における自己矛盾に、後のベトナム戦争激化の原因の一端を見ることは不可能ではなかろう。このように対米関係の改善を優先せざるを得なかったヒューム政権期は、インドシナ和平の推進において本書で考察したチャーチル以降の歴代政権のなかで最も消極的な対応に終始したのである。

六五年春の北爆開始以降、アメリカのベトナム軍事介入が本格化し、ウィルソン政権は戦時下の対米同盟管理に苦悩する。依然としてマレーシア紛争が続くなか、ポンド通貨不安にたびたび見舞われたウィルソン政権は、アメリカの政治的・経済的支援を必要とした。第六章、第七章で見たように、こうした協力との引きかえに対南ベトナム支援を求めてくるアメリカに、ウィルソンは軍事協力ではなく和平外交の推進によって対応しようとした。ウィルソンはまず六五年に一連の和平工作を展開してアメリカと北ベトナム、中国への直接的な働きかけを試み、またそれに失敗すると六六年から六七年にかけて英ソ首脳会談を通じた和平の模索に奔走したのだった。

歴代政権同様、ウィルソンもベトナム和平の推進にあたってコモンウェルス諸国の動向に細心の注意を払っていた。第六章で引用したように、ウィルソンはベトナム戦争をアジア・アフリカ諸国が国際政治問題の中心となる時代の幕開けを象徴する事件と認識していた。この新時代には、軍備競争などより「人種や肌の色や人間の尊厳」に係わる問題が国際政治の中心テーマとして浮上してくると思われた。ウィルソンは、冷戦対立の論理のみでアメリカのベトナム軍事介入をアジア・アフリカの第三世界諸国に納得させることはできないと考えていた。ウィルソンは国際社会でのアメリカの道義的孤立を危惧し、自らがアメリカと西側同盟国、第三世界諸国を架橋する役目を演じることでベトナム和平の推進に貢献しようとしていたのである。

マリゴールドやサンフラワー工作の失敗は、英米間に深い亀裂をもたらし、ウィルソンのジョンソンに対する不信感は強まった。スエズ戦争時の対立の再現を思わせるほど、英米関係は動揺したのであった。しかし、サンフラワー工作破綻直後に一時、アメリカと外交的に距離を置く選択を口にしたウィルソンであったが、その後も彼は米政府との訣別の無分別を閣僚に戒めていった。

こうしたウィルソンの姿勢は、六六年七月の英ソ会談でのコスイギンの発言に見られるように、アメリカ擁護の政策と理解され、仲介者としてのイギリスの信頼性を傷つける結果を招いたことは否めない。ウィルソン自身、六五年から六七年にかけての一連の和平工作が次々に頓挫していくなかで、このことを誰よりも痛感していたに違いない。だが、ベトナムでの戦闘が拡大の一途を辿るなか、ウィルソンは現実的な対応を採らざるを得なかった。ウィルソンには、マクミランがラオス内戦の際に見せた軍事介入を担保としたアメリカとの外交的駆け引きを行う余地は残されていなかった。彼の政権就任直後にベトナムで明白な戦争が始まったからである。彼にとっての政策優先順位はおそらく、第一にベトナム戦争にイギリスを巻き込ませないことであり、第二に英米同盟を維持しつつ、第三にベトナム和平の実現に貢献していくことであっただろう。相次ぐポンド危機やインドネシアとの対決、スエズ以東からの撤退を議論するなかでのベトナム戦争への介入というオプションは、ウィルソン政権の政策判断には含まれていなかった。

だが、戦争に巻き込まれないよう腐心するだけでは、問題の解決にはならなかった。ベトナム戦争が継続する限り、イギリスに対するアメリカの戦争協力要請は強まって、それに応えられない場合、英米同盟の軋轢は深まっていく一方であるからである。また、戦争の解決に向けたウィルソンの試みは、ジョンソン政権の支持、理解があってのみ可能だった。それゆえ、ウィルソンは共産主義諸国の批判を承知しつつも、アメリカの側に立って和平の調停にあたるというスタンスを崩さなかったのである。アメリカとの連携の先にベトナム和平の道筋が開けてくる可能性があるのであって、アメリカとの連携なき和平の呼びかけが何の効力も持たないことは容易に想像できた。結果としてウィルソンはアメリカとの連携の構築に失敗したのであるが、右に掲げた政策判断を考慮するとき、ウィルソン政権にとってジョンソン政権との訣別は合理的な選択にはなり得なかった。

以上、戦後インドシナへのイギリスの関与を、植民地防衛、コモンウェルスとの関係、対米同盟管理の三点から総括したが、歴代英政府にとって最も重要なのは対米同盟の管理であった。なぜなら、インドシナ問題をめぐってアメリカとどのような関係を結ぶかに、イギリスの東南アジア植民地防衛やコモンウェルスとの関係は左右されるからである。

では、インドシナをめぐるイギリスの対米外交は、英米同盟関係においてどのような意義を持つのだろうか。

本書で見た三つのインドシナ紛争をめぐるイギリスの対米政策が示唆するのは、同盟の長期的営みには、大局的見地からパートナーとの一時的な不和に耐える覚悟が欠かせないということである。通常、同盟における覚悟とは、パートナーと命運を共有して危険に怯まず行動をともにすることだと語られることが多い。この点において歴代英政府は、本書冒頭で述べたようにアメリカともっとも頻繁に行動を共にして同盟国としての責務を果たしてきた。しかし、アメリカと行動を共にし、それゆえアメリカに最も多くを望まれる立場にあるイギリスだからこそ、行動をともにしない局面の見極めが重要なのである。「特別な関係」を求めてアメリカの信用に足る存在となることを目指すイギリスにとってアメリカへの協力を拒否することは他国以上に困難なことだった。これが、イギリスがアメリカとの同盟関係において抱く緊張感である。

それでも、本書で考察した三つのインドシナ紛争において、イギリスの外交指導者たちはアメリカの軍事介入への協力を拒み続けた。それは彼らが、インドシナにおけるアメリカの行動のなかに世界の安定や秩序を突き崩し、また英米の同盟関係の存続をも危険にさらすリスクが内在していることを認識していたからである。たとえ同盟国であろうと、アメリカの振舞いのなかに世界を不安定化させるリスクを認める現実主義的感覚なくして、アメリカと長期的なパートナーシップを維持するのは困難だった。歴代英政府がアメリカに歓迎もされないインドシナの和平調停に奔走したのは、まさにアメリカがインドシナの混乱や不安定の主要因となって、同盟国やアジア・アフリカ諸国からの孤立を深めるのを防止するためであった。

ただし、本書の各所で指摘したように、歴代英政府はド・ゴール仏大統領のような対決姿勢はとらず、つねにアメリカ側に立ちその懐に入って影響を与えようとした。とくに、マクミランとウィルソンはこの点に留意していたといえよう。無論、こうしたイギリスのアプローチがいつもアメリカに通用したわけではない。

第一次インドシナ戦争とラオス内戦ではイギリスの懐柔アプローチはある程度の成果を収めたと評価できるものの、ウィルソンの和平外交にジョンソンのベトナム政策を修正する力はなかった。しかし、たとえアメリカに対する直接的な影響力を欠いていたとしても、アメリカを世界秩序の不安定要因にさせず、また世界から孤立させないためのイギリスの努力は、その成否に関係なく英米同盟の存続において貴重な試みだった。インドシナでのイギリスの外交努力は、アメリカの批判を覚悟したうえでの、英米パートナーシップの長期的発展に対する建設的な取り組みだった。

国際政治における同盟は、もはや一過性の現象ではない。その長期的なパートナーシップの維持には、不和や摩擦が避けられない局面もある。たとえ同盟国間でも、あらゆる問題で利益の調和や政策の一体化が自然に図られるわけではない。戦後形成された西側諸国間の同盟は、共産主義諸国間のそれとは対照的に、冷戦期を生き延び今日に至っている。アメリカによる安全保障の提供が西側同盟関係の基盤であったことは議論を要しないが、同盟の存続と発展に対する他の西側諸国の貢献も看過されてはならない。アメリカ外交の単独主義化・独善化を軌道修正しようとする同盟諸国の不断の努力が、今日まで西側同盟の存続を可能にさせてきた一因ではなかっただろうか。

ベトナム戦争で一時的に冷え込んだ英米関係であったが、その後関係は修復され、今日でも同盟の緊密さは維持されている。一九八〇年代前半の新冷戦期におけるサッチャー(Margaret Thatcher)=レーガン(Ronald Reagan)時代や、今世紀に入ってからのブレア(Tony Blair)=ブッシュ(George W. Bush)時代の英米関係の緊密さは記憶に新しいところである。冷戦終焉後、とくに安全保障政策面における両国の連携は、アメリカと他の西側諸国との二国間関係と比較して際立っている。

二〇〇九年三月三日、ホワイトハウスを訪問したゴードン・ブラウン(Gordon Brown)英首相にバラク・オバマ(Barack Obama)米大統領は、米英間の「分かつことのできない絆」を強調し、「最も緊密かつ強力な同盟国のひとつ」であるイギリスとの「特別な関係」に言及した［★1］。戦後アメリカにとってのイギリスの重要性は相対化されつつも、いまなおイギリスは、アメリカが最も信頼できるパートナーの地位を維持し続けているのである。

註

★1――'Special relationship as strong as ever, Obama tells Brown', Guardian.co.uk, 3 March 2009. [http://www.gurdian.co.uk/politics/2009/mar/03/obama-brown-special-relationship]. （二〇〇九年三月四日アクセス）

あとがき

本書は、最近七年間の研究成果をまとめたものである。大幅な修正を施した論考も含まれているが、初出を示せば、次の通りである。

第二章　「ラオス内戦とイギリスの和平調停外交(一九六〇年八月―一九六一年五月)」二松学舎大学『国際政経』第一三号(二〇〇七年一一月)。

第三章　「ラオス中立化とイギリス外交――ジュネーブ会議(一九六一年五月―一九六二年七月)を中心にして」二松学舎大学『東アジア学術総合研究所集刊』第三八集(二〇〇八年三月)。

第五章の一部と第六章の一部　「カンボジア中立化構想とイギリス、一九六三―一九六五――マレーシア防衛、ベトナム戦争との関連において」二松学舎大学『国際政経論集』第一三号(二〇〇七年三月)。

第六章の一部と第七章　'Harold Wilson's Efforts at a Negotiated Settlement of the Vietnam War, 1965-67', *Electronic Journal of International History*, no.9 (March 2005). [http://history.ac.uk/ejournal/Mizumoto.pdf].

本書を上梓するまで、実に多くの方々からご指導、ご教示いただいた。

ささやかな成果であるが、本書の刊行をもって学部・大学院でご指導いただいた先生方への御礼の一部とさせていただきたい。

筆者が外交史研究、国際関係論に興味を抱くようになったのは、獨協大学で竹田いさみ先生のゼミナールに入門してからのことである。自由な大学生活をそれなりに楽しみしつつも、なんとなく物足りなさを感じていた筆者は、竹田ゼミナールに入門して初めて自分の学問的関心の所在を確認できた。先生に歴史研究の面白さを教えていただいた。研究者としての生活をエンジョイしていらっしゃる先生のお姿を見ているうちに、この世界への憧れが強まっていった。先生との出会いがなければ、研究の世界に飛び込んでみようと夢見ることなどなかっただろう。

研究の世界に進むことを決心した筆者は、上智大学大学院に進学し、納家政嗣先生（現・青山学院大学）にご指導いただく幸運に恵まれた。先生は、温かい眼差しで見守り、筆者がつねに前向きに研究に取り組めるようご配慮くださった。ターム・ペーパーや修士論文の草稿に対してびっしりと書かれた先生のコメントを今でも読み返すことがある。懐かしさとともに、学究者としての初心を思い返し、背筋がピンと伸びる思いがする。

その後、上智大学大学院の博士後期課程に進学した筆者は、博士論文作成ための史料収集を兼ねて英国キール大学（Keele University）大学院に留学した。当初二年の留学予定であったが、ご指導いただいたアレックス・ダンチェフ（Alex Danchev）教授（現・ノッティンガム大学）のお勧めもあってイギリスで博士論文を完成させることにした。毎月五〇〇〇ワード程度のレポートを作成し、一時間のチュートリアル（個人指導）を重ねていった。一九五〇年代のチャーチル外交を博士論文のテーマに掲げていた筆者は、ダンチェフ先生の人間に対する深い洞察力にいつも圧倒された。

キール大学大学院では、ブレント・ゴカイ（Bulent Gokay）先生にもご指導いただいた。博士論文の審査員としてお世話になったローナ・ロイド（Lorna Lloyd）先生やデイヴィッド・レイノルズ（David Reynolds）教授（ケンブリッジ大学）にも御礼申し上げる。スガナミ・ヒデミ教授（現・アベリストゥィス大学）と奥様は、自宅に筆者をたびたび招いて激励してくださった。

筆者は日頃、国際的水準で研究を進められている外交史家の方々から学問的刺激を受けている。そうした方々のお名前をすべて挙げられないのが残念だが、イギリス政治外交史の分野では、木畑洋一、佐々木雄太両先生はじめ、小川浩之、君塚直隆、倉松中、後藤春美、齋藤嘉臣、芝崎祐典、鈴木陽一、永野隆行、南日賢、橋口豊、半澤朝彦、細谷雄一、益田実の諸氏にご教示いただいている。また、広く政治外交（史）の領域で、青野利彦、池田亮、石田憲、片山慶隆、川嶋周一、小窪千早、佐藤晋、島村直幸、鈴木宏尚、髙木綾、高橋和宏、寺地功次、鳥潟優子、昇亜美子、八丁由比、宮城大蔵の各氏から多くを学ばせて頂いた。とくに、君塚、寺地、鳥潟、永野、細谷の各先生には、冒頭に記した論文や本書草稿に対して貴重なコメントをお寄せいただいた。いただいたコメントはどれも的確なものでありながら、筆者の非力さゆえに、有益なご指摘を十分に活かしきれていないかもしれない。

本書草稿の大部分は、イギリスから帰国した後、大学や研究所に勤務しながら執筆したものである。学生時代と違って、何よりも時間の管理の大切さ、難しさを痛感した。ただし、教育者として大学の講義に臨んで初めて気づかされたことも数多くある。筆者は教育者としての第一歩を青山学院大学の非常勤講師として踏み出した。以来、ご厚情いただいている土山實男、倉松中両先生と、受講してくれた学生の皆さんに御礼申し上げる。

その後在籍した財団法人日本国際問題研究所では、現在の国際問題に携わる貴重な経験をさせていただいた。佐藤行雄理事長（現・副会長）をはじめとする所員の皆様に御礼申し上げたい。研究所での経験を通じて、国際関係の現状を分析する上での歴史的感覚の重要性を再確認できたように思う。

現在筆者が奉職する二松学舎大学では、国際政治経済学部の諸先生方、同僚諸氏から教育・研究上のご支援を賜っている。また、講義を通じての学生との触れ合い、とりわけゼミナールの学生との交流が教育者としての筆者の生活を豊かにしてくれている。本書を執筆する過程で史料収集のために何度かロンドンを訪れたが、二松学舎大学と文部科学省科学研究費補助金（平成一六年度特別研究員奨励費）から渡航助成をいただいた。

初めての著書を、本作りに情熱を傾ける神谷竜介氏の編集によって刊行できたことは筆者にとって大きな喜びである。神谷氏および千倉書房の皆様に厚く御礼申し上げる。

最後になるが、研究の世界に進むという、思ってもいなかっただろう筆者の挑戦に、何ら異を唱えることなく、筆者を信じて応援し続けてくれた母、姉、兄に感謝したい。また、社会人としてはまだ駆け出しの筆者夫婦を温かく見守ってくれている義理の両親と兄にも感謝する。本書を少しずつ執筆してきた年月は、妻とともに歩んできた時間でもある。本書の完成を彼女は筆者と同じくらい待ち望んでいたのではないだろうか。「ありがとう」といいたい。

人間として未熟な筆者を天から見守ってくれているであろう、亡き祖母と父に本書を捧げる。

平成二一年六月　　水本義彦

主要参考文献

1　政府文書

The National Archives, Kew, U.K.

CAB21: Cabinet Office and Predecessors: Registered Files (1916 to 1965)

CAB128 : Cabinet: Minutes (CM and CC Series)

CAB129 : Cabinet: Memoranda (CP and C Series)

CAB133 : Cabinet Office: Commonwealth and International Conferences and Ministerial Visits to and from the UK: Minutes and Papers (ABC and other Series)

DEFE4 : Ministry of Defence: Chiefs of Staff Committee: Minutes

DEFE13 : Ministry of Defence: Private Office: Registered Files (all Ministers')

DO169 : Commonwealth Relations Office and Commonwealth Office: Far East and Pacific Department: Registered Files (FE Series)

FCO7 : Foreign Office and Foreign and Commonwealth Office: American and Latin American Departments: Registered Files (A and AL Series)

FCO15 : Foreign Office and Foreign and Commonwealth Office: South East Asian Department: Registered Files (D and FA Series)

FO371 : Foreign Office: Political Departments: General Correspondence from 1906-1966

PREM11 : Prime Minister's Office: Correspondence and Papers, 1951-1964

PREM13 : Prime Minister's Office: Correspondence and Papers, 1964-1970

2 私文書

Lord Avon (Anthony Eden) Papers, Birmingham University, Birmingham, U.K.
Winston Churchill Papers, Churchill Archives Centre, Cambridge, U.K.
Selwyn Lloyd Papers, Churchill Archives Centre, Cambridge, U.K.
Patrick Gordon-Walker Papers, Churchill Archives Centre, Cambridge, U.K.

3 公刊文書集・資料集・マイクロフィッシュ

Foreign Relations of the United States (*FRUS*)
__________, 1952-1954, 6:1 Western Europe and Canada (Washington: United States Government Printing Office, 1986).
__________, 1952-1954, 8:2 Indochina (Washington: United States Government Printing Office, 1982).
__________, 1955-1957, 5 Austrian State Treaty; Summit and Foreign Ministers Meetings, 1955 (Washington: United States Government Printing Office, 1988).
__________, 1961-1963, 3 Vietnam, January-August 1963 (Washington: United States Government Printing Office, 1991).
__________, 1961-1963, 23 Southeast Asia (Washington: United States Government Printing Office, 1994).
__________, 1961-1963, 24 Laos Crisis (Washington: United States Government Printing Office, 1994).
__________, 1964-1968, 1 Vietnam, 1964 (Washington: United States Government Printing Office, 1992).
__________, 1964-1968, 2 Vietnam January - June 1965 (Washington: United States Government Printing Office, 1996).
__________, 1964-1968, 3 June - December 1965 (Washington: United States Government Printing Office, 1996).
__________, 1964-1968, 4 Vietnam 1966 (Washington: United States Government Printing Office, 1998).

______, 1964-1968, 5 Vietnam 1967 (Washington: United States Government Printing Office, 2002).
______, 1964-1968, 12 Western Europe (Washington: United States Government Printing Office, 2001).
______, 1964-1968, 14 The Soviet Union (Washington: United States Government Printing Office, 2001).
______, 1964-1968, 27 Mainland Southeast Asia, Regional Affairs (Washington: United States Government Printing Office, 2000).
Foreign Relations of the United States, 1961-1963, XXII/XXIV, Northeast Asia, Laos, Microfiche Supplement (Washington: Department of State, 1997).

Department of State Bulletin
House of Commons Parliamentary Debates: Weekly Hansard
Public Papers of the Presidents of the United States: Lyndon B. Johnson 1966, part 2 (Washington: United States Government Printing Office, 1967).

Boyle, Peter G. (ed.). *The Churchill-Eisenhower Correspondence, 1953-1955* (Chapel Hill: The University of North Carolina Press, 1990).
Geelhoed, E. Bruce and Edmonds, Anthony O. (eds.). *The Macmillan-Eisenhower Correspondence, 1957-1969* (Basingstoke: Plagrave Macmillan, 2005).
Herring, George C. (ed.). *The Secret Diplomacy of the Vietnam War: The Negotiating Volumes of the Pentagon Papers* (Austin: University of Texas Press, 1983).
Wilson, Harold. *Purpose in Politics: Selected Speeches by Rt Hon Harold Wilson* (London: Weidenfeld and Nicolson, 1964).
______. *Purpose and Power: Selected Speeches by Harold Wilson* (Boston: Houghton Mifflin Company, 1966).
浦野起央編『アフリカ政治関係文献・資料集成（Ⅱ）』アフリカ協会、一九六五年。

岡倉古志郎・土生長穂編訳『非同盟運動基本文献集』新日本出版社、一九七九年。

中国経済新聞社（森下修一編訳）『周恩来　中国の内外政策（下巻）』一九七三年。

ニューヨーク・タイムス編（杉辺利英訳）『ベトナム秘密報告――米国防総省の汚い戦争の告白録（上・下）』サイマル出版会、一九七二年。

山手治之・香西茂・松井芳郎編『ベーシック条約集（第四版）』東信堂、二〇〇三年。

4　回顧録・日記・書簡集

Ball, George W. *The Past Has Another Pattern: Memoirs* (New York: W. W. Norton & Company, 1982).

Bowles, Chester. *Promises to Keep: My Years in Public Life 1941-1969* (New York: Harper & Row, 1971).

Brandon, Henry. *Special Relationships: A Foreign Correspondent's Memoirs from Roosevelt to Regan* (New York: Atheneum, 1988).

Brown, George. *In My Way: The Political Memoirs of Lord George-Brown* (New York: St Martin's Press, 1971).

Brown, Mervyn. *War in Shangri-La: A Memoir of Civil War in Laos* (London: The Radcliffe Press, 2001).

Browne, Anthony Montague. *Long Sunset: Memoirs of Winston Churchill's Last Private Secretary* (London: Indigo, 1996).

Bulter, Richard A. *The Art of the Possible: The Memoirs of Lord Butler* (London: Hamilton, 1971).

Catterall, Peter (ed.). *The Macmillan Diaries: The Cabinet Years 1950-1957* (London: Pan Books, 2004).

Colville, John. *The Fringes of Power: Downing Street Diaries 1939-1955* (London: Hodder and Stoughton, 1985).

Cooper, Chester L. *In the Shadows of History: 50 Years behind the Scenes of Cold War Diplomacy* (New York: Prometheus Books, 2005).

Crossman, Richard (Introduced and edited by Anthony Howard). *The Crossman Diaries: Selections from the Diaries of a Cabinet Minister 1964-1970* (London: Hamish Hamilton and Jonathan Cape, 1979).

Dobrynin, Anatoly. *In Confidence: Moscow's Ambassador to America's Six Cold War Presidents* (Seattle: University of

Washington Press, 1995).
Eden, Anthony. *The Memoirs of the Rt. Hon. Sir Antony Eden: Full Circle* (London: Cassell, 1960).
Eisenhower, Dwight D. *The White House Years: Mandate for Change, 1953-1956* (New York: Doubleday & Company, 1963).
Evans, Harold. *Downing Street Diary: The Macmillan Years 1957-1963* (London: Hodder and Stoughton, 1981).
Ferrell, Robert H. (ed.). *The Eisenhower Diaries* (New York: W. W. Norton & Company, 1981).
Fielding, Leslie. *Before the Killing Fields: Witness to Cambodia and the Vietnam War* (London: I. B.Tauris, 2008).
Gladwyn, Lord. *The Memoirs of Lord Gladwyn* (New York: Weybright and Talley, 1972).
Gore-Booth, Paul. *With Great Truth and Respect: The Memoirs of Paul Gore-Booth* (London: Constable, 1974).
Harriman, W. Averell. *America and Russia in a Changing World: A Half Century of Personal Observation* (London: George Allen & Unwin, 1971).
Healey, Denis. *The Time of My Life* (London: Politico's, 2006).
Henderson, Nicholas. *The Private Office: A Personal View of Five Foreign Secretaries and of Government from the Inside* (London: Weidenfeld and Nicolson, 1984).
Hilsman, Roger. *To Move a Nation: The Politics of Foreign Policy in the Administration of John F. Kennedy* (A Delta Book, 1967).
Home, Lord. *The Way the Wind Blows: An Autobiography* (London: Collins, 1976).
Johnson, Lyndon Baines. *The Vantage Point: Perspectives of the Presidency 1963-1969* (New York: Holt, Rinehart and Winston, 1971).
Johnson, U. Alexis (with Jef Olivarius McAllister). *The Right Hand of Power: The Memoirs of an American Diplomat* (Englewood Cliffs: Prentice-Hall, 1984).
Kotelawala, Sir John. *An Asian Prime Minister's Story* (London: George G. Harrap, 1956).
Lall, Arthur. *How Communist China Negotiates* (New York: Columbia University Press, 1968).

Lodge, Henry Cabot. *The Storm Has Many Eyes: A Personal Narrative* (New York: W. W. Norton, 1973).
Macmillan, Harold. *Pointing the Way, 1951-1961* (London: Macmillan, 1972).
Moran, Lord. *Winston Churchill: The Struggle for Survival 1940-1965* (London: Constable, 1966).
Rusk, Dean. *As I Saw It* (New York: Penguin Books, 1990).
Schlesinger, Arthur M. Jr. *A Thousand Days: John F. Kennedy in the White House* (Boston: Houghton Mifflin Company, 2002).
Shuckburgh, Evelyn. *Descent to Suez: Foreign Office Diaries 1951-1956* (New York: W. W. Norton, 1986).
Soames, Mary (ed.). *Speaking for Themselves: The Personal Letters of Winston and Clementine Churchill* (London: Black Swan, 1999).
Stewart, Michael. *Life and Labour: An Autobiography* (London: Sidgwick & Jackson, 1980).
Sullivan, William H. *Obbligato: Notes on a Foreign Service Career* (New York: W. W. Norton & Company, 1984).
Thee, Marek. *Notes of a Witness: Laos and the Second Indochinese War* (New York: Random House, 1973).
Thompson, Robert. *Defeating Communist Insurgency: Experiences from Malaya and Vietnam* (Basingstoke: Macmillan, 1966).
―――――. *Make for the Hills: Memories of Far Eastern Wars* (London: Leo Cooper, 1989).
Watkinson, Harold. *Turning Points: A Record of Our Times* (Salisbury: Michael Russell, 1986).
Wilson, Harold. *The Labour Government 1964-1970: A Personal Record* (Middlesex: Penguin Books, 1974).

アンドレイ・グロムイコ（読売新聞社外報部訳）『グロムイコ回想録――ソ連外交秘史』読売新聞社、一九八九年。

ウィリアム・E・コルビー（大前正臣・山岡清二訳）『栄光の男たち――コルビー元CIA長官回顧録』政治広報センター、一九七八年。

ノロドム・シアヌーク（友田錫・青山保訳）『シアヌーク回想録――戦争…そして希望』中央公論社、一九八〇年。

ロバート・S・マクナマラ（仲晃訳）『マクナマラ回顧録――ベトナムの悲劇と教訓』共同通信社、二〇〇四年。

トゥンク・アブドゥル・ラーマン・プトラ（小野沢純監訳・鍋島公子訳）『ラーマン回想録』井村文化事業社、一九八七年。

リー・クアンユー（小牧利寿訳）『リー・クアンユー回顧録（上）――ザ・シンガポール・ストーリー』日本経済出版社、二〇〇〇年。

ジェームズ・R・リリー（西倉一喜訳）『チャイナハンズ――元駐中米国大使の回想一九一六－一九九一』草思社、二〇〇六年。

5 オーラル・ヒストリー

・Lyndon Baines Johnson Library and Museum (LBJLM), Austin, Texas, U.S. [http://www.lbjlib.utexas.edu]
George Ball
McGeorge Bundy
Walt W. Rostow
Dean Rusk

・Churchill Archives Centre, Churchill College, Cambridge University, Cambridge, U.K.
The British Diplomatic Oral History Programme (BDOHP)
Michael Palliser
Oliver Wright

6 新聞・雑誌

The Economist

The Observer

7 インターネット

・The American Presidency Project
[http://www.presidency.ucsb.edu]
・Cold War International History Project
[http://www.wilsoncenter.org/index.cfm?fuseaction=topics.home&topic_id=1409]
・Guardian.co.uk
[http://www.guardian.co.uk]

8 研究書

青山利勝『ラオス――インドシナ緩衝国家の肖像』中公新書、一九九五年。

青山瑠妙『現代中国の外交』慶應義塾大学出版会、二〇〇七年。

赤木完爾『ヴェトナム戦争の起源――アイゼンハワー政権と第一次インドシナ戦争』慶應通信、一九九一年。

――編『朝鮮戦争――休戦五〇周年の検証・半島の内と外から』慶應義塾大学出版会、二〇〇三年。

池端雪浦編『東南アジア史Ⅱ　島嶼部』山川出版社、一九九九年。

石井修『国際政治史としての二〇世紀』有信堂、二〇〇〇年。

泉淳『アイゼンハワー政権の中東政策』国際書院、二〇〇一年。

今川瑛一『東南アジア現代史』亜紀書房、一九九三年。

――『続東南アジア現代史――冷戦から脱冷戦の時代』亜紀書房、一九九九年。

今川幸雄『現代眞蠟風土記』ＫＤＤクリエイティブ、一九九七年。

岩崎育夫『リー・クアンユー――西洋とアジアのはざまで』岩波書店、一九九六年。

梅川正美・阪野智一編『ブレアのイラク戦争――イギリスの世界戦略』朝日新聞社、二〇〇四年。

浦野起央『ジュネーヴ協定の成立』巖南堂書店、一九七〇年。

――『アフリカ国際関係論』有信堂、一九七五年。

遠藤聡『ベトナム戦争を考える――戦争と平和の関係』明石書店、二〇〇五年。

岡倉古志郎『非同盟研究序説』新日本出版社、一九八九年。

小川浩之『イギリス帝国からヨーロッパ統合へ――戦後イギリス対外政策の転換とEEC加盟申請』名古屋大学出版会、二〇〇八年。

小倉貞男『ドキュメント　ヴェトナム戦争全史』岩波書店、二〇〇五年。

上東輝夫『ラオスの歴史』同文舘、一九九〇年。

川島真・服部龍二編『東アジア国際政治史』名古屋大学出版会、二〇〇七年。

喜田昭治郎『毛沢東の外交――中国と第三世界』法律文化社、一九九二年。

木畑洋一『帝国のたそがれ――冷戦下のイギリスとアジア』東京大学出版会、一九九六年。

――『イギリス帝国と帝国主義――比較と関係の視座』有志舎、二〇〇八年。

君塚直隆『女王陛下の外交戦略――エリザベス二世と「三つのサークル」』講談社、二〇〇八年。

桐山昇・栗原浩英・根本敬『東南アジアの歴史――人・物・文化の交流史』有斐閣、二〇〇六年。

倉科一希『アイゼンハワー政権と西ドイツ――同盟政策としての東西軍備管理交渉』ミネルヴァ書房、二〇〇八年。

栗原優『現代世界の戦争と平和』ミネルヴァ書房、二〇〇七年。

齋藤嘉臣『冷戦変容とイギリス外交――デタントをめぐる欧州国際政治一九六四～一九七五年』ミネルヴァ書房、二〇〇六年。

桜井由躬雄・石澤良昭『東南アジア現代史Ⅲ　ヴェトナム・カンボジア・ラオス』山川出版社、一九九五年。

佐々木卓也『アイゼンハワー政権の封じ込め政策――ソ連の脅威、ミサイル・ギャップ論争と東西交流』有斐閣、二〇〇八年。

佐々木雄太『イギリス帝国とスエズ戦争――植民地主義・ナショナリズム・冷戦』名古屋大学出版会、一九九六年。

佐々木雄太・木畑洋一編『イギリス外交史』有斐閣、二〇〇五年。

下斗米伸夫『アジア冷戦史』中公新書、二〇〇四年。

朱建栄『毛沢東の朝鮮戦争――中国が鴨緑江を渡るまで』岩波書店、一九九九年。

――『毛沢東のベトナム戦争――中国外交の大転換と文化大革命の起源』東京大学出版会、二〇〇一年。

白井洋子『ベトナム戦争のアメリカ――もう一つのアメリカ史』刀水書房、二〇〇六年。

白石隆『スカルノとスハルト――偉大なるインドネシアをめざして』岩波書店、一九九七年。

竹内正右『モンの悲劇――暴かれた「ケネディの戦争」の罪』毎日新聞社、一九九九年。

谷川榮彦編『ベトナム戦争の起源』勁草書房、一九九〇年。

張紹鐸『国連中国代表権問題をめぐる国際関係(一九六一－一九七一)』国際書院、二〇〇七年。

土田宏『ケネディ――「神話」と実像』中公新書、二〇〇七年。

永井重信『インドネシア現代政治史』勁草書房、一九八六年。

中嶋嶺雄『中ソ対立と現代――戦後アジアの再考察』中央公論社、一九七八年。

波多野澄雄・佐藤晋『現代日本の東南アジア政策一九五〇－二〇〇五』早稲田大学出版部、二〇〇七年。

服部隆行『朝鮮戦争と中国――建国初期中国の軍事戦略と安全保障問題の研究』溪水社、二〇〇七年。

東大作『我々はなぜ戦争をしたのか――米国・ベトナム　敵との対話』岩波書店、二〇〇四年。

福田忠弘『ベトナム北緯一七度線の断層――南北分断と南ベトナムにおける革命運動(一九五四～六〇)』成文堂、二〇〇六年。

古田元夫『ベトナムの世界史――中華世界から東南アジア世界へ』東京大学出版会、一九九六年。

――『歴史としてのベトナム戦争』大月書店、二〇〇三年。

細谷雄一『外交による平和――アンソニー・イーデンと二十世紀の国際政治』有斐閣、二〇〇五年。

益田実『戦後イギリス外交と対ヨーロッパ政策――「世界大国」の将来と地域統合の進展、一九四五～一九五七年』ミネルヴァ書房、二〇〇八年。

松尾弌之『ＪＦＫ――大統領の神話と実像』ちくま新書、一九九四年。

松岡完『ダレス外交とインドシナ』同文舘、一九八八年。

――――『一九六一ケネディの戦争――冷戦・ベトナム・東南アジア』朝日新聞社、一九九九年。

――――『ベトナム戦争――誤算と誤解の戦場』中公新書、二〇〇一年。

松本三郎『中国外交と東南アジア』慶應義塾大学法學研究会、一九七一年。

三野正洋『わかりやすいベトナム戦争――超大国を揺るがせた一五年戦争の全貌』光人社、一九九九年。

宮城大蔵『バンドン会議と日本のアジア復帰――アメリカとアジアの狭間で』草思社、二〇〇一年。

――――『戦後アジア秩序の模索と日本――「海のアジア」の戦後史一九五七～一九六六』創文社、二〇〇四年。

毛里和子『中国とソ連』岩波新書、一九九〇年。

矢野暢『冷戦と東南アジア』中央公論社、一九八六年。

山本浩『決断の代償――ブレアのイラク戦争』講談社、二〇〇四年。

山本博之『脱植民地とナショナリズム――英領北ボルネオにおける民族形成』東京大学出版会、二〇〇六年。

吉澤南『ベトナム戦争――民衆にとっての戦場』吉川弘文館、一九九九年。

李鍾元『東アジア冷戦と韓米日関係』東京大学出版会、一九九六年。

ミルトン・オズボーン（石澤良昭監訳・小倉貞男訳）『シハヌーク――悲劇のカンボジア現代史』岩波書店、一九九六年。

ドン・オーバードーファー（菱木一美・長賀一哉訳）『マイク・マンスフィールド――米国の良心を守った政治家の生涯（上・下）』共同通信社、二〇〇五年。

牛軍（真水康樹訳）『冷戦期中国外交の政策決定』千倉書房、二〇〇七年。

E・M・ジューコフ他編（滝沢一郎訳）『ソ連のアジア政策――極東における国際関係（上・下）』サイマル出版会、一九七八年。

シオドア・ソレンセン（大前正臣訳）『ケネディの道――未来を拓いた大統領』サイマル出版会、一九八七年。

ジョン・ベイリス（佐藤行雄・重家俊範・宮川眞喜雄訳）『同盟の力学――英国と米国の防衛協力関係』東洋経済新報社、一九八八年。

マイケル・ベシュロス（筑紫哲也訳）『危機の年一九六〇－一九六三――ケネディとフルシチョフの闘い（上・下）』飛鳥新社、一九九二年。

ロバート・マクナマラ編（仲晃訳）『果てしなき論争――ベトナム戦争の悲劇を繰り返さないために』共同通信社、二〇〇三年。

マイケル・リーファー（首藤もと子訳）『インドネシアの外交――変化と連続性』勁草書房、一九八五年。

ティム・ワイナー（藤田博司・山田侑平・佐藤信行訳）『CIA秘録――その誕生から今日まで（上・下）』文藝春秋、二〇〇八年。

Abramson, Rudy. *Spanning the Century: The Life of W. Averell Harriman, 1891-1986* (New York: William Morrow and Company, 1992).
Aldous, Richard. *Macmillan, Eisenhower and the Cold War* (Dublin: Four Courts Press, 2005).
Aldrich, Richard J. *The Hidden Hand: Britain, America and Cold War Secret Intelligence* (Woodstock: The Overlook Press, 2002).
Ashton, Nigel. *Kennedy, Macmillan and the Cold War: The Irony of Interdependence* (Basingstoke: Palgrave Macmillan, 2002).
Baylis, John. *Anglo-American Defence Relations, 1939-1984* (London: Macmillan, 1984).
Bijl, Nick van der. *Confrontation: The War with Indonesia 1962-1966* (Barnsley: Pen & Sword Military, 2007).
Busch, Peter. *All the Way with JFK?: Britain, the US, and the Vietnam War* (Oxford: Oxford University Press, 2003).

Buszynski, Leszek. *S.E.A.T.O.: The Failure of an Alliance Strategy* (Singapore: Singapore University Press, 1983).

Cable, James. *The Geneva Conference of 1954 on Indochina* (Basingstoke: Macmillan, 1986).

Castle, Timothy N. *At War in the Shadow of Vietnam: U. S. Military Aid to the Royal Lao Government, 1955-1975* (New York: Columbia University Press, 1993).

Chandler, David P. *The Tragedy of Cambodian History: Politics, War, and Revolution since 1945* (New Heaven: Yale University Press, 1991).

Clymer, Kenton. *Troubled Relations: The United States and Cambodia since 1870* (DeKalb: Northern Illinois University Press, 2007).

Colman, Jonathan. *A 'Special Relationship'?: Harold Wilson, Lyndon B. Johnson and Anglo-American Relations 'at the Summit', 1964-68* (Manchester: Manchester University Press, 2004).

Cooper, Chester L. *The Lost Crusade: America in Vietnam* (New York: Dodd, Mead & Company, 1970).

Dickie, John. *'Special' No More: Anglo-American Relations: Rhetoric and Reality* (London: Weidenfeld & Nicolson, 1994).

Dimbleby, David and Reynolds, David. *An Ocean Apart: The Relationship between Britain and America in the Twentieth Century* (New York: Random House, 1988).

Dobson, Alan P. *Anglo-American Relations in the Twentieth Century: Of Friendship, Conflict and the Rise and Decline of Superpowers* (London: Routledge, 1995).

Dockrill, Saki. *Britain's Retreat from East of Suez: The Choice between Europe and the World?* (Basingstoke: Palgrave Macmillan, 2002).

Dommen, Arthur J. *Conflict in Laos: The Politics of Neutralization* (New York: Frederick A. Praeger, 1964).

__________. *The Indochinese Experience of the French and the Americans: Nationalism and Communism in Cambodia, Laos, and Vietnam* (Bloomington: Indiana University Press, 2001).

Dumbrell, John. *A Special Relationship: Anglo-American Relations from the Cold War to Iraq, second edition* (Basingstoke: Palgrave Macmillan, 2006).

__________. *President Lyndon Johnson and Soviet Communism* (Manchester: Manchester University Press, 2004).

Easter, David. *Britain and the Confrontation with Indonesia, 1960-1966* (London: Tauris Academic Studies, 2004).

Ellis, Sylvia. *Britain, America, and the Vietnam War* (Westport: Praeger, 2004).

Fall, Bernard B. *Anatomy of a Crisis: The Laotian Crisis of 1960-1961* (New York: Doubleday & Company, 1969).

Fowler, Will. *Britain's Secret War: The Indonesian Confrontation 1962-66* (Oxford: Osprey Publishing, 2006).

Freedman, Lawrence. *Kennedy's Wars: Berlin, Cuba, Laos, and Vietnam* (New York: Oxford University Press, 2002).

Fursenko, Aleksandr and Naftali, Timothy. *Khrushchev's Cold War: The Inside Story of an American Adversary* (New York: W. W. Norton & Company, 2006).

Gaiduk, Ilya V. *The Soviet Union and the Vietnam War* (Chicago: Ivan R. Dee, 1996).

__________. *Confronting Vietnam: Soviet Policy toward the Indochina Conflict, 1954-1963* (Stanford: Stanford University Press, 2003).

Gardner, Lloyd C. *Pay Any Price: Lyndon Johnson and the Wars for Vietnam* (Chicago: Ivan R. Dee, 1995).

Goldstein, Gordon M. *Lessons in Disaster: McGeorge Bundy and the Path to War in Vietnam* (New York: Times Book, 2008).

Goodman, Allan E. *The Lost Peace: America's Search for a Negotiated Settlement of the Vietnam War* (Stanford: Hoover Institution Press, 1978).

Greenwood, Sean. *Britain and the Cold War 1945-91* (Basingstoke: Macmillan, 2000).

Guan, Ang Cheng. *Vietnamese Communists' Relations with China and the Second Indochina Conflict, 1956-1962* (Jefferson: McFarland & Company, 1997).

__________. *The Vietnam War from the Other Side: The Vietnamese Communists' Perspective* (New York: Routledge Curzon, 2002).

Hack, Karl. *Defence and Decolonisation in Southeast Asia: Britain, Malaya and Singapore 1941-1968* (Richmond: Curzon Press, 2001).

Hamilton-Merritt, Jane. *Tragic Mountains: The Hmong, the Americans, and the Secret Wars for Laos, 1942-1992* (Bloomington: Indiana University Press, 1993).

Hannah, Norman B. *The Key to Failure: Laos and the Vietnam War* (Lanham: Madison Books, 1987).

Herring, George C. *America's Longest War: The United States and Vietnam, 1950-1975*, second edition (New York: Knopf, 1986).

Immerman, Richard H. *John Foster Dulles: Piety, Pragmatism, and Power in U. S. Foreign Policy* (Wilmington: SR Books, 1999).

Jacobs, Seth. *Cold War Mandarin: Ngo Dinh Diem and the Origins of America's War in Vietnam, 1950-1963* (Lanham: Rowman & Littlefield Publishers, 2006).

James, Robert Rhodes. *Anthony Eden* (London: Weidenfeld and Nicolson, 1986).

Jian, Chen. *Mao's China and the Cold War* (Chapel Hill: The University of North Carolina Press, 2001).

Jones, Matthew. *Conflict and Confrontation in South East Asia, 1961-1965: Britain, the United States and the Creation of Malaysia* (Cambridge: Cambridge University Press, 2002).

Kaiser, David. *American Tragedy: Kennedy, Johnson, and the Origins of the Vietnam War* (Cambridge: The Belknap Press of Harvard University Press, 2000).

Kaiser, Wolfram and Staerck, Gillian (eds.). *British Foreign Policy, 1955-64: Contracting Options* (Basingstoke: Macmillan, 2000).

Karabell, Zachary. *Architects of Intervention: The United States, the Third World, and the Cold War 1946-1962* (Baton Rouge: Louisiana State University Press, 1999).

Kaufman, Victor S. *Confronting Communism: U. S. and British Policies toward China* (Columbia: University of Missouri Press, 2001).

Keeble, Curtis. *Britain and the Soviet Union, 1917-89* (Basingstoke: Macmillan, 1990).

Lamb, Richard. *The Macmillan Years 1957-1963: The Emerging Truth* (London: John Murray, 1995).

Langer, Paul F. and Zasloff, Joseph J. *North Vietnam and the Pathet Lao: Partners in the Struggle for Laos* (Cambridge: Harvard University Press, 1970).

Lankford, Nelson D. *The Last American Aristocrat: The Biography of Ambassador David K. E. Bruce, 1898-1977* (Boston: Little, Brown and Company, 1996).

Larkin, Bruce D. *China and Africa 1949-1970: The Foreign Policy of the People's Republic of China* (Berkeley: University of California Press, 1971).

Larres, Klaus. *Churchill's Cold War: The Politics of Personal Diplomacy* (New Haven: Yale University Press, 2002).

Logevall, Fredrik. *Choosing War: The Lost Chance for Peace and the Escalation of War in Vietnam* (Berkeley: University of California Press, 1999).

__________. *The Origins of the Vietnam War* (Harlow: Longman, 2001).

Louis, W. R. and Bull, H. (eds.). *The Special Relationship: Anglo-American Relations since 1945* (Oxford: Clarendon Press, 1986).

Macdonald, Callum. *Britain and the Korean War* (London: Basil Blackwell, 1990).

Mackie, J. A. C. *KONFRONTASI: The Indonesia-Malaysia Dispute, 1963-1966* (Kuala Lumpur: Oxford University Press, 1974).

Milne, David. *America's Rasputin: Walt Rostow and the Vietnam War* (New York: Hill and Wang, 2008).

Neillands, Robin. *A Fighting Retreat: The British Empire 1947-1997* (London: Hodder and Stoughton, 1997).

Neville, Peter. *Britain in Vietnam: Prelude to Disaster, 1945-6* (London: Routledge, 2007).

Nuechterlein, Donald E. *Thailand and the Struggle for Southeast Asia* (Ithaca: Cornell University Press, 1965).

Ogunsanwo, Alaba. *China's Policy in Africa 1958-71* (Cambridge: Cambridge University Press, 1974).

Olsen, Mari. *Soviet-Vietnam Relations and the Role of China, 1949-64* (New York: Routledge, 2006).

Ovendale, Ritchie. *Anglo-American Relations in the Twentieth Century* (Basingstoke: Macmillan, 1998).

Preston, Andrew. *The War Council: McGeorge Bundy, the NSC, and Vietnam* (Cambridge: Harvard University Press, 2006).

Quincy, Keith. *Harvesting Pa Chay's Wheat: The Hmong & America's Secret War in Laos* (Washington: Eastern Washington University Press, 2000).

Randle, Robert F. *Geneva 1954: The Settlement of the Indochina War* (Princeton: Princeton University Press, 1969).

Rees, G. Wyn. *Anglo-American Approaches to Alliance Security, 1955-60* (Basingstoke: Macmillan, 1996).

Renwick, Robin. *Fighting with Allies: America and Britain in Peace and War* (New York: Random House, 1996).

Rostow, Walt W. *The Diffusion of Power: An Essay in Recent History* (New York: Macmillan, 1972).

Sanger, Clyde. *Malcolm MacDonald: Bringing an End to Empire* (Montreal: McGill-Queen's University Press, 1995).

SarDesai, D. R. *Indian Foreign Policy in Cambodia, Laos, and Vietnam 1947-1964* (Berkeley: University of California Press, 1968).

Saville, John. *The Politics of Continuity: British Foreign Policy and the Labour Government, 1945-46* (London: Verso, 1993).

Schwartz, Thomas Alan. *Lyndon Johnson and Europe: In the Shadow of Vietnam* (Cambridge: Harvard University Press, 2003).

Shields, David Brandon. *Kennedy and Macmillan: Cold War Politics* (Lanham: University Press of America, 2006).

Short, Anthony. *The Origins of the Vietnam War* (London: Longman, 1996).

Singh, Anita Inder. *The Limits of British Influence: South Asia and the Anglo-American Relationship, 1947-56* (London: Pinter Publishers, 1993).

Smith, R. B. *An International History of the Vietnam War: Volume2: The Struggle for South East Asia, 1961-65* (Basingstoke: Macmillan, 1985).

Smith, T. O. *Britain and the Origins of the Vietnam War: UK Policy in Indo-China, 1943-50* (Basingstoke: Palgrave Macmillan, 2007).

Stevenson, Charles A. *The End of Nowhere: American Policy toward Laos since 1954* (Boston: Beacon Press, 1972).

Subritzky, John. *Confronting Sukarno: British, American, Australian and New Zealand Diplomacy in the Malaysian-*

Indonesian Confrontation, 1961-5 (Basingstoke: Macmillan, 2000).
Tarling, Nicholas. *Britain, Southeast Asia and the Onset of the Cold War, 1945-1950* (Cambridge: Cambridge University Press, 2006).
Thakur, Ramesh. *Peacekeeping in Vietnam: Canada, India, Poland, and the International Commission* (Alberta: The University of Alberta Press, 1984).
Thorpe, D. R. *Alec Douglas-Home* (London: Politico's, 2007).
Toye, Hugh. *Laos: Buffer State or Battleground* (London: Oxford University Press, 1968).
Turner, John. *Macmillan* (London: Longman, 1994).
Warner, Roger. *Back Fire: The CIA's Secret War in Laos and Its Link to the War in Vietnam* (New York: Simon & Schuster, 1995).
Watt, D. C. *Succeeding John Bull: America in Britain's Place 1900-1977* (Cambridge: Cambridge University Press, 1984).
Weiler, Peter. *Ernest Bevin* (Manchester: Manchester University Press, 1993).
White, Brian. *Britain, Détente and Changing East-West Relations* (London: Routledge, 1992).
Young, John W. *Winston Churchill's Last Campaign: Britain and the Cold War 1951-5* (Oxford: Clarendon Press, 1996).
__________. *The Labour Governments 1964-1970: Volume 2: International Policy* (Manchester: Manchester University Press, 2003).
Young, Kenneth. *Sir Alec Douglas-Home* (London: J. M. Dent & Sons Ltd, 1970).
Zhai, Qiang. *China and the Vietnam Wars, 1950-1975* (Chapel Hill: The University of North Carolina Press, 2000).

9 論文

青野利彦「ベルリン危機と『中立主義』一九六〇－六一年」『国際政治』第一五二号(二〇〇八年三月)。

五十嵐武士「アイゼンハワー政権の対外政策の解剖——その構造的条件と主要な要因に関連させて」『国際政治』

第一〇五号(一九九四年一月)。

石井修「『政治経済戦争』としての米国対外経済政策——アイゼンハワー期」『国際政治』第七〇号(一九八二年五月)。

梅津弘幸「一九五四年のインドシナ危機をめぐる大国外交とオーストラリア」『法学政治学論究』第五九号(二〇〇三年一二月)。

——「英連邦戦略予備軍創設の背景——イギリスのANZAM協定再活動化提案とオーストラリアによるマラヤへの防衛コミットメントの増強」『国際政治』第一三六号(二〇〇四年三月)。

太田勝洪「アジア近接諸国との関係」岡部達味編『中国をめぐる国際環境』岩波書店、二〇〇一年。

岡本宜高「第一次EEC加盟申請とイギリス外交——ヨーロッパ統合と冷戦のはざまで」『政治経済史学』第四八五号(二〇〇七年一月)。

小川浩之「ブレア政権の対応外交」櫻田大造・伊藤剛編『比較外交政策——イラク戦争への対応外交』明石書店、二〇〇四年。

梶谷善久「ラオスをめぐる問題」『国際政治』第一六号(一九六〇年)。

菅英輝「ベトナム戦争をめぐる国際関係」『国際政治』第一〇七号(一九九四年九月)。

——「ベトナム戦争における日本政府の和平努力と日米関係——一九六五〜六八年」『国際政治』第一三〇号(二〇〇二年五月)。

木之内秀彦「冷戦と東南アジア」矢野暢編『東南アジア学第九巻　東南アジアの国際関係』弘文堂、一九九一年。

——「冷戦体制と東南アジア」後藤乾一編『東南アジア史八　国民国家形成の時代』岩波書店、二〇〇二年。

木畑洋一「帝国からの自立」川北稔・木畑洋一編『イギリスの歴史——帝国＝コモンウェルスのあゆみ』有斐閣、二〇〇〇年。

——「アイデンティティの模索と安全保障——アジア太平洋におけるオーストラリアとニュージーランド」山本吉宣編『アジア太平洋の安全保障とアメリカ』彩流社、二〇〇五年。

――――「イギリス帝国の崩壊とアメリカ――一九六〇年代アジア太平洋における国際秩序の変容」渡辺昭一編『帝国の終焉とアメリカ――アジア国際秩序の再編』山川出版社、二〇〇六年。

――――「ディエゴガルシア――インド洋における脱植民地化と英米の覇権交代」『学術の動向』(二〇〇七年三月)。

木村哲三郎「インドシナ戦争と中国」入江啓四郎・安藤正士編『現代中国の国際関係』日本国際問題研究所、一九七五年。

栗原浩英「ベトナム戦争と中国・ソ連」『アジア研究』第四六巻第三・四号(二〇〇〇年六月)。

齋藤嘉臣「冷戦とデタントのなかで――CSCEへの道とイギリスの役割認識 一九五一－七九年」細谷雄一編『イギリスとヨーロッパ――孤立と統合の二百年』勁草書房、二〇〇九年。

佐藤真千子「アメリカ外交におけるSEATO設立の意義」『外交時報』第一三三五号(一九九六年二月)。

定形衛「アジア・アフリカ連帯運動と中ソ論争――アジア・アフリカ会議と非同盟会議のはざまで(一九六四－六五年)」『国際政治』第九五号(一九九〇年一〇月)。

芝崎祐典「多角的核戦力(MLF)構想とウィルソン政権の外交政策、一九六四年」『ヨーロッパ研究』第三巻(二〇〇四年)。

――――「第二次EEC加盟申請とその挫折 一九六四－七〇年――イギリスの緩やかな方向転換」細谷雄一編『イギリスとヨーロッパ――孤立と統合の二百年』勁草書房、二〇〇九年。

庄司智孝「第一次インドシナ戦争時のベトナムの対中姿勢――小国の対外政策とイデオロギー」『アジア経済』第四二巻三号(二〇〇一年三月)。

――――「ベトナム労働党の南部解放政策と中ソ」『国際政治』第一三〇号(二〇〇二年五月)。

――――「ジュネーブ会議(一九五四年)における軍事境界線画定交渉――ベトナム民主共和国の交渉過程」『国際関係論研究』第二一号(二〇〇四年三月)。

白石昌也「インドシナ戦争の結末――分断国家の形成」矢野暢編『東南アジア学第九巻 東南アジアの国際関係』弘文堂、一九九一年。

――「第一次インドシナ戦争とジュネーブ会議」山極晃編『東アジアと冷戦』三嶺書房、一九九四年。

鈴木陽一「マレーシア構想の起源」『上智アジア学』第一六号（一九九八年）。

――「グレーター・マレーシア一九六一－一九六七――帝国の黄昏と東南アジア人」『国際政治』第一二六号（二〇〇一年二月）。

――「英米地球戦略のなかの東南アジア――『東南アジア』の概念の生成と変容」『国際学論集』第五〇号（二〇〇三年三月）。

高橋保「カンボジアをめぐる国際環境――対中ソ関係の展開過程を中心として」山本登編『中ソ対立とアジア諸国（下）』日本国際問題研究所、一九七一年。

田中孝彦「インドシナ介入をめぐる米英政策対立――冷戦政策の比較研究試論」『一橋論叢』第一一四巻第一号（一九九五年七月）。

旦祐介「二〇世紀後半のコモンウェルス――新しい統合の展望」木畑洋一編『現代世界とイギリス帝国』ミネルヴァ書房、二〇〇七年。

寺地功次「民主主義、選挙と国内的安全保障――一九五〇年代のラオス選挙とアメリカ」大津留（北川）智恵子・大芝亮編『アメリカが語る民主主義――その普遍性、特異性、相互浸透性』ミネルヴァ書房、二〇〇〇年。

――「ラオス危機と米英のＳＥＡＴＯ軍事介入計画」『国際政治』第一三〇号（二〇〇二年五月）。

土佐弘之「ラオス危機に関する予備的考察――アメリカの東南アジア政策の一断面」『摂大人文科学』第二号（一九九五年）。

都丸潤子「東南アジアの地域主義形成とイギリス（一九四一－一九六五）――東南アジア総弁務官と駐在官会議の役割」『国際法外交雑誌』第九八巻第四号（一九九九年一〇月）。

――「脱植民地化過程における多文化統合の試み――英領マラヤでのマルコム・マクドナルドの社会工学」『インターカルチュラル』第四号（二〇〇六年）。

鳥潟優子「ドゴール大統領によるアメリカ外交批判――ベトナム戦争と中立化構想・一九六一年五月～一九六五年三月」『国際公共政策研究』第六巻第一号（二〇〇一年九月）。

――――「冷戦構造とドゴール大統領の『中立化』構想――一九六〇年代・ベトナム戦争をめぐる仏米同盟」『国際公共政策研究』第七巻第二号（二〇〇三年三月）。

――――「ベトナム戦争批判とドゴール外交の現実――一九六六年九月『プノンペン演説』をめぐる考察」『西洋史学』第二二三号（二〇〇六年九月）。

――――「ドゴールの外交戦略とベトナム和平仲介」『国際政治』第一五六号（二〇〇九年三月）。

永野隆行「第一次インドシナ紛争と英米関係――『統一行動』案をめぐって」『国際学論集』第三五号（上智大学国際関係研究所、一九九五年一月）。

――――「一九五〇年代前半における東南アジア国際関係とイギリスの関与」『外交時報』第一三四二号（一九九七年一〇月）。

――――「イギリスの東南アジアへの戦略的関与と英軍のスエズ以東撤退問題」『英語研究』第五三号（二〇〇一年三月）。

――――「書評論文　イギリスとベトナム戦争」『英語研究』第五六号（二〇〇二年一〇月）。

――――「東南アジア安全保障とイギリスの戦略的関与――歴史的視点から」小島朋之・竹田いさみ編『東アジアの安全保障』南窓社、二〇〇二年。

――――「東南アジア国際関係の変容とオーストラリア――オーストラリアにとっての英米軍事プレゼンス」『国際政治』第一三四号（二〇〇三年一一月）。

昇亜美子「ベトナム戦争における日本の和平外交――一九六五年〜六八年」『法学政治学論究』第五九号（二〇〇三年一二月）。

橋口豊「冷戦の中の英米関係――スカイボルト危機とナッソー協定をめぐって」『国際政治』第一二六号（二〇〇一年二月）。

――――「ハロルド・ウィルソン政権の外交一九六四－一九七〇年――『三つのサークル』の中の英米関係」『龍谷法學』第三八巻第四号（二〇〇六年三月）。

――――「ベトナム戦争とコモンウェルス・ミッション構想――一九六五年のウィルソン政権の和平外交」

佐々木雄太編『世界戦争の時代とイギリス帝国』ミネルヴァ書房、二〇〇六年。

林大輔「イギリスの中華人民共和国政府承認問題、一九四八年－一九五〇年――戦後アジア・太平洋国際秩序形成をめぐる英米関係」『法学政治学論究』第七六号（二〇〇八年三月）。

半澤朝彦「イギリス帝国の終焉と国際連合――一九六〇年の南アフリカ連邦・シャープヴィル事件の衝撃」『現代史研究』第四五号（一九九九年）。

――「国連とイギリス帝国の消滅――一九六〇－六三年」『国際政治』第一二六号（二〇〇一年二月）。

――「国際政治における国連の『見えざる役割』――一九五六年スエズ危機の事例」『北大法学論集』第五四巻第二号（二〇〇三年五月）。

――「イギリス帝国の終焉と国連――イギリスの対国連政策（一九六〇－一九六一）」緒方貞子・半澤朝彦編『グローバル・ガヴァナンスの歴史的変容――国連と国際政治史』ミネルヴァ書房、二〇〇七年。

広瀬陽子「ベトナム戦争とソ連――パリ和平会談までの和平工作を中心に」『本郷法政紀要』第六号（一九九七年）。

福田茂夫「ジョンソン大統領のベトナム戦争――一九六六－六八年の戦争継続政策」草間秀三郎・藤本博編『二一世紀国際関係論』南窓社、二〇〇二年。

藤本博「アメリカ合衆国と戦争――朝鮮戦争、ヴェトナム戦争を中心に」木畑洋一編『二〇世紀の戦争とは何であったか』大月書店、二〇〇四年。

古田元夫「ベトナム共産主義者と『緊張緩和』――一九五四～五五年を中心に」『東洋研究』第七九号（一九八六年）。

――「ベトナム外交とバンドン会議」岡倉古志郎編『バンドン会議と五〇年代のアジア』大東文化大学東洋研究所、一九八六年。

――「ベトナム戦争と中ソ対立――六三年～六五年のベトナム労働党の政策展開と中国・ソ連」『国際政治』第九五号（一九九〇年一〇月）。

細谷雄一「トニー・ブレアとイラク戦争――国際政治における力と正義」『創文』第四五五号（二〇〇三年七月）。

――「アンビバレントな関係――英米関係の百年と歴史の教訓」『アステイオン』第五九号（二〇〇三年）。

松岡完「一九五〇年代アメリカの同盟再編戦略――統合の模索」『国際政治』第一〇五号（一九九四年一月）。

――「反乱鎮圧戦略の挫折――ケネディとベトナム戦争・一九六三年」『筑波法政』第三八号（二〇〇五年）。

水本義彦「ウィンストン・チャーチルと極東軍事紛争一九五一―五五――朝鮮戦争・インドシナ紛争・台湾海峡危機」『国際学論集』第五〇号（二〇〇三年三月）。

――「書評論文　六〇年代イギリス政府のベトナム政策と英米関係」『国際政治』第一四〇号（二〇〇五年三月）。

――「カンボジア中立化構想とイギリス、一九六三―一九六五――マレーシア防衛、ベトナム戦争との関連において」『國際政経論集』第一三号（二〇〇七年三月）。

――「ラオス内戦とイギリスの和平調停外交（一九六〇年八月―一九六一年五月）」『国際政経』第一三号（二〇〇七年一一月）。

――「ラオス中立化とイギリス外交――ジュネーブ会議（一九六一年五月―一九六二年七月）を中心にして」『東アジア学術総合研究所集刊』第三八集（二〇〇八年三月）。

――「ベトナム戦争と英米同盟」『創文』第五〇七号（二〇〇八年四月）。

宮城大蔵「ふたつのアジア・アフリカ会議と日本・中国」『中国二一』第一四号（二〇〇二年一〇月）。

山田紀彦「ラオス内戦下の国民統合過程――パテート・ラーオの民族政策と『国民』概念の変遷」武内進一編『国家・暴力・政治――アジア・アフリカの紛争をめぐって』アジア経済研究所、二〇〇三年。

油井大三郎「序説　現代史としてのベトナム戦争」『国際政治』第一三〇号（二〇〇二年五月）。

ジャームス・ルエリン「日本の仲介外交と日英摩擦――マレーシア紛争をめぐる日本外交と日英協議、一九六三―六六年」『国際政治』第一五六号（二〇〇九年三月）。

廉舒「中国の対米戦略と対英政策――一九五〇年代前半を中心に」『法学政治学論究』第七二号（二〇〇七年三月）。

Aldous, Richard. "'A Family Affair': Macmillan and the Art of Personal Diplomacy' in Aldous, Richard and Lee, Sabine (eds.), *Harold Macmillan and Britain's World Role* (Basingstoke: Macmillan, 1996).

Ashton, Nigel. 'Britain and the Kuwaiti Crisis, 1961', *Diplomacy and Statecraft*, 9:1 (March 1998).

__________. 'Book Review', *Cold War History*, 4:3 (April 2004).

Asselin, Pierre. 'Choosing Peace: Hanoi and the Geneva Agreement on Vietnam, 1954-1955', *Journal of Cold War Studies*, 9:2 (Spring 2007).

Banks, Alexander J. 'Britain and the Cambodian Crisis of Spring 1970', *Cold War History*, 5:1 (February 2005).

Beckett, Ian F. W. 'Robert Thompson and the British Advisory Mission to South Vietnam, 1961-1965', *Small Wars and Insurgencies*, 8:3 (Winter 1997).

Boquerat, Gilles. 'India's Commitment to Peaceful Coexistence and the Settlement of the Indochina War', *Cold War History*, 5:2 (May 2005).

Boyle, Kevin. 'With Friends like These', *Diplomatic History*, 29:1 (January 2005).

Busch, Peter. 'Supporting the War: Britain's Decision to Send the Thompson Mission to Vietnam, 1960-61', *Cold War History*, 2:1 (October 2001).

__________. 'Killing the "Vietcong": The British Advisory Mission and the Strategic Hamlet Programme', *The Journal of Strategic Studies*, 25:1 (March 2002).

__________. 'The Origins of Konfrontasi: Britain, the Cold War and the Creation of Malaysia, 1960-1963' in Hopkins, Michael F., Kandiah, Michael D. and Staerck, Gillian (eds.), *Cold War Britain, 1945-1964: New Perspectives* (Basingstoke: Palgrave Macmillan, 2003).

Clymer, Kenton J. 'The Perils of Neutrality: The Break in U. S. - Cambodian Relations, 1965', *Diplomatic History*, 23:4 (Fall 1999).

Colman, Jonathan. 'The London Ambassadorship of David K. E. Bruce during the Wilson-Johnson Years, 1964-68', *Diplomacy and Statecraft*, 15:2 (2004).

Combs, Arthur. 'The Path Not Taken: The British Alternative to US Policy in Vietnam, 1954-1956', *Diplomatic History*, 19:1 (Winter 1995).

Digman, Roger. 'John Foster Dulles and the Creation of the South-East Asia Treaty Organization in 1954', *The International History Review*, 11:3 (August 1989).

Dumbrell, John and Ellis, Sylvia. 'British Involvement in Vietnam Peace Initiatives, 1966-1967: Marigolds, Sunflowers, and "Kosygin Week"', *Diplomatic History*, 27:1 (January 2003).

Ellis, Sylvia A. 'Lyndon Johnson, Harold Wilson and the Vietnam War: A Not So Special Relationship?' in Hollowell, Jonathan (ed.). *Twentieth-Century Anglo-American Relations* (Basingstoke: Palgrave, 2001).

Gaiduk, Ilya V. 'Peacemaking or Troubleshooting?: The Soviet Role in Peace Initiatives during the Vietnam War' in Gardner, Lloyd C. and Gittinger, Ted (eds.), *The Search for Peace in Vietnam, 1964-1968* (College Station: Texas A & M University Press, 2004).

Greenstein, Fred I. and Immerman, Richard H. 'What Did Eisenhower Tell Kennedy about Indochina?: The Politics of Misperception', *The Journal of American History*, 79:2 (September 1992).

Hall, David K. 'The Laos Crisis, 1960-61' in George, Alexander L., Hall, David K. and Simons, William E. *The Limits of Coercive Diplomacy: Laos, Cuba, Vietnam* (Boston: Little, Brown and Company, 1971).

Hershberg, James G. 'Who Murdered "Marigold"?: New Evidence on the Mysterious Failure of Poland's Secret Initiative to Start U. S. - North Vietnamese Peace Talks, 1966', *Cold War International History Project*, working paper no.27 (April 2000), [http://www.wilsoncenter.org].

__________. 'Peace Probes and the Bombing Pause: Hungarian and Polish Diplomacy during the Vietnam War, December 1965-January 1966', *Journal of Cold War Studies*, 5:2 (Spring 2003).

Hess, Gary R. 'The American Search for Stability in Southeast Asia: The SEATO Structure of Containment' in Cohen, Warren I. and Iriye, Akira (eds.), *The Great Powers in East Asia 1953-1960* (New York: Columbia University Press, 1990).

Holt, Andrew. 'Lord Home and Anglo-American Relations, 1961-1963', *Diplomacy and Statecraft*, 16:4 (2005).

Hughes, Geraint. 'A "Missed Opportunity" for Peace? Harold Wilson, British Diplomacy, and the *Sunflower* Initiative to End the Vietnam War, February 1967', *Diplomacy and Statecraft*, 14:3 (September 2003).

Hughes, Phillip. 'Division and Discord: British Policy, Indochina, and the Origins of the Vietnam War, 1954-56', *Journal of Imperial and Commonwealth History*, 28:3 (2000).

Jian, Chen. 'China and the Indochina Settlement at the Geneva Conference of 1954' in Lawrence, Mark Atwood and Logevall, Fredrik (eds.). *The First Vietnam War: Colonial Conflict and Cold War Crisis* (Cambridge: Harvard University Press, 2007).

Kear, Simon. 'The British Consulate-General in Hanoi, 1954-73', *Diplomacy and Statecraft*, 10:1 (March 1999).

Kislenko, Arne. 'Bamboo in the Shadows: Relations between the United States and Thailand during the Vietnam War' in Daum, Andreas W., Gardner, Lloyd C. and Mausbach, Wilfried (eds.). *America, the Vietnam War, and the World: Comparative and International Perspectives* (Cambridge: Cambridge University Press, 2003).

Kochavi, Noam. 'Limited Accommodation, Perpetuated Conflict: Kennedy, China, and the Laos Crisis, 1961-1963', *Diplomatic History*, 26:1 (Winter 2002).

Kuisong, Yang (translated by Qiang Zhai). 'Changes in Mao Zedong's Attitude toward the Indochina War, 1949-1973', *Cold War International History Project*, working paper no.34 (February 2002), [http://www.wilsoncenter.org].

Lane, Ann. 'Third World Neutralism and British Cold War Strategy, 1960-62', *Diplomacy and Statecraft*, 14:3 (September 2003).

Lawrence, Mark Atwood. 'Forging the "Great Combination": Britain and the Indochina Problem, 1945-1950' in Lawrence, Mark Atwood and Logevall, Fredrik (eds.). *The First Vietnam War: Colonial Conflict and Cold War Crisis* (Cambridge: Harvard University Press, 2007).

Logevall, Fredrik. 'De Gaulle, Neutralization, and American Involvement in Vietnam, 1963-1964', *Pacific Historical Review*, 41 (February 1992).

__________. 'The French Recognition of China and Its Implications for the Vietnam War' in Roberts, Priscilla (ed.). *Behind the Bamboo Curtain: China, Vietnam, and the World beyond Asia* (Stanford: Stanford University Press, 2006).

Louis, Wm. Roger. 'The Dissolution of the British Empire in the Era of Vietnam', *The American Historical Review*, 107:1 (February 2002).

McAllister, James and Schulte, Ian. 'The Limits of Influence in Vietnam: Britain, the United States and the Diem Regime, 1953-63', *Small Wars and Insurgencies*, 17:1 (March 2006).

Mizumoto, Yoshihiko. 'Harold Wilson's Efforts at a Negotiated Settlement of the Vietnam War, 1965-1967', *Electronic Journal of International History*, no.9 (March 2005). [http://www.history.ac.uk/ejournal].

Mori, Satoru. 'The Vietnam War and the British Government, 1964-1968', *University of Tokyo Journal of Law and Politics*, 3 (Spring 2006).

Osornprasop, Sutayut. 'Amidst the Heat of the Cold War in Asia: Thailand and the American Secret War in Indochina (1960-74)', *Cold War History*, 7:3 (August 2007).

Ovendale, Ritchie. 'Britain and the Cold War in Asia' in Ovendale, Ritchie (ed.), *The Foreign Policy of the British Labour Governments, 1945-1951* (Leicester: Leicester University Press, 1984).

Podeh, Elie. '"Suez in Reverse": The Arab Response to the Iraqi Bid for Kuwait, 1961-63', *Diplomacy and Statecraft*, 14:1 (March 2003).

Preston, Andrew. 'The Soft Hawks' Dilemma in Vietnam: Michael V. Forrestal at the National Security Council, 1962-1964', *International History Review*, 25:1 (March 2003).

Protheroe, Gerald J. 'Limiting America's Engagement: Roger Hilsman's Vietnam War, 1961-1963', *Diplomacy and Statecraft*, 19:2 (2008).

Ruane, Kevin. 'Anthony Eden, British Diplomacy and the Origins of the Geneva Conference of 1954', *The Historical Journal*, 37:1 (1994).

__________. 'Refusing to Pay the Price: British Foreign Policy and the Pursuit of Victory in Vietnam, 1952-4', *English Historical Review*, 110 (1995).

__________. '"Containing America": Aspects of British Foreign Policy and the Cold War in South-East Asia, 1951-54',

Diplomacy and Statecraft, 7:1 (1996).

__________. 'SEATO, MEDO, and the Baghdad Pact: Anthony Eden, British Foreign Policy and the Collective Defense of Southeast Asia and the Middle East, 1952-1955', *Diplomacy and Statecraft*, 16:1 (2005).

Shao, Kuo-kang. 'Zhou Enlai's Diplomacy and the Neutralization of Indo-China, 1954-55', *The China Quarterly*, 107 (September 1986).

Shaw, Geoffrey D. T. 'Policemen versus Soldiers, the Debate Leading to MAAG Objections and Washington Rejections of the Core of the British Counter-Insurgency Advice', *Small Wars and Insurgencies*, 12:2 (Summer 2001).

__________. 'Laotian "Neutrality": A Fresh Look at a Key Vietnam War Blunder', *Small Wars and Insurgencies*, 13:1 (Spring 2002).

Singh, Anita Inder. 'Britain, India, and the Asian Cold War: 1949-54' in Deighton, Anne (ed.), *Britain and the First Cold War* (Basingstoke: Macmillan, 1990).

Sodhy, Pamela. 'The Malaysian Connection in the Vietnam War', *Contemporary Southeast Asia*, 9:1 (June 1987).

Steininger, Rolf. '"The Americans are in a Hopeless Position": Great Britain and the War in Vietnam, 1964-65', *Diplomacy and Statecraft*, 8:3 (November 1997).

Subritzky, John. 'Macmillan and East of Suez: The Case of Malaysia' in Aldous, Richard and Lee, Sabine (eds.). *Harold Macmillan: Aspects of a Political Life* (Basingstoke: Macmillan, 1999).

Terachi, Koji. '"Every War Must End" or Ending a Quagmire for the United States: Laos, Vietnam and...', *Nanzan Review of American Studies*, XXIX (2007).

Torikata, Yuko. 'Reexamining de Gaulle's Peace Initiative on the Vietnam War', *Diplomatic History*, 31:5 (November 2007).

Trood, Russell. 'Alliance Diplomacy: Australia, the United States and the 1954 Indochina Crisis', *Australian Journal of Politics and History*, 38:3 (1992).

Turnbull, C. Mary. 'Britain and Vietnam, 1948-1955', *War & Society*, 6:2 (September 1988).

Varsori, Antonio. 'Britain and US Involvement in the Vietnam War during the Kennedy Administration, 1961-63', *Cold War History*, 3:2 (January 2003).

Vickers, Rhiannon. 'Harold Wilson, the British Labour Party, and the War in Vietnam', *Journal of Cold War Studies*, 10:2 (Spring 2008).

Warner, Geoffrey. 'The Settlement of the Indochina War' in Young, John W. (ed.), *The Foreign Policy of Churchill's Peacetime Administration 1951-1955* (Leicester: Leicester University Press, 1988).

__________. 'Britain and the Crisis over Dien Bien Phu, April 1954: The Failure of United Action' in Kaplan, Lawrence S., Artaud, Denise and Rubin, Mark R. (eds.). *Dien Bien Phu and the Crisis of Franco-American Relations, 1954-1955* (Washington: SR Books, 1990).

__________. 'From Geneva to Manila: British Policy toward Indochina and SEATO, May-September 1954' in Kaplan, Lawrence S., Artaud, Denise and Rubin, Mark R. (eds.), *Dien Bien Phu and the Crisis of Franco-American Relations, 1954-1955* (Washington: SR Books, 1990).

Wehrle, Edmund F. '"A Good, Bad Deal": John F. Kennedy, W. Averell Harriman, and the Neutralization of Laos, 1961-1962', *Pacific Historical Review*, 67:3 (1998).

Westad, Odd Arne, Jian, Chen, Tonnesson, Stein, Tungand, Nguyen Vu and Hershberg, James G. (eds.). '77 Conversations between Chinese and Foreign Leaders on the Wars in Indochina, 1964-1977', *Cold War International History Project*, working paper no.22 (May 1998), [http://www.wilsoncenter.org].

White, Nick. 'Macmillan, Kennedy and the Key West Meeting: Its Significance for the Laotian Civil War and Anglo-American Relations', *Civil Wars*, 2:2 (Summer 1999).

Williams, John. 'ANZUS: A Blow to Britain's Self-Esteem', *Review of International Studies*, 13:4 (1987).

Wright, Sir Oliver. 'Macmillan: A View from the Foreign Office' in Aldous, Richard and Lee, Sabine (eds.). *Harold Macmillan: Aspects of a Political Life* (Basingstoke: Macmillan, 1999).

Young, John W. 'The Wilson Government and the Davies Peace Mission to North Vietnam, July 1965', *Review of*

International Studies, 24 (1998).

__________. 'Britain and "LBJ's War", 1964-68', *Cold War History*, 2:3 (April 2002).

__________. 'Book Review', *The Journal of Imperial and Commonwealth History*, 31:3 (September 2003).

Zhang, Shu Guang. 'Constructing "Peaceful Coexistence": China's Diplomacy toward the Geneva and Bandung Conferences, 1954-55', *Cold War History*, 7:4 (November 2007).

Zhang, Xiaoming. 'The Vietnam War, 1964-1969: A Chinese Perspective', *The Journal of Military History*, 60:4 (October 1996).

マ

ヤ

ラ

ワ

タ

ナ

ハ

カ

サ

マクミラン（Harold Macmillan）004, 006-007, 022, 033, 049-052, 055-064, 066-068, 072-075, 088, 093-095, 108, 111-113, 121-124, 126-127, 129-130, 133, 135, 139, 146-147, 157, 168, 179, 224-227, 260-261
マーシャル（George Marshall）094
マダム・ニュー（Madame Nhu）136
マンデス・フランス（Pierre Mendes-France）024
ミッチェル（Derek Mitchell）200
ムッソリーニ（Benito Mussolini）017, 224
ムルンビ（Joseph Murumbi）201-202
メイキンズ（Roger Makins）018
メンジーズ（Robert Menzies）073-074, 088, 108
毛沢東　014
モサデグ（Mohammed Mossadeg）001
モロトフ（Vyacheslav Molotov）025-026, 029, 255

ラ

ライト（Oliver Wright）200
ラスク（Dean Rusk）054-055, 065, 072, 094-095, 097, 106, 124-125, 131, 152, 155, 157, 162, 167, 180-181, 183, 189, 217, 222, 227-229
ラドフォード（Arthur W. Radford）022-023
ラニエル（Joseph Laniel）017, 024
ラパツキ（Adam Rapacki）228
ラピン（Sergei Lapin）189, 190
ラーマン（Tunku Abudul Rahman）058, 089, 130, 146-147, 154-155, 161, 169
ラール（Arthur Lall）091
リー・クアンユー（Lee Kuan Yew）146
李承晩　019
劉少奇　149
リリー（James R. Lilley）165
ルメイ（Curtis E. LeMay）073
ルワンドフスキ（Janus Lewandowski）227
レーガン（Ronald Reagan）262
レディング（Lord Reading）034
レ・ドゥック・ト（Le Duc Tho）241
レムニツァー（Lyman L. Lemnitzer）092
ロイド（Selwyn Lloyd）066
ロストウ（Walt W. Rostow）097, 164, 229, 239
ロッジ（Henry Cabot Lodge）138-139, 227
ロバーツ（Frank Roberts）070

ワ

ワトキンソン（Harold Watkinson）055, 066, 093

主要事項索引

ア

「赤いアジアの脅威」017
アジア・アフリカ会議　052
　第二回――　198, 202
アジア・アフリカ会議一〇周年記念式典　198
アジア・アフリカ諸国人民連帯大会（第四回）198
「新しい村」013, 131
アビシニア戦争　224
「アフリカの年」050
アンザス条約　018, 169
イギリス顧問団（BRIAM）130-131, 133-137, 157, 159, 168, 183, 257-258
「インドシナに対する合衆国の立場」（NSC六四）015
ウイネバ宣言　199

ノサワン（Phoumi Nosavan）048-049, 051, 069-070, 072, 105-109, 123, 164-165

ハ

バオ・ダイ（Bao Dai）014-015
ハーキンズ（Paul Harkins）108, 138
パークス（Roderick Parkes）130
橋口豊 8
ハーター（Christian Herter）051
バトラー（R. A. Butler）066, 151-152, 155, 157, 161-162, 167-168, 258
パーマストン（Lord Palmerston）226
ハリマン（W. Averell Harriman）089-091, 098-102, 104-106, 109-112, 128, 138, 164, 192, 217, 219, 222, 229, 257
ハーレック（Lord Harlech）182, 184, 189
ハーン（Ayub Khan）066, 202
半澤朝彦 050
バンディ（McGeroge Bundy）060, 139, 182, 184, 187, 240
ハンナ（Norman B. Hannah）110
ハンフリー（Hubert Humphrey）217, 238
ヒース（Edward Heath）066
ヒトラー（Adolf Hitler）017
ヒーリー（Denis Healey）182, 186
ヒルズマン（Roger Hilsman）132, 138, 159
ヒロヒト（裕仁昭和天皇）017
ヒューム（Alec Douglas Home）005, 007-008, 064-066, 069-070, 072, 089, 093, 095, 112, 124-125, 127, 134-135, 137, 139, 148-149, 154, 156-158, 160, 163, 166-170, 183, 196, 256, 258
ファム・ヴァン・ドン（Pham Van Dong）195, 198, 203
ファン・フイ・クアト（Phan Huy Quat）196
フィールディング（Leslie Fielding）149
フォレスタル（Michael Forrestal）138, 155, 159
プーシキン（Georgi Pushkin）049, 089-090, 099-100
ブッシュ（George W. Bush）262
ブッシュ（Peter Busch）004, 007, 121-126, 129-130, 133, 135, 257
プーマ（Souvanna Phouma）046-049, 051-052, 073, 091, 096, 105-109, 163, 165-167, 196
ブラウン（George Brown）225, 228-229, 232, 237-238
ブラウン（Gordon Brown）262
ブラウン（Mervyn Brown）107
ブラウン（Winthrop Brown）072
ブランドン（Henry Brandon）189
フルシチョフ（Nikita Khrushchev）050, 053, 092, 164-165, 167, 191
ブルース（David K. Bruce）069, 189, 192, 235, 237
フルブライト（James William Fulbright）218
ブレア（Tony Blair）262
ブレジネフ（Leonid Brezhnev）191, 222
ブン・ウム（Boun Oum）048, 051-052, 091
ベヴィン（Ernest Bevin）015, 094
ペック（Edward Peck）095, 159
ヘッド（Lord Head）161
ベデル・スミス（Walter Bedell Smith）026-027, 033, 257
ペールフィット（Alain Peyrefitte）151
ヘンダーソン（Nicholas Henderson）161
ベン・ベラ（Ben Bella）202
ボウルズ（Chester Bowles）072, 073, 105
ホー・チ・ミン（Ho Chi Minh）011-015, 020, 028-030, 045, 137, 203, 230, 236
ホーラー（Henry Hohler）136-137
ホリオーク（Keith Holyoake）051, 074
ボール（George W. Ball）162, 205, 217
ホールズ（Michael Halls）234
ポルセナ（Quinim Pholsena）164
ホルト（Harold Holt）238
ホワイト（Nick White）061

マ

マカパガル（Diosdado Macapagal）146
マクドナルド（James Ramsay MacDonald）089
マクドナルド（Malcolm MacDonald）089-090, 098, 100-104, 110-111, 257
マクナマラ（Robert McNamara）055, 073, 092, 131, 138, 180, 205, 217

184, 186, 196-197
ゴールドウォーター (Barry Goldwater) 180
ゴールドバーグ (Arthur Goldberg) 217
コルマン (Jonathan Colman) 004
コン・レ (Kong Lae) 047-049, 072, 163, 165

サ

サッチャー (Margaret Thatcher) 262
サナニコーン (Phoui Sananikone) 047
サブリツキー (John Subritzky) 007, 158
サリヴァン (William H. Sullivan) 157
サリット (Sarit Thanarat) 049, 064, 069
サワーン・ワッタナー (Savang Vatthana) 048
サンジャー (Clyde Sanger) 090
サンズ (Duncan Sandys) 058
シェレーピン (Alexander Shelepin) 221
シーサワン・ウォン (Sisavang Vong) 048
シハヌーク (Norodom Sihanouk) 007, 053, 089, 148-150, 152-153, 159-161, 163, 166, 194, 197-198, 258
シャックバラ (Evelyn Shuckburgh) 019, 026
周恩来 020, 026, 028-029, 033-034, 092, 198, 201, 255
シューマン (Robert Schuman) 094
シュレジンガー (Arthur M. Schlesinger, Jr.) 071
ショー (Geoffrey D. T. Shaw) 134
蔣介石 019
ジョーンズ (Matthew Jones) 007
ジョンソン (Lyndon B. Johnson) 007-008, 139, 152-158, 160, 165, 167-170, 180-185, 187-189, 193-194, 203-206, 217-219, 221-224, 226-228, 230-231, 235-242, 258, 260
ジョンソン (U. Alexis Johnson) 065, 069
ズオン・ヴァン・ミン (Duong Van Minh) 139, 152
スカルノ (Sukarno) 089, 147, 153-157, 159, 161, 169, 184, 198, 222
スターリン (Joseph Stalin) 016
スチュワート (Michael Stewart) 186, 190, 196, 199, 204, 218, 223, 225
スパーヌウォン (Souphanouvong) 046-047, 049, 092, 109, 164
スバンドリオ (Raden Subandrio) 147
スプラウズ (Philip D. Sprouse) 149
スミス (T. O. Smith) 003
セルカーク (Lord Selkirk) 052
ソムサニット (Tiao Somsanith) 047-048
ソレンセン (Theodore C. Sorensen) 071
ソン・ゴク・タン (Son Ngoc Thanh) 148

タ

タナット (Thanat Khoman) 103
ダレス (John Foster Dulles) 017-018, 020-021, 023-026, 031, 033, 090, 257
チェンバレン (Neville Chamberlain) 089
チャーチル (Winston S. Churchill) 004, 016-019, 021-023, 026, 031-032, 035, 060, 063, 179, 225, 254-256, 258
チャルフォント (Lord Chalfont) 221
チャン・ヴァン・フォン (Tran Van Huong) 181, 187
陳毅 073, 089-091, 202
デイヴィス (Harold Davies) 128, 203
ディクソン (Pierson Dixon) 151
テイラー (Maxwell Taylor) 134, 138
ディーン (Patrick Dean) 194, 229-230, 239
デ・ズルエータ (Philip de Zulueta) 094
デッカー (George H. Decker) 072
寺地功次 005, 046
ドクリル (Saki Dockrill) 206
ド・ゴール (Charles de Gaulle) 094, 104, 151-153, 157, 168, 193, 195, 224, 261
ドブルイニン (Anatoly Dobrynin) 191
トルーマン (Harry S. Truman) 015, 254
ドルランディ (Giovanni D'Orlandi) 227
トレヴェリアン (Humphrey Trevelyan) 189-190
トンプソン (Robert Thompson) 130-134, 137

ナ

ニエレレ (Julius Nyerere) 201-202
ニクソン (Richard Nixon) 241, 243
ネヴィル (Peter Neville) 003
ネルー (Jawaharlal Nehru) 020, 025, 028, 052, 074, 104
ノイシュタット (Richard E. Neustadt) 204

主要人名索引

ア

アイゼンハワー (Dwight D. Eisenhower) 001, 017-019, 023-024, 026, 033, 045-047, 049, 051, 060, 062-063, 096, 165, 189, 254
アザハリ (A. M. Azahari) 147
アシュトン (Nigel Ashton) 004-005, 061
アディス (John Addis) 069, 106, 108, 111
アトリー (Clement Attlee) 003, 011-014, 188, 221, 253-254
イーデン (Anthony Eden) 002, 018-021, 023, 025-028, 030-034, 111, 225, 255
ヴァン・パオ (Vang Pao) 165
ウィッグ (George Wigg) 203
ウィルソン (Harold Wilson) 003-005, 008, 135, 170, 179, 182-186, 188-190, 192-196, 200, 201, 203-206, 217-226, 228-243, 258-262
ウォーナー (Frederick Warner) 087-088, 106-107, 128-129, 137, 155
ウォーナー (Geoffrey Warner) 004
ウォルストン (Lord Walston) 199-200
エサリントン・スミス (Gordon Etherington-Smith) 159
エリザベス二世 (Elizabeth II) 057
エリス (Sylvia Ellis) 004, 008, 189
エンクルマ (Kwame Nkrumah) 202
オードリッチ (Winthrop Aldrich) 023
オバマ (Barack Obama) 262
オームズビー・ゴア (David Ormsby-Gore) 105, 128

カ

カイザー (David Kaiser) 139
ガイデューク (Ilya V. Gaiduk) 070, 191
カストロ (Fidel Castro) 071
カッチャ (Harold Caccia) 054, 074, 094, 112
ガルブレイス (John Kenneth Galbraith) 105
キッシンジャー (Henry Kissinger) 241
木畑洋一 013
キャッスル (Timothy N. Castle) 071
金日成 198
クーヴ・ド・ミルヴィル (Maurice Couve de Murville) 065
グエン・ヴァン・ティエウ (Nguyen Van Thieu) 200
グエン・カオ・キ (Nguyen Cao Ky) 200
グエン・カーン (Nguyen Khanh) 157, 159-160, 162, 181
クーパー (Chester Cooper) 230, 232, 234-237, 239
グレーシー (Douglas Gracey) 011
グロムイコ (Andrei Gromyko) 070, 164, 190, 226-227
ケニヤッタ (Jomo Kenyatta) 201
ケネディ (John F. Kennedy) 006-007, 052-056, 058-063, 065-069, 071-072, 074, 090, 092, 094-097, 102, 105, 108, 111-112, 121-124, 126-128, 131-132, 135, 138-139, 153, 157, 164-165, 189, 256-257
ケネディ (Robert Kennedy) 154-155
ケーブル (James Cable) 004, 155, 159
ゲント (Edward Gent) 013
ゴア・ブース (Paul Gore-Booth) 229, 232
コスイギン (Alexei Kosygin) 191, 219-225, 227, 230-234, 236-238, 240, 259
ゴ・ディン・ジェム (Ngo Dinh Diem) 096-097, 126, 130-132, 134-139, 145, 149, 152, 200
ゴ・ディン・ニュー (Ngo Dinh Nhu) 132, 136, 138-139
コテラワラ (John Kotelawala) 020
ゴードン・ウォーカー (Patrick Gordon Walker) 181-

［著者略歴］

水本義彦（みずもと・よしひこ）

二松学舎大学国際政治経済学部専任講師

一九七一年埼玉県生まれ。二〇〇二年英国キール大学大学院博士課程修了（Doctor of Philosophy）。独立行政法人日本学術振興会特別研究員（PD）、財団法人日本国際問題研究所研究員を経て二〇〇六年より現職。専攻はイギリス政治外交史、国際政治史。「英・ソ連『パーセンテージ』協定（一九四四年一〇月）の再考」『国際学論集』第四〇号（上智大学、一九九七年）、「ウィンストン・チャーチルと極東軍事紛争一九五一－一九五五――朝鮮戦争・インドシナ紛争・台湾海峡危機」『国際学論集』第五〇号（上智大学、二〇〇三年）、「書評論文 六〇年代イギリス政府のベトナム政策と英米関係」『国際政治』第一四〇号（二〇〇五年）など論文多数。

叢書 21世紀の国際環境と日本 001

同盟の相剋 戦後インドシナ紛争をめぐる英米関係

二〇〇九年一〇月一六日 初版第一刷発行

著者 水本義彦

発行者 千倉成示

発行所 株式会社 千倉書房

〒一〇四－〇〇三一 東京都中央区京橋二－四－一二

電話 〇三－三二七三－三九三一（代表）

http://www.chikura.co.jp/

印刷・製本 中央精版印刷株式会社

写真 尾仲浩二

造本装丁 米谷豪

ISBN 978-4-8051-0936-6 C1331

叢書「21世紀の国際環境と日本」刊行に寄せて

本叢書は、二十一世紀の国際社会において日本が直面するであろう、さまざまな困難や課題に対して、問題解決の方策をさぐる試みと言い換えることができます。その糸口は、歴史に学びつつ、現況を精緻に分析することでしか見出すことはできないでしょう。先人たちが「死の跳躍」に挑んでから一五〇年、今あらためて国際環境と日本を俯瞰するテーマを多角的に掘り下げていきたいと考えています。

多くの場合、合理的・秩序形成的な日本ですが、折々の国際環境や、それを映した国内の政治・経済状況といった変数の下で、ときに予期せぬ逸脱を見せることがありました。近代以後、数度にわたる逸脱の果てを歴史として学んできた世代が、そのことを踏まえて日本と世界を語ることには深い意義があるはずです。

多くのプレーヤー・諸要素に照らし分析することで、果たして如何なる日本が、世界が、立ち現れるのか。透徹した史眼を持つ執筆陣によって描きだされる、新しい世界認識のツール。小社創業八十周年を期にスタートする本叢書に、読者のみなさまの温かいご支援を願ってやみません。

二〇〇九年九月

千倉書房

歴史としての現代日本

五百旗頭真　著

日本外交史・国際関係論の碩学による、近現代史を読み解く最良のブックガイド。13年に及ぶ新聞書評を中心に構成。

❖四六判／本体　二四〇〇円＋税／978-4-8051-0889-5

「死の跳躍」を越えて

佐藤誠三郎　著

西洋の衝撃という未曾有の危機に、日本人は如何に立ち向かったか。近代日本の精神構造の変遷を描いた古典的名作。

❖Ａ５判／本体　五〇〇〇円＋税／978-4-8051-0925-0

「南進」の系譜

矢野暢　著

南方へ向かったひとびとの姿から近代日本の対外認識をあぶり出す。続編『日本の南洋史観』も併せて収録。

❖Ａ５判／本体　五〇〇〇円＋税／978-4-8051-0926-7

千倉書房

表示価格は二〇〇九年一〇月現在